JN418054

새로운 복지시설디자인

Design Guidelines for the Innovative Welfare Facilities

새로운 복지시설 디자인

Design Guidelines for the Innovative Welfare Facilities

권순정 김상길 김석준 박혜선 성기창
신희진 오은진 위권일 정은영 최경숙

(주)교 문 사

머리말

최근 우리나라에는 공공, 민간을 막론하고 많은 복지시설들이 건립되고 있습니다. 하나의 복지시설이 한 가지 전문적인 복지기능만을 제공하거나, 한 시설에서 여러 복지서비스가 복합적으로 제공되기도 합니다. 이 책은 복지시설과 관련된 공간들을 한 건물이나 동일한 부지 안에서 복합적으로 구성하는 복합복지시설에 관한 것입니다. 복지시설을 복합화하는 것은 복지시설을 새롭게 해석하고 새로운 가능성과 우리 사회의 새로운 가치를 반영하는 것입니다. 현재 노인을 위한 시설에서 더 요구되는 것이 무엇일까요? 장애인을 위한 시설에서는 어떠한 시스템이 더 필요할까요? 이러한 시설들을 관통하는 중요한 가치는 무엇일까요? 이러한 의문들은 시설의 수준을 업그레이드하거나 시스템을 보완하는 것을 넘어서서 사회와 이들을 실질적으로 연결하는 네트워크가 중요하며 상호 간 소통이 가능한 시설로 진화하는 것이 필요합니다. 시설을 복합화함으로써 사용자와 관련 시스템이 확대되며 다양한 접점이 형성될 것입니다. 그렇지만 이는 고도의 조정과 정합을 필요로 하는 일로서 이를 통해서 우리 사회와 복지시설 간의 네트워크가 확대되는 것을 목표로 하여야 하며 그러한 가능성을 극대화하려는 여러 시도 중 새로운 건축적인 제안이 바로 '복합복지시설' 이라고 할 수 있습니다.

많은 지방자치단체들이 새로운 복지시설을 건립하는 과정에서 규모가 너무 작아서 생기는 문제들을 해소하고자 병합 가능한 공간들을 한 건축물 안에 담으려 하고 있습니다. 규모가 커지면 시설을 고급화할 수 있고 시스템을 고도화할 수 있다는 장점이 있습니다. 그리고 복지시설을 복합화하면 많은 갈등과 불편함을 초래할 수 있지만 이용자들이 서로의 어려운 점을 도와주고 어두운 부분을 밝혀 줄 가능성도 있습니다. 이러한 배경에서 본 연구회는 복지시설 복합화에 대한 전문적이고 집중적인 연구를 통해 복합복지시설의 새로운 대안을 제시하고자 합니다.

이 책에서 제안하는 복지시설 복합화에 대한 새로운 생각과 논리는 2007년 최경숙 교수와 오은진 박사를 중심으로 진행되었던 '행정복합중심도시 복지시설 세부공급계획 및 운영 · 관리방안 연구' 에서 비롯된 것입니다. 그리고 이를 구체적으로 신도시에 적용하기 위해 2008년에 발주된 '행정중심복합도시 지역복합복지시설 건립 기본계획 수립 및 설계지침에 관한 연구' 에서 보다 심층적인 논의가 진행되었습니다. 이 연구는 노인시설을 전문적으로 연구하고 있는 권순정 교수, 오은진 박사, 김석준 박사와 보육시설 분야의 최경숙 교수, 여성 분야의 박혜선 교수, 장애인시설 분야의 성기창 교수, 정은영 연구원, 건축설계 분야의 김상길 대표, 공공건축 분야의 신희진 연구원, 관리운영 분야의 위권일 연구원 등, 각 분야의 전문가가 함께 모여 수행한 것입니다. 연구팀은 우선 국내 여러 복지시설을 방문하고 인터뷰와 설문을 통해 복합화의 가능성을 검토하였습니다. 2008년에는 일본의 우수 복지시설을 현지 방문하여 복합화된 복지시설들이 현실적으로 어떤 가능성과 문제점을 가지고 있는지 확인하였습니다.

복지시설의 복합화란 단순히 여러 복지기능을 한곳에 모아 놓은 것이 아니라 적극적으로 함께 있어야 할 시설들과 그렇지 않은 시설들을 구분하고 이들을 최적의 상태로 구성하는 것을 전제로 하며 전적으로 새로운 시스템이 디자인 되어야 합니다. 또한 사용자에 대한 적극적인 배려와 더불어 서로 어떤 관계를 맺을 것인가를 고려하여야 하며, 이것은 복합화가 우리 사회에서 사회적인 도움이 필요한 이들과 어떻게 서로를 도와가며 공존할 것인가 하는 의식에서 시작되었음을 의미합니다. 그러한 의식을 디자인하고 이를 건축화하는 과정이 바로 복합화의 과정인 것입니다. 그러므로 이 책에서 전개되는 각 장은 어떠한 의식이 지배하고 있으며 그것이 어떠한 점에서 새롭고 또 어떻게 구체화될 수 있는지를 확인하면서 읽는 것이 중요합니다.

이 책이 기획되고 출판되는 과정은 논의의 연속이었고 이 과정을 통해 참여한 모든 연구자는 서로에게 지적으로 큰 자극이 되었습니다. 그래서 이 책이 출판되기까지 진지한 열정으로 끝까지 함께한 연구자들과 작은 결실의 기쁨을 함께 나누고 싶습니다. 그리고 이 책의 많은 부분은 '행정중심복합도시 지역복합복지시설 건립 기본계획 수립 및 설계지침에 관한 연구'에서 비롯된 것으로 이를 한 권의 단행본으로 엮을 수 있도록 기회를 주신 행정중심복합도시 건설청 관계자들에게도 깊은 감사를 드립니다. 또한 기꺼이 이 책의 출판을 맡아 주신 (주)교문사 류제동 사장님께 심심한 감사의 말씀을 전합니다.

2011년 1월

행복한 복지공간연구회

차 례

01
복지서비스의 개념과 환경의 변화

01 복지서비스의 개념과 환경의 변화

1. 복지서비스를 둘러싼 사회환경 변화

복지서비스는 사회환경의 변화에 따라 같이 변화해 왔다. 분명 인구구조의 변화와 이에 따른 사회환경의 변화는 복지시설의 유형, 서비스 전달체계에 큰 영향을 미친다. 최근 우리나라의 복지서비스는 저출산과 고령화로 인한 인구구조의 변화, 사회통합을 위한 복지정책의 변화, 지역사회를 중심으로 한 세대교류의 필요성에 대한 사회적인 관심 등에 의해서 큰 변화를 겪었다. 사회복지는 우리 사회에서 여러 가지 뜻으로 사용되고 있다. 넓은 의미로 사회복지는 "개인 및 그룹이 표준적인 생활 및 건강을 유지하기 위해 계획된 여러 가지 사회적 서비스와 제도의 조직적 체계"로서, 인간의 행복을 추구하는 사회적 서비스와 모든 제도의 총체적인 부분을 지칭한다. 좁은 의미로는 "사회복지란 국가로부터 도움을 받고 있는 사람, 장애인, 노인 및 아동, 기타 지원을 필요로 하는 사람이 자립하여 그 능력을 발휘할 수 있도록 필요한 생활지도, 재활보조 및 유도, 기타 지원을 실시하는 것을 말한다"라고 정의할 수 있다. 즉, 공적 또는 사적인 지원을 필요로 하는 사람을 대상으로 하는 조직적이고 사회적인 활동을 의미한다.

그러나 이는 대부분 저소득자를 위주로 한 빈곤구제 측면에서의 사회복지를 의미하고 있으므로, 현대와 같이 고도로 발달한 자본주의 사회상황에는 의미와 활동이 달라질 수 있다. 즉, 현대의 사회복지는 단순히 경제적 빈곤만이 아니라 개인 인격의 사회적 부적응 현상까지 포함된 인간의 삶 전반에 걸친 광범위한 문제를 대상으로 삼고 있다.[1] 이러한 사회변화에 따라 사회복지는 새로운 기능과 형태의 복지시설을 요구하고 있으며, 그에 대응하는 대안으로 다양한 기능이 합쳐진 복합복지시설이 대두되고 있다. 복합복지시설은 여러 가지 장점과 단점이 있으나, 지역의 복지서비스 욕구에 적합한 기능으로 구성되면 서비스와 운영 효율을 높이는 데 매우 효과적이다. 또한 복지시설 건축에서도 복합복지시설은 많은 경제적 · 기능적 효과가 있어 건축계획의 측면에서도 복합복지시설에 대한 연구가 필요한 분야이다.

1) 저출산 고령화

최근 한국사회는 저출산 · 고령화 현상에 따라 인구구조와 사회시스템이 커다란 변화를 맞게 되었다. 현재 한국사회는 급격한 산업화, 도시화의 영향으로 핵가족화가 급속하게 진행되고 있으며, 보건위생수준의 향상, 의료기술의 발달 등 사회적 환경과 과학기술의 발달로 평균수명이 연장되어 우리 사회에서 노인이 차지하는 비율이 점차 높아지고 있다.

저출산은 인구 중 저연령 비경제활동인구의 비중이 적어짐을 의미한다. 따라서 전체 인구의 평균연령 상승에 기여할 뿐만 아니라 장차 경제활동인구의 감소, 경제성장 둔화, 사회부담 가중을 초래한다.[2] 저출산사회는 일반적으로 한 사회가 일정 시점의 인구구조를 유지하기 위하여 필요한 합계출산율이 2.1 이하인 상태에 있는 사회를 말한다. 이는 가임여성 한 명이 2.1명의 자녀를 낳아야 인구가 줄지도, 늘지도 않는 안정된 정체상태를 유지할 수 있음을 의미한다. 합계출산율 1.3명 이하인 경우 초저출산

표 1·1 합계출산율

연 도	2001	2002	2003	2004	2005	2006	2007	2008	2009
합계출산율(명)	1.30	1.17	1.18	1.15	1.08	1.12	1.25	1.19	1.15

출처 : 통계청(2009), 2009년 출생통계 잠정결과

1) 노무라 미도리 편, 강병근 외 역(2009), 배리어 프리 건축 도시 계획론, 건국대학교출판부, p. 240.
2) e 나라지표, 합계출산율, 2009년 3월 17일 ; www.index.go.kr/egams/stts/jsp/potal/stts/PO_STTS_IdxMain.jsp?idx_cd=1428&bbs=INDX_001

사회로 분류한다.

특히, 우리나라의 합계출산율[3]은 1980년대 이후 매우 빠르게 하락하였으며 현재 1.15명(2009년 기준)으로 세계 최저 수준을 기록하고 있다. 한국은 OECD 국가 중 가장 낮으며 유엔인구기금(UNFPA)이 발간한 《2008 세계인구현황 보고서》에 따르면 한국의 합계출산율은 조사대상 156개국 중 가장 낮다.[4]

한편, 고령화는 인구 전체의 연령이 높아지는 현상이지만, 흔히 전체 인구 가운데 65세 이상의 노인 혹은 고령인구의 비율이 높아지는 현상을 의미하고 있다. 따라서 고령화사회란 인구고령화가 진행되고 있는 사회를 뜻하며, 고령사회[5]는 인구고령화가 어느 단계까지 이루어져 전체 인구에서 노인인구가 차지하는 비율이 어느 수준에서 안정되어 있는 인구구조를 가진 사회를 의미한다.

우리나라는 2009년 11월 기준 65세 이상 노인인구가 500만여 명에 달해 전체 인구(4,598만 명)의 10.9%로 고령화가 급격히 진행되고 있다. 2018년에 65세 이상 고령인구의 비중이 14%를 돌파하여, 우리 사회가 고령화사회를 지나 고령사회로 접어들고 2026년에는 초고령사회에 도달할 것이라고 통계청은 전망했다. 특히, 고령화사회에서 고령사회로 넘어가는 기간이 18년, 고령사회에서 초고령사회로는 불과 8년이 소요될 전망이어서 프랑스(115년/41년), 미국(72년/15년), 일본(24년/12년) 등에 비해 고령사회가 초고속으로 다가오는 셈이다. 영국, 스웨덴은 이미 1975년에 고령사회가 되었으며 프랑스는 1979년, 일본은 1994년에 각각 고령사회로 진입했다.

특히, 2000년 이후부터는 우리나라의 노인인구 비율이 세계 평균치보다 높게 나타나고 있는데, 이처럼 고령화에 따른 노인인구의 증가는 노인복지의 질적 향상에 대한

---

3) 한 여성이 평생 동안 평균 몇 명의 자녀를 낳는가 하는 것을 나타냄

4) 보건복지부 보도자료, 2008. 7. 25

5) 고령화사회, 고령사회, 초고령사회는 UN이 전체 인구 중 65세 이상 고령인구비중을 기준으로 고령화 사회를 분류·정의한 것으로, 고령화사회(aging society)는 고령인구비율이 7% 이상~14% 미만인 사회이고, 고령사회(aged society)는 고령인구비율이 14% 이상~20% 미만인 사회를 가리키며, 초고령사회(super-aged society)는 고령인구비율이 20% 이상인 사회를 의미한다. 한국인의 평균수명은 2006년 기준으로 79.1세를 기록해 OECD 국가 평균수명 78.9세를 처음으로 0.2세 앞질렀다. 남성 75.1세(세계 29위), 여성 82.3세(세계 16위)로 나타나 고령화현상이 급속히 진행되고 있음을 보여 주고 있다. 한국은 2018년에는 고령사회에, 2026년에는 초고령사회, 그리고 2050년에는 노인인구비율이 34.4%로 세계 4위 수준의 노인대국이 될 것으로 전망되고 있다.

* **그림 1·1** 노인인구의 증가와 다양한 복지서비스 공간의 욕구 확대

사회적 관심을 불러일으키고 있을 뿐만 아니라 사회문제로 비화될 가능성까지 내재되어 있다. 우선 생산가능인구(15~64세)가 감소하고 생산가능인구의 노인부양비는 크게 증가할 전망이다. 또 생산가능인구의 감소, 노년부양비 증가, 노령인구 증가에 따른 민간저축의 감소, 가용재원 감소에 따른 투자위축 등으로 향후 경제성장 둔화가 예상되고 있다. 이 밖에 연금 및 재정수지가 악화되는 것도 문제라고 할 수 있다.

이러한 저출산·고령화 현상이 지속되면 장기적으로는 노동공급이 감소하여 성장잠재력이 약화될 수 있다. 또한 연금적자 확대로 국가 재정이 악화되고, 젊은 세대의 부담이 가중되는 등 사회 전체에 부작용을 초래할 것으로 예상되므로 이에 대한 대비가 시급한 실정이다.

정부는 2005년 사상 최악의 출산율인 1.08명을 기록하자 대통령을 위원장으로 하는 저출산고령사회위원회를 만들고, 저출산·고령화·신성장 동력 확보 등 242개 정책과제에 총 32.1조 원을 투자하는 종합계획 '새로마지플랜 2010'을 시행하고 있다. 2008년 4월 저출산고령사회위원회는 보건복지부 소속으로 변경되어 정책을 시행하고 있지만 출산율은 증가하다가 다시 감소되었다.

노인인구의 증가와 아동인구의 감소로 복지시설의 수요도 노인은 수요가 급증하고 있으며, 아동의 경우는 수요가 감소하면서 기존의 시설을 노인을 위한 복지서비스시설로 전환하는 경우도 발생하고 있다. 일본에서도 노인복지시설을 중심으로 한 다양한 복합복지시설이 활발하게 개발되고 운영되고 있다.

2) 사회통합과 지역사회 중심의 복지서비스

사회복지는 도움과 지원을 필요로 하는 사람이 자립하여 그가 속한 사회에서 자신의 능력을 발휘할 수 있도록 지역사회에 통합되어 살아가는 것을 목표로 한다. 따라서 몸이 불편한 장애인, 양성평등에 따른 여성, 생애주기에 따른 노인, 세계화에 따른 이주민 및 다문화가정 등의 다양한 복지수혜대상자를 그 특성에 따라 적합하게 지원해 줄 지역사회 내에서의 생활 중심 지원서비스 및 장소의 제공이 필수적이다.

2008년에 국내에 등록된 장애인 수는 대략 214만 명으로 1997년의 42만여 명에 비해 5배 이상 증가하였으며, 특히 노인인구의 증가로 신체적 · 인지적 장애를 가지고 있는 장애 노인들의 수가 급증하고 있다. 이러한 변화와 더불어 장애인복지에 대한 패러다임도 변화하는데, 보호와 재활, 전문적 서비스 등 장애인을 대상으로 하는 재활 중심에서 장애인의 자립과 인권 신장, 장애 당사자의 요구가 최대한 반영된 당사자주의 등 IL(자립생활) 패러다임[6]으로 전환하였으며, 이러한 패러다임의 변화에 따라 장애인복지법의 이념과 내용이 최근 대폭 수정되었다.

장애인복지법의 개정은 사회가 장애인에 맞게 변화해야 하고 그들의 권리를 보장해 줘야 한다는 새로운 장애의 개념을 담기 시작했다는 점에서, 의의가 상당히 크다고 할 수 있다. 개정된 이 법은 장애인 문제가 개인적 능력의 차원이 아니라 환경의 부적절함과 장애인의 의존성을 강화하는 재활과정에서 비롯된다고 보고, 특수한 기능이나 직업적 능력을 높이기 위한 제한적인 프로그램으로는 효과적인 성과를 기대할 수 없다는 문제의식에서 출발한 것이다. 즉, 장애인이 환경에 적응하도록 하는 관점으로부터, 장애인을 둘러싼 환경을 장애인에게 적합하도록 개선시켜 나가는 장애에 대한 근본적 인식의 변화를 의미한다.

---

6) IL(Independent Living)은 타인의 개입이나 보호를 최소한으로 하여 모든 일에 있어 장애인 스스로가 결정하고 참여하는 자립생활을 말하며, 패러다임(paradigm)은 과학철학자인 쿤(T. S. Kuhn)이 그의 저서 《The Structure of Scientific Revolution》에서 제시한 명제로서, 자연과학 분야에서뿐만 아니라 인문 · 사회과학 분야에서도 다양하게 원용되는 개념이다. 쿤의 가장 포괄적인 정의에 따른다면, 패러다임은 '어느 과학자 사회의 구성원들에 의해서 공유되는 신념, 가치, 기술 등을 망라한 총체적 집합'을 가리킨다.

장애인복지시설의 역할과 기능도 장애인의 능력회복에 초점을 둔 재활 중심에서 장애인과 사회 또는 환경과의 원활한 상호관계에 의한 자립생활 중심으로 바뀌게 되었다. 이는 장애인시설에 대한 인식이 사회적 격리의 대상에서 지역사회 내에서의 사회적 '통합'의 개념으로 바뀌고 있음을 의미한다. 이에 따른 장애인복지수요가 다양화 및 세분화됨에 따라 앞으로의 장애인복지시설은 이러한 수요개념에 적절히 대응 가능한 새로운 계획 방향이 요구되고 있는 것이다.

장애인복지를 재활적 접근이라는 제한된 관점에서가 아니라 장애인 당사자의 역량을 바탕으로 한 환경적 접근을 추구하는 자립생활의 관점이 나타나게 된 것이다. 장애란 장애인을 제한하는 모든 것을 함축하는 것으로서, 편견에서 제도적인 차별까지, 접근 불가능한 물리적 환경에서 교통체계까지, 분리교육에서 노동에서의 배제까지를 의미하는 것으로 이해하게 된 것이다. 다시 말해, 개인적 요인이라는 실체는 환경요인과의 관계 속에서 문제적 요소를 탈피하거나 극복할 수 있고, 다양한 조건에서 다양한 양상을 보일 수 있다는 점을 인식하게 된 것이다.[7] 이러한 가변적 상황을 적극적으로 수용할 수 있고, 요구하는 것이 자립생활 패러다임인 것이다.

이는 실질적으로 최근의 세계적인 조류에 따른 것으로, 울펜스버거(Wolfensberger) 등에 의해 체계화된 정상화(normalization)이론[8]과도 그 흐름을 같이 한다. 장애인이 정상적인 발달 경험을 하지 못하거나 지역사회에서의 일상적인 생활을 누리지 못할 경우, 또한 생애주기별 과업에서 멀어진 사회적 역할을 지속하게 됨으로써, 개인적 장애요소를 악화시키고 가치저하된 삶을 지속하게 되는 것으로 보았다. 이러한 정상화 원리의 적용은 장애인의 능력이나 기능을 정상적으로 만들려는 것이 아니라, 그 사람의 생활조건을 정상화시키는 것이다. 이는 장애인의 사회적 역할을 저하시키는 비일상적인 환경에 문제의 초점을 둠으로써, 자립생활 패러다임과 문제해결의 맥락을 같이하는 것이다.

또한 사회통합(social integration)의 원리에서도 전통적인 재활과는 그 접근방식이

7) 김동호(2000), 자립생활 패러다임에서 본 한국 장애인복지관 연구, 연세대학교 석사학위논문, p. 12.

8) Wolfensberger, W. A.(1972), The principle of normalization in human services, Toronto: National Institute on Mental Retardation

달라야 한다는 점을 강조한다. 장애인의 이상적 삶의 형태를 나타내는 사회통합의 이념은 장애인의 일반적이고 정상적인 지역사회에서의 생활을 추구하고자 하는 데 있다. 즉, 일반시민들에게 유용하게 사용되는 같은 종류의 지역사회자원을 사용하고, 장애가 없는 시민들이 참여하는 지역사회활동에 참여하며, 지역사회에 거주하고, 지역사회에서 시민과 정규적으로 접촉하는 것이다.

장애를 가진 모든 사람은 지역사회에 속하며, 중증장애를 가진 사람도 마찬가지로 지역사회의 다양한 장소 및 작업환경에서 이웃으로 통합되어야 한다. 이러한 장애인의 사회통합은, 특별하고 부분적인 재활서비스 접근방식만으로는 이루어지기가 어렵고, 제도와 환경의 개선, 동료에 의한 사회적 지지, 그리고 무엇보다도 장애인 당사자의 주체적인 역할의 설정 등 포괄적이고 다양한 접근을 통하여 달성될 수 있다.

자립생활은 장애인이 의존성에서 벗어나 스스로의 선택과 결정, 그리고 주도적인 역할을 바탕으로 지역사회에서 통합되어 살아가는 것을 목표로 하는 것이므로, 이를 지원해 줄 개별적인 지역사회 생활 중심 지원서비스 및 장소의 제공이 필수적이다.[9] 이러한 관점에서 지역사회에 위치한 복지시설의 역할이 중요하며, 사회적 변화에 따른 적극적 대응능력이 필요한 시점이다.

한편, 21세기를 이끄는 '정보화'와 '세계화'는 국가들 사이의 정보와 지식 그리고 인적 자원의 교류를 그 양과 질에서 급격하게 증가시키고 있다. 이러한 교류는 다양한 인종과 문화가 어울려 사는 다문화사회를 형성시키는 동시에 새로운 사회문제와 함께 이에 대응하는 복지정책을 요구하고 있다.

1990년대를 기점으로 이주노동자들이 국내에 유입되기 시작하였으며, 결혼이주자와 함께 외국인 이주자가 급증하였다. 이러한 이주민의 급속한 유입은 우리 사회 내부의 성격을 변화시키고 있다. 인종과 혼혈에 대한 차별이 점점 더 확대될 수 있으므로, 이에 대한 사회복지적 측면의 정책마련이 시급한 상황인 것이다. 즉, 이주민 및 다문화가정에 대한 무관심과 소외 또는 차별에서 벗어나 우리 사회로의 통합이라는 측면을 적극적으로 고려해야 한다. 이러한 사회통합을 위한 정책마련에서 중요한 것은 일방적인 우리 사회로의 편입이 아니라 문화적 측면에서 주류문화라 할 수 있는 한국문

9) 김동호(2000), 자립생활 패러다임에서 본 한국 장애인복지관 연구, 연세대학교 석사학위논문, pp. 13~27.

화와 외국인 고유문화 사이의 조화가 모색되는 것이다.[10]

더불어 다문화가정과 양성평등(gender equality)에 따른 사회복지정책도 현대적 사회복지개념에서 매우 중요한 대상으로 부각되고 있다. 양성평등이란 여성과 남성이 정치, 경제, 사회문화 등 삶의 모든 영역에서 동등한 참여를 보장받고 동등한 지위에서 동등한 권리와 이익을 향유하는 것을 의미한다. 그러므로 여성이 인간으로서 누려야 할 기본적인 권리와 사회참여의 기회를 제한받는 남성 중심의 가부장적 사회에서는, 양성평등이 사회복지정책의 주요 대상인 것이다. 이는 급속한 산업발전에 따라 여성의 사회활동 및 사회참여가 활발해지고 점차 여성의 사회적 지위가 향상되고 있는 현대사회에서 보육시설 등과 함께 사회통합의 관점에서 시급히 해결해야 할 과제이다.

3) 세대교류

평균 수명의 연장과 함께 노인인구는 급격히 증가하고 있으나, 상대적인 아동인구의 감소로 세대 간 교류의 기회는 점차 가정 내에서도 감소되고 있는 현상을 볼 수 있다. 노인은 신체적 · 경제적인 능력과 생활 패턴이 다양해지고 있으며, 노인들이 자신이 살고 있던 지역에 가능하면 오랫동안 거주하기 원하고 삶의 패턴을 바꾸는 것을 원하지 않기 때문에, 이러한 욕구를 지원하기 위해서는 다양한 형태의 노인복지 서비스를 복합적으로 제공하는 시설이 필요하다.

또한 노인들만 이용하는 시설의 경우 분위기가 침체될 수 있으므로, 다양한 세대가 어울릴 수 있는 시설(inter-generational facility)의 계획도 매우 중요하게 연구되고 있는 분야이다. 토머스(Dr. William Thomas)는 이 사업을 처음 시작하면서 노인의 가장 큰 질병은 신체적 질환보다도 외로움이라는 것을 알게 되었으며, 노인의 3대 역병(plague)을 외로움(loneliness), 무기력감(helplessness), 지루함(boredom)으로 지적하고 있다.[11] 이러한 상황을 극복하기 위해서는 지역사회 안에서의 자연스러운 라이프 패턴이 중요하며, 그중에서도 아동과의 교류, 자연을 가까이 할 수 있는 주거환경, 애

10) 이성언 외(2006), 다문화가정 도래에 따른 혼혈인 및 이주민의 사회통합을 위한 법제지원방안 연구, 한국법제연구원, pp. 9~18.

✻ **그림 1·2** 전통 일본가옥의 디자인개념을 도입한 노유복합시설 '청유의 집'

완동물 등이 노인들의 삶의 질(Quality of life)을 높이는 데 매우 효과적인 것으로 나타났다.

노인방문요양서비스, 주간보호 및 단기보호서비스 등의 재가복지서비스는 간병자의 부담을 덜어주어 장기요양시설로의 입주를 지연시키고, 가족들과 거주 가능한 기간을 연장시키기 위한 노인복지서비스로 치매, 중풍 등의 증상이 경증 및 중등증 정도일 때 효과적이다. 치매환자에게는 친근한 환경과 가족과 완전히 단절되지 않고, 간병을 하는 가족들에게는 낮 시간이나 일정 기간 동안 휴식의 기회를 제공할 수 있다.

아동시설과 노인시설을 복합적으로 설치하는 노유복합시설은 세대 간의 유대를 높이고 노인들에게 활력을 줄 수 있는 바람직한 시설 형태의 한 유형이다. 보육시설이나 지역아동센터와 노인주간보호센터를 같이 설치하는 경우와 장기요양시설과 아동양육시설을 같이 설치할 수 있다. 노인들이 아이들의 모습과 소리를 듣고 또한 직접적인 세대 교류를 통하여 긍정적인 효과가 있는 것으로 연구결과에 의해 밝혀졌다.

---

11) Thomas, William H.(1996), "Life worth living: how someone you love can still enjoy life in a nursing home:the Eden Alternative in action", Vanderwyk & Burnham.

2. 복지서비스의 정의 및 종류

사회복지서비스는 국가 · 지방자치단체 및 민간 부문의 도움을 필요로 하는 모든 국민에게 상담, 재활, 직업소개 및 지도, 사회복지시설의 이용 등을 제공하여 정상적인 사회생활이 가능하도록 제도적으로 지원하는 것을 말한다.

✽ 표 1·2 복지시설의 종류

대상자별	시설 종류	
노 인	주거	양로, 노인공동생활가정, 복지주택
	의료	요양시설, 노인요양공동생활가정
	재가	가정봉사원파견시설, 방문요양, 주 · 야간 보호, 단기보호, 방문목욕
	여가	노인복지관, 경로당, 노인교실, 노인휴양소
	노인보호전문기관	
아 동	아동양육시설, 아동일시보호시설, 아동단기보호시설, 아동보호치료시설, 아동직업훈련시설, 자립지원시설, 아동상담소, 아동전용시설, 아동복지관, 지역아동센터	
장애인	생활시설	장애유형별 생활시설, 중증장애인요양시설, 장애인영유아생활시설
	지역사회 재활시설	장애인복지관, 장애인의료재활시설, 장애인주간보호시설, 장애인단기보호시설, 장애인공동생활가정, 장애인체육시설, 장애인수련시설, 장애인심부름센터, 수화통역센터, 점자도서관, 점서 및 녹음서 출판시설
	직업재활 시설	작업활동시설, 보호작업시설, 근로작업시설, 직업훈련시설, 장애인생산품판매시설
	장애인유료복지시설	
보 육	보육시설	
여 성	여성복지시설	성매매피해자 지원 및 보호시설, 가정폭력피해자보호시설
	가족복지시설	한부모가족복지시설, 다문화가족지원센터, 건강가정지원센터
정 신	정신요양시설	
	사회복귀시설	정신질환자생활훈련시설, 정신질환자작업훈련시설, 정신질환자주거시설, 정신질환자종합훈련시설
부랑 · 노숙인	부랑인시설, 노숙인쉼터, 상담보호센터	
지역주민	종합사회복지관	
기타 시설	결핵 · 한센시설, 지역자활센터, 복합노인복지시설	

사회복지사업법에 규정된 사회복지시설은 사회복지사업을 행할 목적으로 설치된 시설을 지칭하며, 사회복지사업은 사회복지 관련 법률에 의한 보호·선도 또는 복지에 관한 사업과 사회복지상담, 부랑인 및 노숙인보호, 직업보도, 무료숙박, 지역사회복지, 의료복지, 재가복지, 사회복지관 운영, 정신질환자 및 한센병력자 사회복귀에 관한 사업 등 각종 복지사업과 이와 관련된 자원봉사활동 및 복지시설의 운영 또는 지원을 목적으로 하는 사업을 말한다. 국내에서는 국민기초생활보장법, 아동복지법, 노인복지법, 장애인복지법, 한부모가족지원법, 영유아보육법, 성매매 방지 및 피해자보호 등에 관한 법률, 정신보건법 등을 포함한 20개의 법률에 근거한 다양한 유형의 사회복지시설이 설치, 운영되고 있다.

복지시설은 노인, 아동, 장애인, 보육, 정신, 부랑·노숙인 등 이용 대상자별로 구분할 수 있으며 그 종류는 매우 다양하다. 노인의 경우 노인복지법에 근거하여 주거복지시설, 의료복지시설, 재가복지시설, 여가복지시설, 노인보호전문기관 등 총 15개 복지시설이 있다. 장애인복지시설은 노인보다 그 종류가 더 다양하다. 각 복지 분야의 인구 변동에 따라 복지 수요가 변화하므로 지역복지계획을 통해 수요에 맞는 균형 있는 복지시설의 건립 및 운영이 필요하다. 특히, 고령인구의 증가와 아동인구의 감소로 복지시설의 수요가 급격히 변화하고 있으며, 과거의 수용시설개념의 생활복지시설에서 탈피하여 다양한 재가복지서비스 및 관련 시설이 증가하고 있다.

3. 복지서비스와 복합복지시설

1) 복지서비스의 체계적 공급의 필요성

복지시설은 지역주민에게 복지서비스를 제공하는 거점으로 행정구역에 의한 분할현상, 거리체감효과, 입지에 따른 외부성, 시설 간 위계와 사용자 계층에 따른 이용권역의 설정과 같은 특성을 갖고 있다.[12]

12) 서울시정개발연구원(1995), 서울시 도시공공시설의 수요·입지·용지에 관한 연구

행정구역에 의한 분할현상은 보통 복지서비스의 공급을 정부가 지방자치단체에 위임하는 것이 일반적이기 때문에 시설의 분포 역시 행정구역을 중심으로 공급되게 된다. 따라서 복지시설의 경우 행정단위의 경제, 정치, 사회적 여건에 따른 불균형을 가져올 가능성이 발생하게 된다. 거리체감효과는 일반적으로 서비스를 받기 위해서는 시설로 이용자가 접근해야 하기 때문에 이용거리가 멀어질수록 그 이용 수요가 감소하는 특징을 말한다. 이로 인해 복지시설의 경우 서비스 권역을 설정하고 이를 극대화하는 방향으로 시설을 공급하게 된다.[13] 시설입지의 외부성이란 복지시설이 그 성격에 따라 일정한 공간적 파급효과를 발생시키는 것을 말한다. 시설 간 위계와 사용자의 계층구조에 의한 이용권역을 보면 복지시설의 경우 시설의 규모, 성격에 따라 서비스의 권역이 달라지며 각 서비스 시설은 시설 간 위계를 갖게 된다. 예를 들어, 사회복지관의 경우 지역 전체를 포괄하는 큰 규모의 종합사회복지관과 지역사회에 밀착한 소규모 사회복지관은 다른 위계를 갖고 지역에 서비스를 제공한다.

사회복지사업법에 의하면 시장 · 군수 · 구청장은 법 제15조의 3 제1항에 따른 시 · 군 · 구의 지역사회복지계획을 수립하도록 되어 있으며, 수립하기 전에 지역주민의 복지욕구 및 지역 내 복지자원 등에 대한 자료를 수집하고 이에 필요한 조사를 실시하여 복지서비스 공급계획을 세우도록 규정되어 있다.

또한 4년마다 시 · 도 복지계획 또는 시 · 군 · 구 복지계획(지역복지계획)을 수립하도록 하여 지역복지시설이 원활한 서비스 전달을 하도록 목표를 하고 있다. 따라서 시설의 위치와 지역 내 수요에 맞는 시설의 수가 매우 중요하나 대부분의 사회복지시설의 경우 지역사회 내에서 기피하는 시설의 이미지가 강하여 대부분의 지방자치단체에서는 지역복지계획을 수립할 때 대지 확보에 어려움을 겪고 있다. 또한 복지수요 변화에 따른 사업의 변경이나 확장으로 아동복지시설에서 노인복지시설을 증축하거나 여러 사업 분야를 복합적으로 운영하는 사례가 점차로 증가하고 있다.

이러한 인구구조의 변화와 사회복지시설의 특성으로 인하여 지역복지계획의 수립

13) 권현호(2006)의 이용행태를 통해 본 노인여가시설의 공간 구성에 관한 연구(p. 101)는 노인복지회관 이용자 382명을 이동수단 및 소요시간을 분석한 결과 도보 및 자전거, 자가용을 이용하는 경우에는 30분 이내 거리에서 이용하는 경우가 전체 이용자의 80%를 넘고 있으며 버스를 이용하는 경우는 60% 정도를 보이는 것으로 나타났다.

시, 복지 분야별 시설 설립보다는 사업 수행에 효과적인 복합적인 사회복지시설의 개발이 점차 관심을 받고 있다. 사회의 변화에 보다 효율적으로 대처할 수 있는 복지서비스 및 시설 공급계획이 매우 중요하다.

2) 복지서비스의 효율적 공급과 복지시설의 복합화

복지시설복합화는 앞서 언급한 다양한 복지서비스를 제공하는 시설들을 하나로 복합화함으로써 다양한 서비스를 하나의 물리적 시설에 복합적으로 제공하는 것을 의미한다.

서비스를 복합적으로 제공하는 시설의 복합화는 다양한 서비스를 동시에 이용할 수 있다는 것과 시설 건립과 운영에 경제적 효율성을 가져올 수 있다는 장점을 갖고 있다. 아울러 복합화를 통한 새로운 개념의 서비스를 제공하기 위해 복합화를 하는 시·도가 최근에 등장하고 있다. 이 중에 대표적인 것이 복지시설 이용대상자의 교류를 촉진하고 서로를 이해하는 기회를 제공하는 사회적 통합을 지향하는 것이다.

이러한 복지시설 복합화의 양상은 크게 토지의 효율적 이용과 운영의 효율성을 위한 물리적 차원의 복합화와 관련 시설 간의 서비스를 유기적으로 연계하여 효과적으로 서비스를 제공하기 위한 기능적 차원의 복합화가 있을 수 있다. 일반적으로 서비스의 유기적 연계를 위해 물리적 복합화를 하게 된다.

복지시설을 복합화하는 이유 중 가장 일반적인 것은 경제적인 효과라고 할 수 있다. 특히, 도심지에 개별적인 복지시설을 건립함으로써 발생하는 비용을 최소화하여 시설투자 효과를 높이려고 하는 것이다. 이와 함께 복합화하는 시설 간 서비스의 연계를 통한 시너지 효과를 기대하는 측면도 복합화의 이유가 되고 있다. 즉, 복지시설을 복합화함으로써 얻어지는 장점은 공공시설에 대한 투자비의 효율적 이용, 서비스 이용의 편의성 증가, 서비스 간 연계를 통한 시너지 효과 등이라고 할 수 있다.

(1) 경제적 측면

경제적인 측면을 보면 복지시설의 건립과 운영으로 나누어서 살펴볼 수 있다. 먼저 건립과정에서는 건립에 필요한 부지 확보와 토지의 효율적 이용이라는 측면에서 그 효과를 기대할 수 있다. 특히, 서울과 같은 대도시의 경우 토지의 비용이 매우 높기 때문에 현실적으로 부지를 효율적으로 사용할 필요성이 대두되게 된다. 또한 여러 복지시설을 각각 건립하는 경우보다 복합하여 건립하는 경우에는 시설공간을 효율적으로 사용할 수 있으며, 각각 건립할 경우에 비해 건립과정에서 비용 및 시간을 효율적으로 사용할 수 있는 장점을 갖게 된다.

운영 측면을 살펴보면 운영에 필요한 인적 자원과 물적 자원을 함께 공유함으로써 효율적인 운영 가능성이 높아진다. 특히, 장애인시설과 고령자시설에서 함께 사용할 수 있는 물리치료실과 같이 복지시설 간 설비 및 프로그램 공유가 가능할 경우에는 이러한 가능성이 더욱 높아진다.

(2) 이용 편의성 증가

사용자 측면에서 복합화를 살펴보면 다양한 서비스를 한 장소에서 받을 수 있는 장점을 갖고 있다. 이와 함께 복합화를 통해 시설의 규모가 커질 경우 시설에 다양한 부대시설을 설치함으로써 이용의 편의성을 더욱 증가시킬 수 있다. 노부모와 보육서비스가 필요한 아동이 있는 가정에서는 같은 장소에서 서비스를 받을 수 있으므로 편리할 뿐만 아니라 안정적인 가정을 지원하는 데도 효과적이다. 맞벌이 부부의 경우 시간과 경비를 절약할 수 있어 복지서비스에 대한 만족도를 높일 수 있다.

(3) 서로 다른 이용자 간 상호 이해

복합복지시설은 노인, 아동, 여성, 장애인, 일반 지역주민 등 여러 이용 대상을 위하여 전문적인 서비스를 제공한다. 사회가 발전하고 전문화되면서 사회 내 집단이나 개인이 자기와 다른 타인을 이해하고 함께 발전하는 사회통합이 중요한 사회적 이슈가 되었으며, 서로 다른 이해를 갖고 있는 집단이 서로를 이해하는 과정이 중요시된다. 따라서 이용대상이 서로 다른 복지시설을 통합함으로써 나와 다른 계층을 이해하고 서로 화합하는 계기를 적극적으로 만들 수 있다. 이를 위해 복지시설을 복합할 경우 이러한 사회적 통합을 더욱 적극적으로 모색할 수 있는 시설의 복합화 계획과 통합 프로그램의 개발이 함께 이루어져야 한다.

(4) 행정적 편의성 및 상징성

복지시설의 건립과정에서는 많은 어려움들이 있다. 예를 들면, 지방자치단체에서는 건립비, 운영비 등이 정부로부터 각종 보조를 받기 때문에 시설의 건립과정이 까다롭다는 것과 많은 복지시설의 경우 자신의 지역 내에 건립하는 것을 반대하는 경우가 많다는 점 등이 대표적이다. 이러한 어려움으로 인해 지방자치단체는 여러 복지시설들을 하나의 사업으로 묶어 시행함으로써 행정적 중복을 피할 수 있으며, 부정적 이미지의 복지시설과 긍정적 이미지의 시설을 복합적으로 건립함으로써 부정적 이미지의 시설에 대한 반대 의견을 완화시킬 수 있다. 또한 복합화로 시설을 건립할 경우에는 시설의 규모가 커지게 되고 이 복합시설이 지역의 복지 및 문화의 상징적 역할을 수행할 수 있다.

MEMO

02 복합 복지시설이란

02 복합 복지시설이란

제1장에서는 복지서비스를 둘러싼 사회환경의 변화에 따라 새로운 복지시설의 방향성을 모색하였고, 그 결과 지역사회를 위한 복지시설 복합화에 의해서 만들어진 복합복지시설을 '새로운 복지시설'로 보았다. 제2장에서는 복합복지시설의 개념에 대해서 구체적으로 정의해 보고, 국내외 사례를 통해 복지시설의 복합화 경향에 대해 살펴보고자 한다. 국외 사례에 대해서는 우리와 문화적 · 사회적 배경이 가장 유사한 일본의 사례를 분석하였고, 국내 사례로는 최근에 건립된 시설을 중심으로 비교, 고찰하고자 한다.

1. 시설복합화의 개념

1) 복합화의 정의

'복합'이라는 용어는 고유기능을 가진 두 개 이상의 시설이 동일건물 또는 동일대지 내에, 혹은 인접대지에 건설되었을 때에 쓰이며, 복합시설은 이러한 경우를 충족하는 시설을 말한다.

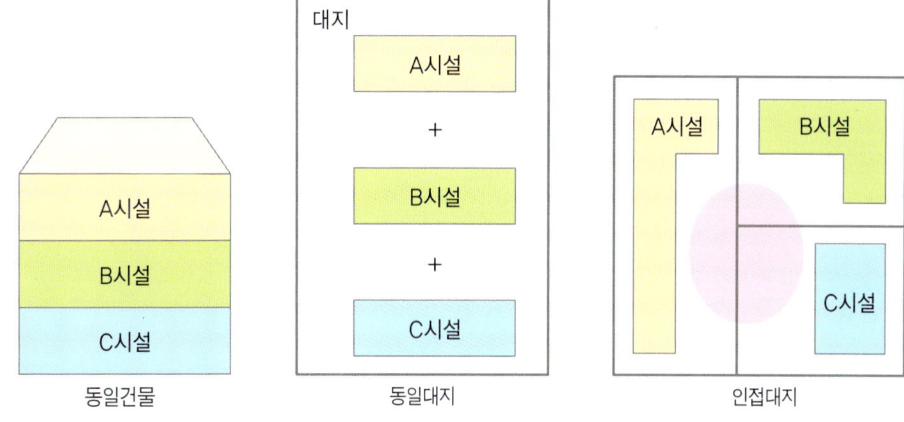

* **그림 2·1** 복합화의 방식

2) 복합화의 유형

(1) 공간사용에 따른 유형 구분

시설을 복합화하는 방법은 크게 '공간적 복합'과 '기능적 복합'으로 나눌 수 있다. 공간적 복합은 시설별로 전용으로 사용하는 공간 외에 현관홀, 회의실, 식당, 복도, 계단, 주차장 및 기계실 등의 공간을 공동으로 이용하는 것을 의미하고, 기능적 복합은 프로그램 등의 기능적 연계 및 운영을 같이 하거나 설비의 유지관리, 보안, 경비 등을 공동으로 이용하는 것을 의미한다.

공간적 복합은 동일건물 내에서 수평적 복합, 수직적 복합, 혼합적 복합 등의 형태를

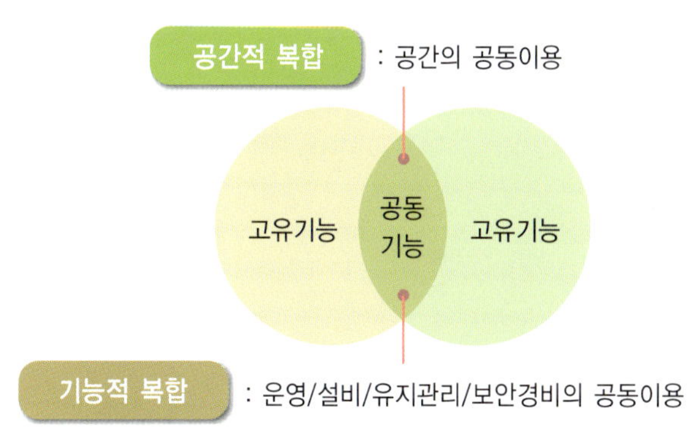

* **그림 2·2** 복합화의 개념

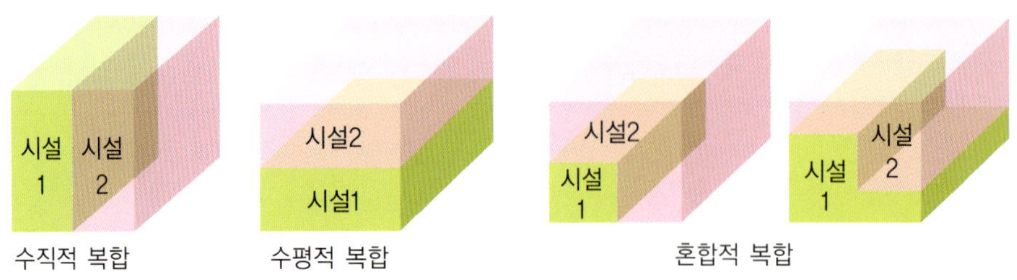

그림 2·3 공간적 복합의 종류

이루는 것으로 나누어진다. 수직적 복합은 수직적으로 시설이 분리되는 경우이며, 수평적 복합은 층별로 시설이 분리된 경우이다. 혼합적 복합은 한 시설이 다른 시설을 둘러싸거나 엇물려 있는 형태이다.

또한 입구 형태에 따라 분리형 입구와 공동형 입구로 분류하여 내부 동선이 연결되는 경우와 연결되지 않는 경우 등으로 구분된다. 동일대지 내에서 공동이용 공간을 가지면서 여러 개의 건물로 분리되거나 혼합되는 것도 공간적 복합에 포함된다.

(2) 수준에 따른 유형 구분

복합화의 유형을 수준에 따라 구분하면 다음과 같이 세 가지로 구분할 수 있다. 우선 '낮은 수준의 복합화'는 각각의 시설이 별도의 대지에 분리, 구획되어 설치되나 관리·운영의 주체가 동일하거나 기능적으로 공동의 이용이 이루어지는 경우를 말한다. '중간 수준의 복합화'는 동일대지 내에서 복수의 시설이 개별 건물로 설치되나 연결

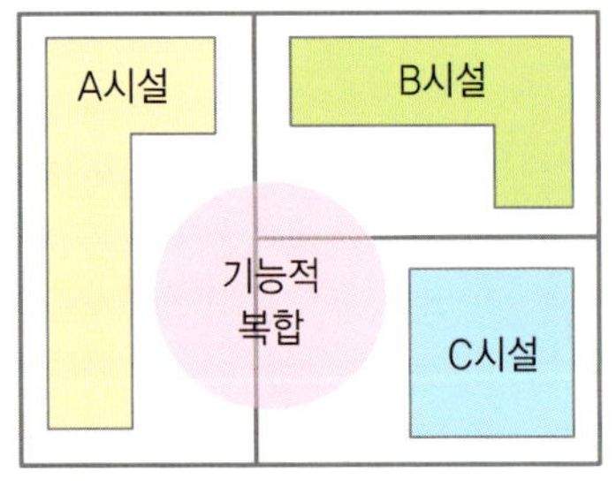

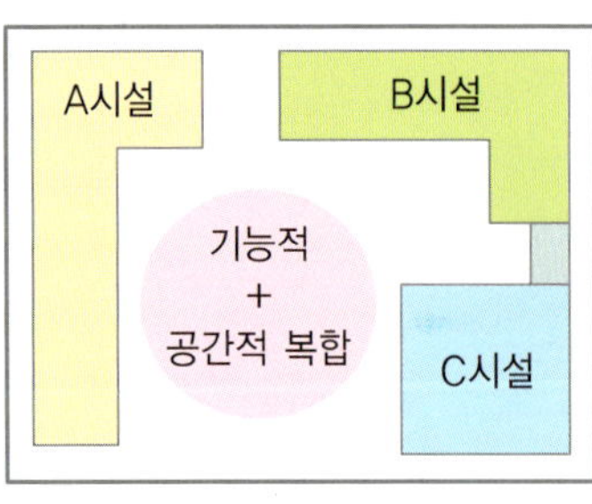

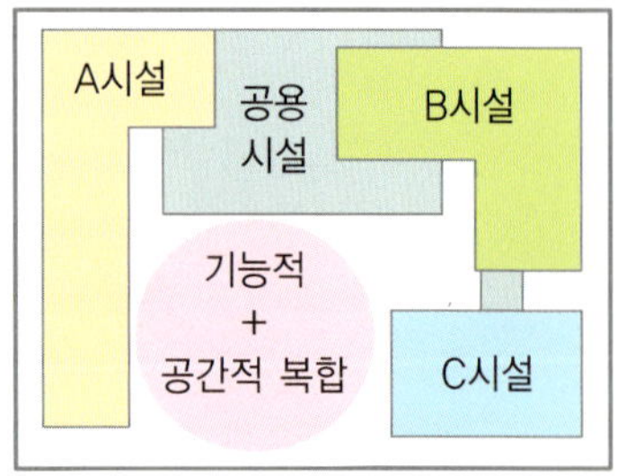

그림 2·4 복합화 수준에 따른 구분

통로 등에 의해서 통합적 조성 및 기능적 복합이 이루어지는 경우를 말한다. '높은 수준의 복합화' 는 동일건물 내에서 수평적 · 수직적 · 혼합적 복합 등 공간적 복합이 이루어지고 기능적 복합을 수반하는 것을 의미한다.

3) 복합화의 목적과 고려사항

시설을 복합화하는 것은 개개의 시설을 별도로 건축하는 것보다 토지와 공간을 효율적으로 이용할 수 있고, 용지의 확보가 용이하며, 관리운영 및 유지관리의 합리화를 꾀할 수 있다는 물리적 · 재정적인 이유에서 출발한다. 또한 주민에 대한 다양한 시설 이용의 기회와 커뮤니케이션 공간을 제공함으로써 지역 커뮤니티 형성을 도모하는 것도 또 다른 중요한 목적이 된다.

공간상의 복합은 이루어졌으나 프로그램 등 기능상 연계되지 않으면 제한적 차원의 복합화에 그치게 될 수 있다. 또한 복합시설의 운영주체가 통합되지 않고 주관 부서별로 분리되거나, 시설과 인적 공유 등의 상호 협조가 없으면 복합화의 효과가 한정적이 될 수 있다. 따라서 복합시설 계획 시는 운영과 관리, 공간이 통합적으로 고려되어야 한다.

소유주체가 다른 시설 간에는 부지구획을 통해 소유, 관리, 운영권을 명확히 하는 것이 나중에 분쟁의 여지를 감소시킬 수 있으므로 소유, 관리, 운영권을 보장하는 범위 내에서 중복기능을 통합 조정하는 것이 좋다. 또한 동선의 혼란으로 인해서 서로 다른

표 2·1 복합화의 목적

시설복합 이유	세부 항목
물리적 · 재정적 이유	토지와 공간의 효율적 이용
	용지 확보 용이
	관리운영의 합리화
	복합화에 의한 유지 · 관리의 합리화
지역 커뮤니티 형성	주민에 대한 다양한 시설의 이용기회 제공
	지역주민에 대한 커뮤니케이션 공간 제공

기능이 저해되거나 안전계획에 문제가 생기지 않도록 하는 것이 공간계획 시에 고려해야 할 필수적인 사항이다.

2. 일본 복지시설의 복합화 경향

일본의 복지정책은 심각한 고령화를 반영하여 노인복지시설의 정비에 가장 무게가 실려 있다. 대부분의 복합복지시설에는 노인시설이 필수적으로 들어가 있으므로 여기서는 복지시설의 복합화 경향을 노인복합시설을 중심으로 고찰한다.

일본은 그동안 노인에 대한 국가 정책이 다각적으로 추진되어 왔으며, 1963년 노인복지법의 제정과 함께 본격적인 노인복지시설에 대한 정비가 이루어졌다. 초기에는 시설복지에 중점을 두어 노인홈을 중심으로 한 시설이 양적으로 증가되었으나, 1970년대 후반부터는 자기가 살고 있는 지역 안에서 생활을 지원하는 재택복지서비스의 중요성에 대한 인식이 높아졌다. 이에 따라 급속히 증가하는 노인에 대한 사회적 대책으로 2000년 개호보험이 실시되고 노인을 위한 시설정비가 '골드플랜 21' 등에 의해 추진되었으나 대도시에서는 높은 지가로 시설용지의 확보가 어려워 노인복지시설에 대한 양적인 확충이 지연되곤 하였다. 이러한 상황에 대한 대안으로 도시지역에서는 노인복지시설을 다양한 지역기반시설과 복합화하는 사례가 증가하고 있다. 한편, 인구 감소와 고령화가 동시에 빠르게 진행되고 있는 농어촌지역에서도 한정된 예산으로 노인복지서비스 인프라를 구축하기 위해서 노인복지시설과 지역주민을 위한 다양한 서비스를 복합화한 복합커뮤니티시설을 건립하고 있다.

노인복지시설의 복합화는 위에서 언급된 사회적 · 경제적인 상황하에서 추진되었으나 지역복지의 향상과 함께 노인과 지역사회의 다양한 계층과의 교류에도 긍정적인 효과가 있는 것으로 평가되고 있다. 특히, 유아 및 아동과의 세대 간 교류증진에 대한 관심이 증가하고 있어 노인복지시설과 보육시설, 초 · 중학교 등과의 복합화 사례가 많은 주목을 받고 있다. 또한 공간 및 설비 부문에서 배리어 프리를 위한 배려 등 많은 부분을 공유할 수 있는 노인시설과 장애인시설과의 복합도 많이 나타나고 있다. 그 외 새로운 부지에 다양한 복지시설들이 함께 정비되는 경우와 기존의 복지시설의 증축이나 개축 시 새로운 복지시설이 추가되는 경우가 많으며 이렇게 조성된 다양한 복지시설로 이루어진 시설을 종합복지시설로 분류하였다.

타 시설과의 복합으로는 위에서 언급한 초 · 중학교 등 교육시설과의 복합화가 있으며 보건소, 병원 및 의원 등과의 복합시설이 있다. 노인시설이나 장애인시설과 보건의료시설과의 복합은 재활시설 등을 공용시설로 확보할 수 있어 이용자에게 편이성과 심리적 안정감을 가져다 줄 수 있다. 또한 지역의 다양한 문화시설, 행정시설, 체육시설 등과의 복합으로 지역사회의 거점시설이 되는 커뮤니티 복합시설 등이 나타난다.

1) 복지시설 간 복합화

(1) 노인과 아동보육시설의 복합

① 개념 및 배경

'노인과 아동 · 보육복합시설(이하 노유복합시설)' 이란 어린이집, 유치원 등의 육아시설 및 아동복지관 등의 아동시설이 노인주간보호시설, 노인요양시설 등의 노인시설과 인접대지나 동일대지, 혹은 동일 건물에 지어지거나 병설된 시설로서 기능적 혹은 공간적 복합이 이루어진 시설을 말한다. 일본의 경우, 국가나 지방자치단체에서 공공시설을 건설하고자 할 때 복수의 시설을 병설하거나 기존 시설의 일부를 타 시설로 전용하는 등 복합시설로 시설의 정비가 이루어지는 경우가 많이 있다. 이러한 복합시설 중 어린이집과 노인데이서비스센터, 아동관과 특별양호노인홈 등 아동 관련 시설과 노인시설이 병설된 것을 '유로복합시설(幼老複合施設)', 혹은 '유로공생시설(幼老共生施設)' 이라고 한다(エクスナレッジムック, 2005 : 37).

노유복합시설이 만들어진 배경에는 재정적인 어려움을 극복하고자 하는 입장과 함께, 최근의 저출산고령화 시대의 복지수요 변화에서도 그 원인을 찾을 수 있다. 일본의 경우 영유아 수의 감소로 시설의 축소를 가져올 수밖에 없는 어린이집에 국가나 지방자치단체가 지원하여 시설의 일부를 데이서비스센터 등의 노인시설로 리노베이션하는 사례가 있다.

또한 노유복합시설은 노말라이제이션(normalization)[1]의 이념에 근거한 이세대(異世代) 교류, 즉 세대 간 교류를 촉진하는 부차적인 효과를 기대할 수 있다는 면에서 매우 바람직한 복합시설의 형태라고 할 수 있다(北村安樹子, 2003 : 4–15).

✻ **표 2·2** 노유복합시설의 현황

구 분	노유복합시설		
사 례	코토엔	시바우라 아일랜드	후치노베 어린이집과 유유데이서비스센터
위 치	도쿄도 에도가와구	도쿄도 미나토구	카나가와현 사가미하라시
외 관			
건물 규모	지상 4층, 지하 1층 연면적 5,030m²	지상 4층 연면적 4,000m²	지상 3층, 지상 2층 대지면적 1,568m²
건립 연도	고령자시설 1962년 보육시설 1976년	2007년 4월	고령자시설 1995년 보육시설 1947년
평면 구성			
시설 구성	보육시설+양호노인홈+특별양호노인홈+재택개호지원센터 등+노인데이서비스센터	보육시설(1, 2층)+아동, 고령자 교류플라자(3층)	보육시설+데이서비스센터

(계속)

1) 노인이나 장애인을 구별하지 않고 모든 사람들이 함께 살아가는 사회가 정상이라는 생각이다. 즉, 노인이나 장애인의 시설을 만들어 멀리 격리하고 분리시키는 사회는 정상이 아니라고 생각하는 것을 말한다.

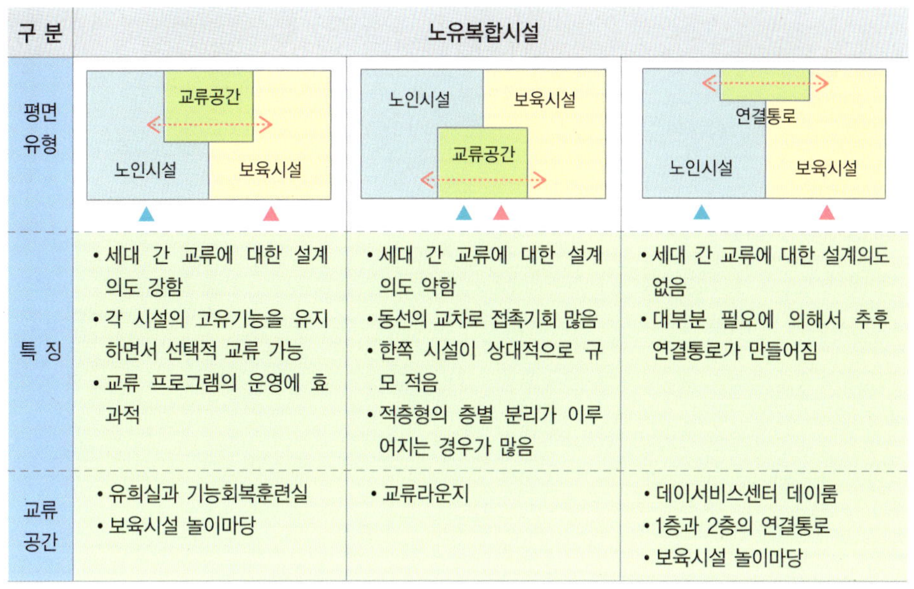

구 분	노유복합시설		
평면 유형	교류공간 / 노인시설 / 보육시설	노인시설 / 보육시설 / 교류공간	연결통로 / 노인시설 / 보육시설
특 징	• 세대 간 교류에 대한 설계 의도 강함 • 각 시설의 고유기능을 유지하면서 선택적 교류 가능 • 교류 프로그램의 운영에 효과적	• 세대 간 교류에 대한 설계 의도 약함 • 동선의 교차로 접촉기회 많음 • 한쪽 시설이 상대적으로 규모 적음 • 적층형의 층별 분리가 이루어지는 경우가 많음	• 세대 간 교류에 대한 설계의도 없음 • 대부분 필요에 의해서 추후 연결통로가 만들어짐
교류 공간	• 유희실과 기능회복훈련실 • 보육시설 놀이마당	• 교류라운지	• 데이서비스센터 데이룸 • 1층과 2층의 연결통로 • 보육시설 놀이마당

② 노유복합시설의 건축적 특징

노유복합시설 내에 노인시설과 아동보육시설이 배치된 형태를 출입구 위치와 공유공간 여부에 따라 살펴보면 다음과 같다. 첫째, 각 시설이 별도의 출입구를 가지고 두 시설이 교류할 수 있는 공유공간을 가진 경우, 둘째, 동일 출입구와 교류공간을 가진 경우, 셋째, 별도의 출입구를 통해 진입하고 연결통로에 의해 연결되는 경우 등 크게 세 가지로 나눌 수 있다.

첫 번째는 도쿄의 에도가와구에 위치한 코토엔이 대표적인 사례로 이곳은 1층 현관홀 앞에 어린이집 유희실과 노인시설의 기능회복훈련실이 직접 인접하고 있다. 두 실은 칸막이 없이 약간의 단차를 두고 있을 뿐이어서 현관홀, 기능회복훈련실, 식당에서 유희실과 보육실의 모습이 보인다. 유희실과 기능회복훈련실의 경계는 필요시에는 커튼으로 가릴 수 있으나 원아의 오후 낮잠시간대를 제외하고는 거의 상시 개방되어 있다. 이 사례는 각 공간의 고유기능을 유지하면서 선택적 교류가 가능하며, 세대 간 교류 프로그램을 운영하거나, 일상생활 속에서도 자연스러운 교류가 가능하도록 계획된 유형이라고 할 수 있다.

두 번째는 노인시설과 아동보육시설이 동일 출입구를 가진 경우인데, 출입구가 분리되지 않은 것은 한쪽 시설이 상대적으로 규모가 작거나 두 시설이 다른 층에 위치하여 출입에서의 동선분리가 크게 필요하지 않기 때문인 것으로 판단된다. 따라서 이 시설들에서는 공유공간의 역할이 상대적으로 크지 않은 것을 알 수 있다.

세 번째 사례는 사가미하라시의 후치노베 어린이집과 유유데이서비스센터의 복합시설로, 기존에 있던 2층의 어린이집 건물 옆에 3층 건물을 인접 건축하여 데이서비스센터와 야간어린이집(시간 연장서비스)을 병설한 경우이다. 이곳은 1층에 두 시설 사이의 연결통로가 있으며, 2층에는 어린이집의 테라스로 연결되는 통로가 설치되어 있다. 데이서비스센터의 노인들이 이용하는 1층의 연결통로에서는 어린이집에서 활동하는 아이들의 모습이 잘 보이도록 되어 있다.

(2) 노인과 장애인시설의 복합

① 개념 및 배경

노인은 나이가 들어감에 따라 심신이 허약해지고 만성질환 등으로 장애노인의 범주에 들 확률이 높아지게 된다. 따라서 노인시설과 장애인시설은 고려해야 할 설비와 계획기준이 크게 다르지 않다. 이 두 시설의 복합은 재활이나 보건서비스 기능을 가진 공

✻ **표 2·3** 노인과 장애인 복합시설의 현황

구 분	노인과 장애인 복합시설		
사 례	사쿠라가와 복지플라자	가와고에시 종합복지센터	타마시 종합복지센터
위 치	도쿄도 미나토구	사이타마현 가와고에시	도쿄도 타마시
외 관			
건물 규모	지상 8층, 지하 1층 연면적 17,922.90m^2	지상 3층 연면적 6,523m^2	지상 7층 연면적 12,800m^2
건립 연도	2006년 5월	1995년 7월	1997년 5월

(계속)

구 분	노인과 장애인 복합시설		
평면 구성	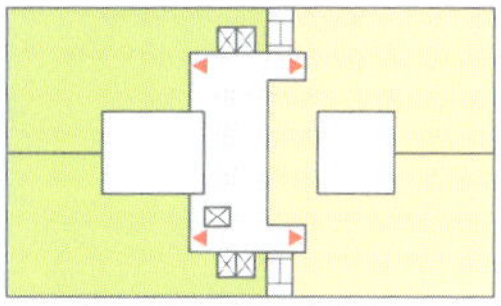 4~5층 : 개호노인보건시설 6~8층 : 특별양호노인홈	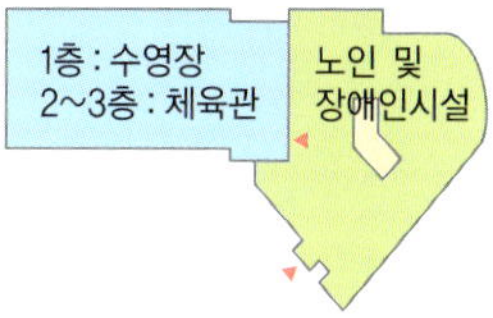 1층 : 수영장 2~3층 : 체육관 노인 및 장애인시설	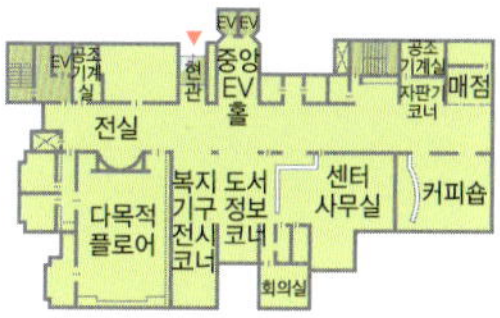 전실 중앙 EV 홀 다목적 플로어 복지 기구 전시 코너 도서 정보 코너 센터 사무실 커피숍 매점 회의실
시설 구성	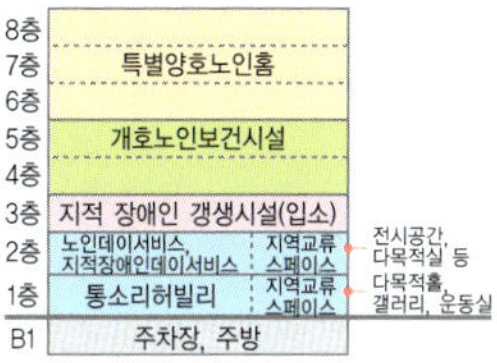 8층 7층 6층 특별양호노인홈 5층 4층 개호노인보건시설 3층 지적 장애인 갱생시설(입소) 2층 노인데이서비스, 지적장애인데이서비스 / 지역교류 스페이스 — 전시공간, 다목적실 등 1층 통소리허빌리 / 지역교류 스페이스 — 다목적홀, 갤러리, 운동실 B1 주차장, 주방 특별양호노인홈+개호노인보건시설+지적 장애인 갱생시설+노인데이서비스+지적 장애인 데이서비스+지역교류스페이스	신체장애자복지센터+노인복지센터+장애인데이서비스+노인데이서비스	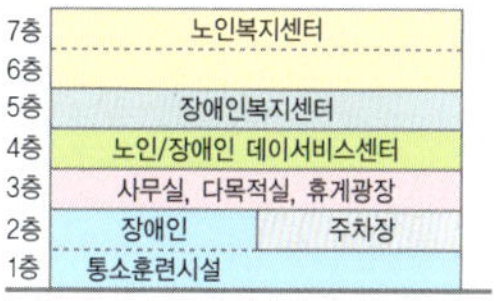 7층 노인복지센터 6층 5층 장애인복지센터 4층 노인/장애인 데이서비스센터 3층 사무실, 다목적실, 휴게광장 2층 장애인 / 주차장 1층 통소훈련시설 노인복지센터+장애자복지센터+데이서비스센터+지적 장애인통소훈련시설
특 징	• 1층에 노인과 장애인을 위한 재활시설과 지역교류 스페이스가 위치 • 1층에 커피숍과 운동시설을 위한 부출입구가 마련되어 있고 그 외는 노인과 장애인 이용시설과 생활시설 모두가 동일 출입구에 의해서 이용이 이루어짐 • 2층에는 노인과 장애인데이서비스센터가 각각 있으며 지역교류를 위한 다목적실이 있음	• 중심건물은 1층에 장애인데이서비스센터가 위치하고 2, 3층에 노인데이서비스센터, 대욕장을 중심으로 노인복지센터가 위치하는 복지시설건물임. 그 옆에 노인과 장애인, 일반인 모두가 이용하는 온수 수영장과 체육관으로 이루어진 체육시설이 연결된 복합시설임 • 이용자별로 별도의 출입구를 두고 있지 않음 • 복지시설건물 중앙에 3층 높이의 광정이 있어 시설 내부에 자연채광을 도입	• 1층과 2층은 지적 장애인 이용훈련시설이 각각의 입구를 가지며 위치함 • 3층은 종합복지센터와 인접한 수영장 이용객의 공용공간으로 이용되며, 이 건물의 중심 로비가 됨 • 4층 이상은 장애인시설과 노인시설이 명확한 구분 없이 혼재되어 배치
교류 공간	• 1층과 2층의 운동실, 다목적홀, 커피숍 등의 지역교류 스페이스에서 노인과 장애인은 물론 지역주민과의 교류가 가능 • 1층의 재활시설에서도 교류가 이루어짐	• 1층의 수영장, 2층의 체육관에서 지역주민과 복지시설 이용자 모두의 교류가 이루어짐 • 기능회복훈련실, 목욕실, 대연회장 등의 공간이 장애인과 노인이 동시에 사용하는 교류공간으로 활용됨	• 3층의 도서공간, 휴게실, 다목적 공간 등이 다양한 교류공간으로 활용됨 • 5층에는 장애인뿐 아니라 일반인 모두가 활용 가능한 요리실습실이 있으며, 그 외에도 7층의 욕실, 집회실 등을 공동으로 이용하고 있음

간을 함께 활용할 수 있으며 접근성과 편의시설의 이용 등 공간과 설비, 서비스 등에서 공유할 수 있는 부분이 다수 존재한다. 일본의 경우 기능적으로 연계가 용이한 노인시설과 장애인시설의 복합이 가장 많이 이루어지고 있다. 종합복지센터라고 명명된 시설의 구성을 보면 노인시설과 장애인시설의 복합이 많은 부분을 차지한다. 최근의 종합복지센터는 이러한 구성에 지역주민들을 위한 문화시설을 제공하여 지역커뮤니티시설로 이용되는 경우가 많이 있다.

② 노인과 장애인 복합시설의 건축적 특징

일본의 종합복지센터 중 상당수가 노인시설과 장애인시설이 포함되어 있으며, 두 시설의 공용시설이 제한적 혹은 자유롭게 지역주민에게 개방되어 사용되고 있다. 갤러리나 레스토랑, 커피숍, 공연장 등은 지역주민에게 개방되며, 수영장이나 체육관, 다목적실, 기능회복훈련실 등은 부분적으로 지역주민들이 이용할 수 있다.

노인시설과 장애인시설의 입구는 분리되거나 영역이 구분되는 경우는 거의 없으며, 지상층에 재활시설이나 목욕시설, 운동시설 등을 공유하고 있는 경우가 많다. 데이서비스센터의 경우도 같은 층에 인접하거나 심지어는 같은 공간 내에 배치되어 있어, 두 시설은 기능상 · 공간상 복합화가 쉽게 이루어지고 있다. 단, 지적 장애인시설의 경우는 층별 혹은 영역별로 구분하여 정서적인 안정을 도모하고 있다.

(3) 종합복지시설

① 개념 및 배경

종합복지시설은 위에서 언급한 노인과 장애인을 대상으로 하는 것 외에 여성, 아동 등 다양한 이용자들을 대상으로 건립된 복지시설들이 복합되어 있는 경우를 말한다. 이러한 시설의 장점은 원스톱 서비스, 즉 동일한 대상자에게 여러 가지 복지서비스를 제공할 수 있는 효율적인 방안이 되지만 영역 구분이나 동선의 분리가 적절히 이루어지지 않으면 이용상 · 운영상 혼란을 가져올 수 있다. 국내의 경우 사회복지관이 이 범주에 속하나 일본의 경우는 다양한 복지시설이 한 곳에 복합되는 경우가 많지 않다.

표 2·4 종합복지시설의 현황

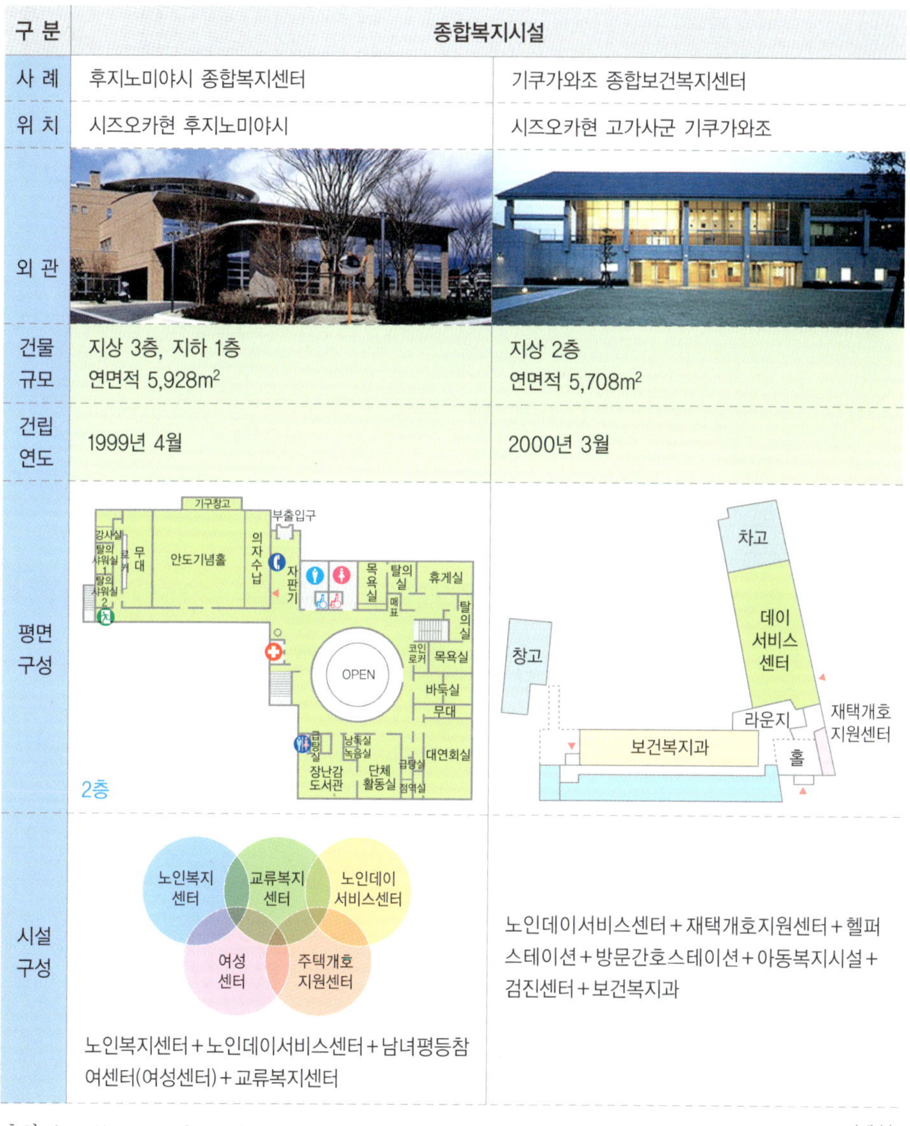

구 분	종합복지시설	
사 례	후지노미야시 종합복지센터	기쿠가와조 종합보건복지센터
위 치	시즈오카현 후지노미야시	시즈오카현 고가사군 기쿠가와조
외 관		
건물 규모	지상 3층, 지하 1층 연면적 5,928m^2	지상 2층 연면적 5,708m^2
건립 연도	1999년 4월	2000년 3월
평면 구성		
시설 구성	노인복지센터＋노인데이서비스센터＋남녀평등참여센터(여성센터)＋교류복지센터	노인데이서비스센터＋재택개호지원센터＋헬퍼스테이션＋방문간호스테이션＋아동복지시설＋검진센터＋보건복지과

출처 : http://www.ntt-f.co.jp/architect/building/ kikukawa.html

(계속)

구 분	종합복지시설	
특 징	• 중앙 홀을 중심으로 실이 주위에 배치된 형태이며 홀 주위에 설치된 경사로의 경우 인접 보건센터를 이용하는 장애인들의 재활활동을 하는 장소로도 활용됨 • 1층의 데이서비스센터는 별도 출입구를 가지며, 2층에는 노인복지센터가 배치되고 아동도서관이나 다목적홀이 있어 세대 간 교류를 유도함 • 3층에는 여성들을 위한 교류공간이 위치	• 건물은 3개 영역으로 나누어져 있는데, 북쪽 날개 동은 1층이 노인데이서비스센터, 2층이 아동복지시설로 구성된 복지시설 영역이며, 동쪽 날개동의 1, 2층은 보건복지관계의 업무영역이 배치됨 • 두 날개가 교차하는 부분에 출입구와 홀 등의 공용영역이 위치함 • 1층에는 주출입구 외에 노인데이서비스센터의 전용 출입구와 직원용 출입구가 있음
교류공간	• 중앙 홀에서는 이용자 간의 교류가 일어날 수 있는 다양한 프로그램이나 전시활동이 이루어지고 있음 • 2층의 아동도서관과 다목적홀 등이 세대 간 교류공간의 역할을 하고 있음	• 1층 홀과 라운지가 오픈공간으로 교류가 이루어지는 공간이 되고 있음

② 종합복지시설의 건축적 특징

다양한 복지시설이 모여 있으므로 시설의 중심이 되는 공간을 형성하면서 각기 다른 개별영역을 구분하는 등의 기능상 · 공간상의 적절한 배려가 이루어지고 있는 것을 알 수 있다. 따라서 대부분의 종합복지시설 건물들은 중앙에 오픈된 넓은 공간을 가지고 각 서비스 부문의 실들이 주위에 배치되는 명확한 구조를 갖는다. 1층에 이용시설 간 출입구 분리를 통해 다른 시설들과 동선상의 혼잡을 피하는 것을 볼 수 있다.

2) 복지시설과 타 시설과의 복합화

(1) 복지와 교육시설의 복합

① 개념 및 배경

일본에서는 학교시설 복합화를 동일건물 또는 동일대지 내에 학교시설과 기타 사회교육시설, 문화시설, 스포츠시설 등이 서로 밀접하게 기능적으로 연계성을 가지며 평면적 또는 입체적으로 공존, 융합하게 하는 것으로 정의하고 있다(김승재, 2009 : 52). 복지시설과 교육시설의 복합화는 학교대지의 효율적 이용과 학교를 지역의 복지 및 커뮤니티 거점시설화한다는 면에서 많은 장점을 가진다. 즉, 학교시설의 신축, 증축, 개축

시 학교와 복지시설 간의 제 기능을 상호 이용하는 것을 전제로 계획하고 구성하여 시설 및 자원 프로그램 등 상호 간 유기적인 관계를 가지고 공존할 수 있기 때문이다.

학교는 지역사회에서 접근성이 뛰어나고 양적 · 질적으로 기반시설이 갖추어진 공공시설이다. 이러한 장점을 이용하여 학교복합화를 위한 노력이 증대되고 있다. 국내의 경우는 공영주차장, 체육관, 유치원과 같은 시설이 복합되는 경우가 많지만, 일본의 경우는 저출산고령화의 진행으로 초등학교 입학 정원이 줄어들고 도심의 초등학교와 농어촌 초등학교의 폐교가 늘어가는 상황에서 초등학교의 여유교실이나 폐교를 주로 복지시설이나 복지단체의 사무실로 활용하고 있다. 또한 여유교실에는 데이서비스센터를 부설하거나 폐교를 수리(renovation)하여 대규모 노인거주시설이 되기도 한다.

이러한 노인복지시설과 학교시설의 복합화를 통해서 노인복지시설의 건립 및 대지 확보에 대한 경제적인 부담을 경감시킬 수 있을 뿐 아니라 세대 간 교류와 지역 거점의 측면에서도 장점을 살릴 수 있다.

표 2·5 복지와 교육 복합시설의 현황

구 분	복지와 교육 복합시설		
사 례	이치가와시립 제7중학교	도쿄도 분교구립 유시마 초등학교	교토부 우지시립 오구라 초등학교
위 치	치바현 이치가와시	도쿄도 분교구	교토부 우지시
외 관			
건물 규모	지상 6층, 지하 1층 연면적 21,956m²	지상 5층, 지하 1층 연면적 9,040m²	지상 3층 연면적 6,877m²
건립 연도	2005년 5월	1992년 10월	1996년 3월
평면 구성	5층 4층: 케어하우스(50인) 3층 2층: 중학교 1층: 어린이집, 데이서비스센터(25인) 문화센터	노인데이서비스센터 초등학교	노인데이서비스센터 초등학교 식당 체육관 및 강당

(계속)

구 분	복지와 교육 복합시설		
시설 구성	중학교+케어하우스+노인데이서비스센터+문화센터+어린이집	초등학교+노인데이서비스센터+어린이집+사회교육시설(생애학습관)	초등학교+노인데이서비스센터 교류
교류 공간	• 옥상정원 : 노인들의 배회활동과 학생들의 휴식에 이용 • 강당 : 노인과 아동, 지역주민 모두가 이용 • 가사실습실 : 노인과 학생의 교류가 이루어짐 • 식당 : '만남급식' 을 통한 노인과 학생 간의 교류	• 식당 : '만남급식' 을 통한 노인과 학생과의 교류 • 다목적실, 특별활동실 : 노인과 학생들이 공동 이용하여 교류 프로그램 실시 • 로비 : 노인시설에서 학생들을 조망할 수 있게 배치하여 자연스러운 만남 유도 • 운동장 : 노인들의 배회가든을 조성하여 학생과의 자연스러운 만남을 조성	• 강당 : 학교와 노인시설 행사, 지역주민을 위한 공연 • 다목적실 : 학교와 노인시설 공동 사용. 교류 프로그램 실시 • 로비 : 노인시설에서 학생들을 조망할 수 있게 배치. 자연스러운 만남 유도 • 현관 : 각 시설의 입구는 분리하되 근접 설치하여 노인과 학생과의 자연스러운 만남 조성

② 복지와 교육 복합시설의 건축적 특징

복지시설과 교육시설이 복합된 사례를 살펴보면, 1층에 노인데이서비스센터가 위치하고 있으며, 각 시설 간의 출입구를 분리하고 있는 사례가 많다. 대부분 식당에서 주요한 세대 간 교류가 이루어지고 있고, 놀이터나 운동장에서도 자연스러운 만남이 이루어지고 있다. 학교의 강당과 다목적실, 가사실습실 등도 지역주민, 노인, 학생들 간 교류가 이루어지는 공간이 되고 있다.

(2) 복지와 보건의료시설의 복합

① 개념 및 배경

일본에서는 정, 촌(町, 村; 우리나라 행정구역상 읍, 면에 해당)에 해당하는 지방자치단체에서 노인의 보건, 의료, 복지시설을 하나로 묶는 집약화(병설, 복합 또는 근접설치) 경향이 근래 들어 많이 나타나고 있다. 즉, 노인에게 필요한 서비스 지원시설들을 지방자치단체 내에서도 인구 밀집지역, 행정, 상업시설 등이 많은 지역의 중심부에 위치시켜 공공교통의 이용편의성을 도모함과 동시에 여러 시설과의 네트워크화를 유도하고 있다(남윤철, 2007 : 15). 이는 1990년 '노인복지법' 의 개정을 계기로 각 지방자치단체가 지역에 적합한 대안을 세우고 이에 필요한 시설을 설치, 운영하게 되는데,

이를 기점으로 각 지방자치단체에서는 보건, 의료, 복지 세 분야 서비스의 양적 · 질적 서비스 수준을 끌어올리기 위하여 이러한 시설들을 한 곳에 집약 배치시키게 되었다.

보건, 의료, 복지시설의 복합화는 민간병원과 노인보건시설의 복합 사례가 두드러진다. 이것은 대부분 설립주체가 같기 때문이며, 이전이나 신축에 의해서 복합화할 경우 내부 의료장비나 인적 구성의 공유 등을 고려하여 병원 단일기능보다는 보건시설과의 복합이 경제적인 면에서 상대적으로 유리하기 때문이다.

✻ 표 2·6 복지와 보건의료 복합시설의 현황

구 분	복지와 보건의료 복합시설		
사 례	후루가와바시병원+개호노인 보건시설 르네상스 아자부	오오이시기념병원+개호노인 보건시설 레벤하우스	레베넥스(생활지원복합빌딩)
위 치	도쿄도 미나토구	도쿄도 아다치구	오사카시 요도가와구
외 관			
건물 규모	지상 6층, 지하 1층 연면적 9,922m^2	지상 6층, 지하 1층 –	지상 7층 연면적 1,358m^2
건립 연도	개호노인보건시설 2000년	개호노인보건시설 1998년	2004년
평면 구성	검진센터 개호노인 보건시설 병원 1층 주택 입구	개호노인 보건시설 병원	주차장 EV 레스토랑 공통입구 2층 : 의원 3층 : 데이케어센터 4~6층 : 그룹홈 7층 : 주택

(계속)

구 분	노인과 장애인 복합시설		
시설 구성	6층 간호사 숙사, 의사주택 5층 병원(요양병상) 병원(일반병상) 4층 개호노인보건시설 3층 2층 주방 등 병원 재택개호 지원센터 데이케어 1층 검진센터 개인노인 보건시설 주택 출입구 B1 주차장, 기계실, 쓰레기집하장 등 개호노인보건시설+노인데이케어센터+재택개호지원센터+병원+검진센터+의사 및 간호사 주택	개호노인보건시설+병원+거택개호지원사무소 등	7층 주택 6층 정신장애자 그룹홈 5층 치매노인 그룹홈 4층 3층 정신장애자 데이케어센터 2층 정신과의원 1층 레스토랑 정신과의원+정신장애자 데이케어센터+치매노인 그룹홈+정신장애자 그룹홈+주택+레스토랑
특 징	• 동선계획상 6개의 시설과 서비스, 각각의 출입구 등의 수평동선과 수직동선을 교차시키지 않고 명확하게 분리함	• 1955년 230병상의 병원으로 지어진 건물의 정신과 여자 병동을 허물고 1998년에 노인보건시설을 건립한 복합시설임 • 병원과 노인보건시설은 별동으로 건립	• 1층에 지역주민과 의원이용자, 시설관계자 등이 이용 가능한 레스토랑이 위치 • 각 층의 접근은 엘리베이터와 계단을 통해서만 가능 • 별도의 직원 출입구가 있을 뿐 출입구의 분리는 없음
교류 공간	기본적으로 교류공간을 의도하고 있지는 않으나 1층의 기능훈련실에서 데이케어센터와 노인보건시설 노인들의 이용이 가능	1층 상부의 데크가 휴게공간이 되어 노인보건시설과 병원에서 내려다 볼 수 있고 산책할 수 있는 공동의 교류공간이 됨	1층 레스토랑에서 이용자 및 지역주민의 교류가 가능

② 복지와 보건의료 복합시설의 건축적 특징

복지시설과 보건의료시설의 복합은 노인 및 장애인시설과 병의원과의 복합이 대부분이며, 두 시설 간의 교류는 크게 고려되고 있지 않고 오히려 동선과 출입구의 분리 등으로 영역을 명확하게 구분하고 있다. 운영주체가 대부분 동일하다는 장점이 있으며, 물리치료실이나 기능회복훈련실 등 재활시설을 상호 이용가능하고, 휴게시설을 겸한 외부공간 등이 교류공간으로 이용 가능한 정도의 소극적인 교류활동이 이루어지고 있다.

(3) 복지와 커뮤니티시설의 복합

① 개념 및 배경

다양한 욕구가 존재하는 지역사회에서 커뮤니티시설은 지역주민들로부터 공동의 관심사를 유도할 수 있고, 사회문제 대처라는 공동의 목표에 자연스럽게 참여할 수 있는 계기를 만들어 줄 수 있다. 커뮤니티시설을 이용하는 모든 세대들은 자연스럽게 접촉함으로써 상호 간의 정보나 이해부족으로부터 발생한 편견과 오해들을 해소시킬 수 있는 계기를 만들 수 있다. 따라서 복지시설과 커뮤니티시설의 복합은 대도시에서는 부지확보의 어려움을 해소해 주고 농촌지역 등에서는 지역의 거점시설로 발전시킬 수 있다(서경원 · 임경란, 2009 : 16)

또한 급속한 고령화 사회에 능동적이고 합리적으로 대응하기 위해서는 기존의 지역시설계획의 틀을 벗어나 더불어 함께 사는 사회를 위한 커뮤니티 형성의 새로운 패러다임 전환을 위해 지역시설의 복합개발 혹은 기존시설의 활용이 지역시설계획의 중요한 출발점이 되며, 이러한 복합화 개념에 따른 지역시설은 지역복지공동체의 중심적 공간이 될 것이다(김태일, 2006 : 53)

복지와 커뮤니티 복합시설은 사실상 최근 대부분의 복지시설 복합화가 지향하고 있는 시설내용이다. 규모의 대소를 묻지 않는다면 대부분의 복합복지시설이 이 유형에 속하게 된다. 따라서 여기서는 커뮤니티시설 혹은 문화시설의 규모가 복지시설에 비해 상대적으로 크고 다양한 공간으로 구성된 경우를 이 유형으로 분류하였다.

＊ **표 2·7** 복지와 커뮤니티복합시설의 현황

구 분	복지와 커뮤니티 복합시설		
사 례	이키이키플라자 일번관	센본플라자	기타구립 타키노가와니시 구민센터
위 치	도쿄도 치요다구	시즈오카현 누마즈시	도쿄도 기타구
외 관			
건물 규모	지상 8층, 지하 1층 연면적 11,562m²	지상 2층, 지하 1층 연면적 5,176m²	지상 8층, 지하 2층 연면적 6,414m²
건립 연도	1995년	1995년 4월	–

(계속)

구 분	노인과 장애인 복합시설		
평면 구성	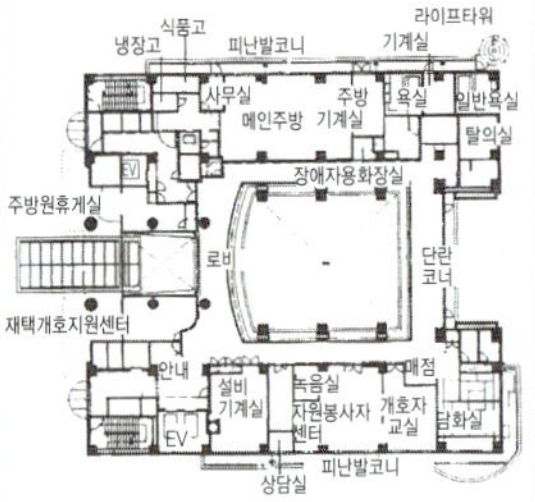	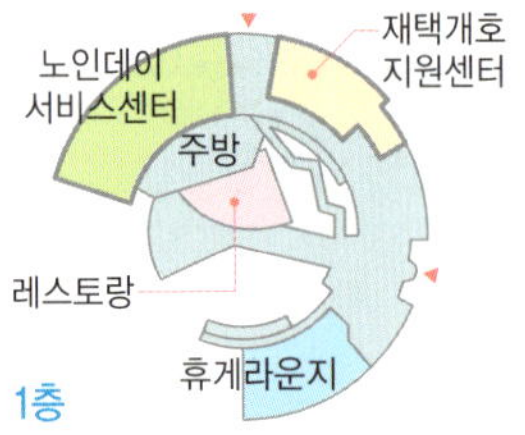	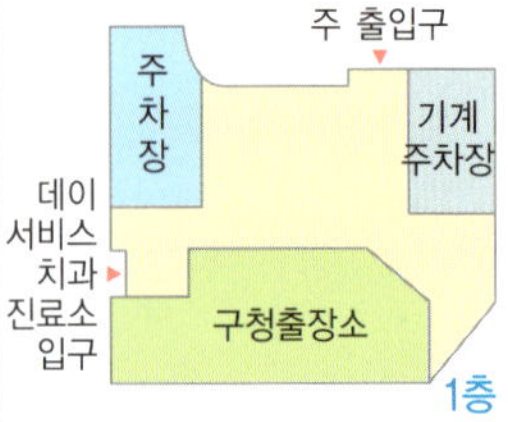
시설 구성	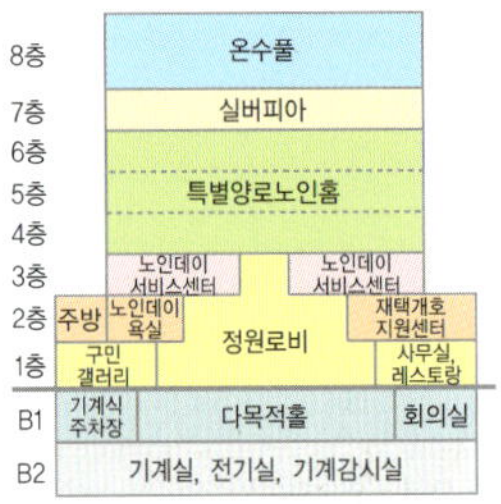 특별양호노인홈+실버하우징+노인데이서비스센터+재택개호지원센터+구민갤러리+다목적홀+레스토랑+온수풀	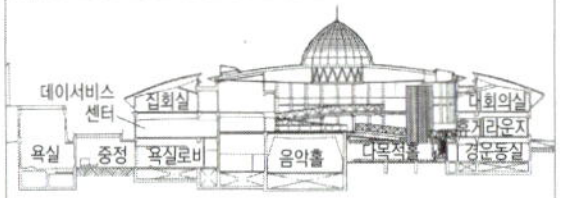 노인복지센터+재택복지지원센터+세대교류센터 지역의 아이들과 노인들이 어울릴 수 있는 세대교류 프로그램, 노인들을 위한 목욕시설, 데이서비스센터 등, 지역주민들을 위한 다양한 음악홀, 스튜디오, 회의실 등이 있음	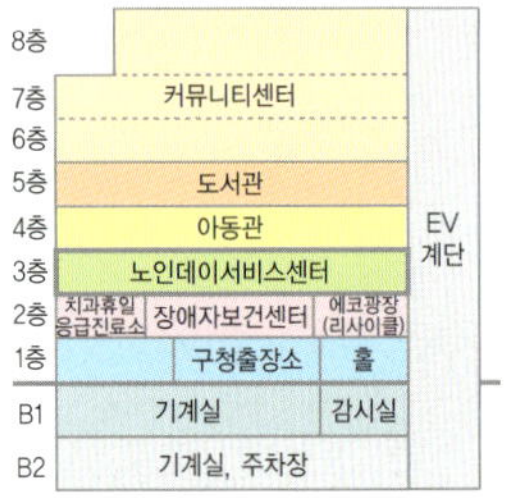 노인데이서비스센터+구청출장소+커뮤니티센터+보건센터+치과의원+아동관+도서관
특 징	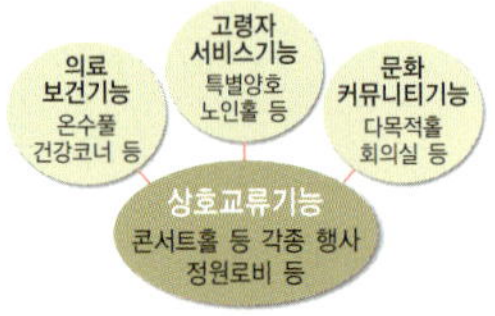 • 크게 고령자서비스기능+보건의료기능+문화커뮤니티기능 등으로 구성 • 1층의 정원로비를 기점으로 각 시설기능으로 접근되는 구성이며, 3개 층이 오픈된 아트리움이 복합시설 전체에 일체감을 줌	• 세대교류를 목적으로 한 복합시설이므로 시각적인 일체감을 연출할 수 있는 아트리움을 중심으로 한 원형의 건물 형태를 취하고 있음 • 아트리움을 중심으로 각 실을 배치하고 3층의 건물로서 단면적인 기능분화를 꾀함 • 대지 내 고저차를 이용하여 중간층을 메인 플로어로 하고 아트리움에 만들어진 슬로프로 각 층에 접근이 가능함	• 각 시설의 동선을 정리하고, 수직 동선의 중심이 되는 엘리베이터 홀에는 각 층의 시설별 특징을 부여하여 이용자가 알기 쉽도록 되어 있음 • 구조스팬을 크게 함으로써 기능복합화에 대응함과 동시에 대 공간을 상층으로 배치하여 구조적 안정성을 확보
교류 공간	1층의 정원로비, 구민갤러리, 레스토랑 등이 이용객과 지역주민의 교류공간이 되고 있음. 중앙의 오픈공간과 함께 지하 선큰가든이 또 다른 외부 교류공간이 됨	지하 1층의 다목적 홀, 음악홀, 1층의 휴게라운지 및 레스토랑 등이 노인과 아동, 지역주민이 함께 사용하는 교류공간의 역할을 함	1층 홀을 중심으로 5층의 도서관, 6~8층의 구민회관의 크고 작은 홀이 교류공간으로 기능

② 복지와 커뮤니티복합시설의 건축적 특징

일본의 커뮤니티복합시설은 국내에 비해 다양한 기능들이 복합되어 있는데, 특히 구청 같은 공공행정시설을 중심으로 장애인시설, 노인시설, 도서관, 구민회관 등과 같은 다양한 복지문화시설로 나타나고 있다. 이러한 시설들은 세대 간 교류 및 비장애인과 장애인 간의 교류 등이 활발하게 이루어질 수 있는 장이 되고 있다.

이러한 유형은 중앙에 교류공간으로 쓰이는 오픈된 대형 중앙홀을 중심으로 그 주위에 각 실이 배치되는 형태가 많다. 특히, 커뮤니티시설은 이러한 중앙홀 주변에 위치하여 교류의 공간으로 이용되고 있다. 출입구는 특별한 경우를 제외하고는 이 홀을 중심으로 연계되는 것이 특징이다.

3. 국내 복지시설의 복합화 경향

복지시설의 복합화가 등장하게 된 배경에는 공공서비스 공급의 효율성이라는 측면이 있다. 즉, 복지시설의 복합화는 복지뿐만 아니라 각종 공공서비스를 합리적으로 공급하기 위한 정책적 대안으로서 공공서비스시설의 복합화 측면에서 논의되기 시작하였다. '서울시 도시공공시설의 수요 · 입지 · 용지에 관한 연구(서울시정개발연구원, 1996)' 와 '공공문화복지시설의 복합화 방안 연구(서울시정개발연구원, 1996)' 는 이러한 문제의식에서 다양한 공공서비스시설의 복합화를 제안하고 있으며, 이러한 연구들을 시작으로 각종 문화, 복지, 체육 등 공공시설의 복합화 방안들이 본격적으로 시도되었다. 이후 공공시설의 복합화 논의는 신도시나 뉴타운 사업 등 대규모 도시계획사업과 함께 진행되었고, 공공시설에서의 복합화는 각종 지역주민의 커뮤니티시설들과의 복합화를 포함하기 시작했다. 즉, 각종 행정서비스시설이 지역주민에게 좀 더 친근하게 다가서고 다양한 서비스들을 복합적으로 제공함으로써 지역주민에게 편의성을 제공하는 측면에서의 접근이 이루어졌다(강동진 외, 2008). 하지만 이러한 커뮤니티시설의 복합화는 행정시설, 문화회관, 도서관, 스포츠 시설 등이 복합화의 대부분을 이루고 있으며 일본과는 달리 국내의 경우 복지시설 간의 복합화는 아직 활발하게 이루어지고 있지 않다. 그러나 최근 시설의 효율적 공급과 사회적 통합 등 다양한 개념이 대두되면서 복지시설을 중심으로 하는 복합화가 시도되고 있다.

국내 복지시설을 중심으로 하는 복합화의 경향은 노인과 아동·보육시설의 복합화와 같이 서비스 이용계층의 복합화를 시도한 '복지시설 간 복합화'와 교육시설 및 다양한 문화, 생활·체육, 의료, 행정시설 등과의 복합으로 이루어지는 '복지시설과 타 시설과의 복합화'로 나누어 살펴볼 수 있다.

1) 복지시설 간 복합화

현재 국내에서 복지시설 간 서비스를 복합적으로 제공하기 위해 제공되는 시설의 사례로 이용계층의 복합화를 먼저 살펴볼 수 있다. 이용계층의 복합화는 노인을 중심으로 구분이 가능하며, 첫째 노인과 아동보육시설의 복합화, 둘째 노인과 장애인복지시설의 복합화, 셋째 종합복지서비스를 제공하는 종합사회복지시설 형태의 복합화로 구분해 볼 수 있다.

(1) 노인과 아동보육시설의 복합

① 개념 및 배경

노인과 아동세대가 함께 활동하고 소통할 수 있도록 노인복지 관련 시설과 어린이집 등과 같은 보육시설 및 아동 관련 복지시설의 공간적 복합이 이루어진 시설을 말한다.

국내의 경우 전 세계에 유례가 없을 정도로 빠르게 고령화가 진행되고 있어 노인복지시설은 부족한 실정이다. 그러나 출산율의 저하로 인해 아동인구는 감소하고 아동보육시설은 수요의 부족으로 운영이 어려워지고 있다. 이러한 복지수요의 변화에 대한 대안으로 노인과 아동보육시설의 복합화가 시도되고 있으며, 계속적인 증가가 이루어질 것으로 보인다.

② 시설 현황 및 건축적 특성

노인과 아동보육시설이 복합된 대표적인 사례로는 대전시에 위치하고 있는 뿌리와 새싹, 경기도에 위치하고 있는 노블카운티 등을 들 수 있다.

두 시설 모두 노인이용시설과 보육시설의 출입구를 별도로 분리하여, 독립성과 연계성을 적절하게 유지하고 있다. 공유공간을 사용하는 등의 적극적인 교류보다는 프로그램과 일상생활 속에서 이루어지는 자연스러운 교류가 이루어지고 있다.

노블카운티는 초기에 노인시설만 운영하다가 후에 시설의 일부를 변경하여 어린이집을 추가적으로 운영하게 된 사례로 어린이집 설치 후 노인과 아동의 세대 간 교류를 통해 시설에 활력이 생겼다.

(2) 노인과 장애인복지시설의 복합

① 개념 및 배경

기능적으로 연계가 용이한 서비스 이용 대상인 노인과 장애인복지 관련 시설의 복합이 이루어진 시설을 말한다. 노인과 장애인은 물리적인 측면에서 매우 유사한 사회복지욕구 서비스를 가지고 있다. 노인복지와 장애인복지 서비스가 연계되어 시설이 이용되면 재활이나 보건서비스 기능을 가진 공간을 함께 사용할 수 있어 복합화에 유리한 측면이 있다. 국내의 경우 복지시설의 복합화에 대한 논의가 활발한 실정이 아니어서 그 사례가 많지 않으나 지방자치단체의 열악한 재정을 감안한 중복투자의 방지와, 변화하는 복지 수요로 인해 필요성이 증가할 것으로 예상된다.

② 시설 현황 및 건축적 특성

일본 사례에서 보이듯 시설이용자의 특성상 노인과 장애인 이용시설은 기능상 · 공간상 복합화의 장점이 많은 것으로 파악된다. 그러나 아직까지 국내에서는 그 사례를 찾기가 쉽지 않으며, 충청도 지역에서 노인과 장애인을 통합한 시설운영을 시도하고 있다.

충청북도에 위치하고 있는 보은군 노인 · 장애인복지관은 동일 건물을 사용하고 있으며, 로비 및 휴게공간 등의 공용공간을 사이로 두 기능이 분리되어 있다. 공간을 공유하여 사용하는 적극적인 교류보다는 사용자의 통합을 통한 자연스러운 교류가 이루어지고 있다.

✻ 표 2·8　노인과 아동보육, 장애인복지 복합시설 현황 및 건축특징

구 분	노인과 아동보육 복합시설		노인과 장애인 복합시설
사 례	뿌리와 새싹	노블카운티	보은군 노인 · 장애인복지관
위 치	대전시 대덕구	경기도 용인시 기흥구	충북 보은군
외 관			
건물 규모	지상 2층 연면적 707m²	지상 22층, 지하 3층 연면적 160,296m²	지상 2층, 지하 2층 연면적 2,209m²
개관 연도	2008년	2001년	2006년
평면 구성	보육시설 주 출입구 / 복지관 주 출입구 / 보육시설 / 중정 / 노인 시설	주거동 / 옥외시설 / 생활문화센터 / 복합클리닉 / 스포츠센터 / 너싱홈	노인시설 / 교류공간 / 장애인 시설
시설 구성	보육시설＋노인문화시설＋커뮤니티시설	노인주거복지시설＋너싱홈＋의료센터＋보육시설＋스포츠 · 문화시설	노인복지관＋장애인복지관
특 징	• 별도의 출입구를 통해 동선이 분리됨 • 독립성과 연계성을 적절하게 유지할 수 있도록 건물 공간을 구성 • 노인과 아동이 어우러질 수 있는 연계 프로그램 운영	• 주거동에 생활하는 노인의 사회적 생활활동이 이루어지는 리빙플라자와 연계되어 어린이집을 설치 • 시설운영 중에 복합이 이루어졌으며, 노인과 아동의 세대 간 교류를 통해 시설에 활력이 생김	• 별도의 출입구와 동일 출입구를 통해 선택적 이용이 가능함 • 시설기능이 분리되어 독립성 확보
교류 공간	중정, 외부 휴게공간	홀, 외부 휴게공간	홀, 강당

(3) 종합복지시설

① 개념 및 배경

저소득층, 노인, 장애인, 여성 등 다양한 이용자를 대상으로 서비스를 제공하는 종합적인 복지시설을 말한다. 국내의 경우 종합사회복지관 형태로 재가복지 및 지역복지가 강조되는 1980년대 이후로 꾸준히 증가하여 2009년 현재 서울시에만 95개[2]의 시설이 있다. 1990년대 이후 전문적인 단종서비스 기관의 증가로 서비스의 중복성 문제가 제기되기 시작하면서 저소득층과 같은 취약계층을 대상으로 사회교육 프로그램과 복지사업의 연계가 시도되고 있으며, 최근에는 일반적인 사회복지 프로그램 이외에 단종복지관에서 제공되는 전문 복지서비스 기능을 강화하여 수준 높은 복지서비스를 복합적으로 제공하기 위한 시도가 나타나고 있다.[3]

② 시설 현황 및 건축적 특성

종합복지시설은 다양한 복지서비스 공간이 모여 있어 광장이나 홀 등 중심이 되는 공간을 기준으로 개별 서비스 공간들이 배치되고 있는 구조를 보여 주고 있다.

서울시립대학교 종합사회복지관은 건물 중앙부를 필로티로 구성하여 공간을 분리하고 있다. 보육시설의 경우 별도의 출입구를 두고 동선을 분리시켜 독립성을 확보하였으나, 교류의 기회가 제한적이다. 공간을 통한 교류보다는 프로그램 개발을 통해 지역사회 및 세대 간의 교류를 유도하고 있다.

영통종합사회복지관의 경우 노인, 장애인, 여성, 아동, 청소년 등 다양한 사용계층이 이용하는 시설로 시설공간을 수평적 · 수직적으로 사용자 계층을 분리하여 운영하고 있다. 명확한 동선처리로 독립성을 확보하고 있으며, 지상부의 연결 통로와 광장 등을 통한 이용자 간의 교류를 적극 유도하고 있다.

행정중심복합도시는 전문적인 복지서비스 기능이 강화된 종합복지시설을 계획하고 있다. 높은 수준의 복지서비스 제공을 시도한 사례로 각 분야별 영역(zone)을 수직

---

2) 서울시 내부자료

3) 행정중심복합도시 건설청에서는 시설 간 중복기능의 배제 및 관리의 효율성 제고를 위한 초기투자비 및 시설운영비의 절감을 위해 '행정중심복합도시 지역복합복지시설 건립 기본계획 수립 및 설계지침에 관한 연구(2008.12)' 를 수행하는 등 생활권별로 복합복지시설 건립을 추진하고 있다.

✻ 표 2·9 종합복지 형태의 복합시설 현황 및 건축적 특성

구 분	종합복지시설		
사 례	서울시립대학교 종합사회복지관	영통종합사회복지관	행정중심복합도시 1-3 생활권 지역복합복지시설[4]
위 치	서울시 중랑구	경기도 수원시 영통구	충남 연기군
외 관			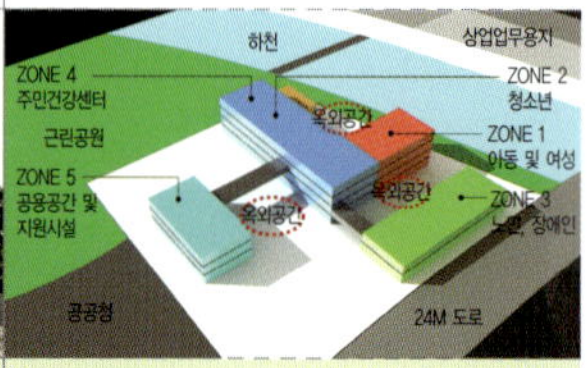 하천 / 상업업무용지 / ZONE 4 주민건강센터 / 근린공원 / ZONE 5 공용공간 및 지원시설 / ZONE 2 청소년 / ZONE 1 아동 및 여성 / ZONE 3 노인 장애인 / 공공청 / 24M 도로
건물 규모	지상 3층, 지하 1층 연면적 1,561m²	지상 4층, 지하 2층 연면적 15,042m²	지상 5층, 지하 1층 연면적 15,120m²
개관 연도	1997년	2004년	계획안
평면 구성	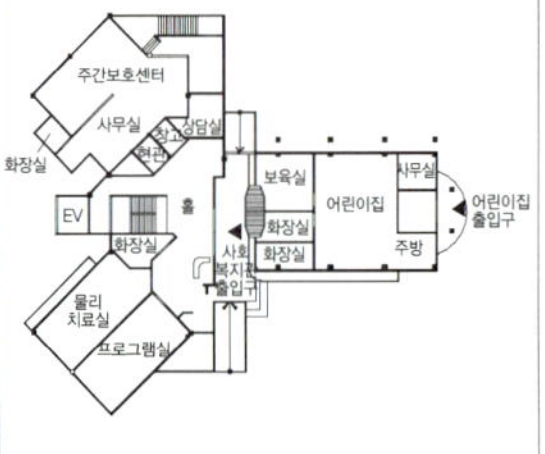 주간보호센터 / 사무실 / 강당실 / 화장실 / EV / 홀 / 보육실 / 어린이집 / 사무실 / 어린이집 출입구 / 주방 / 사회복지관 출입구 / 물리치료실 / 프로그램실	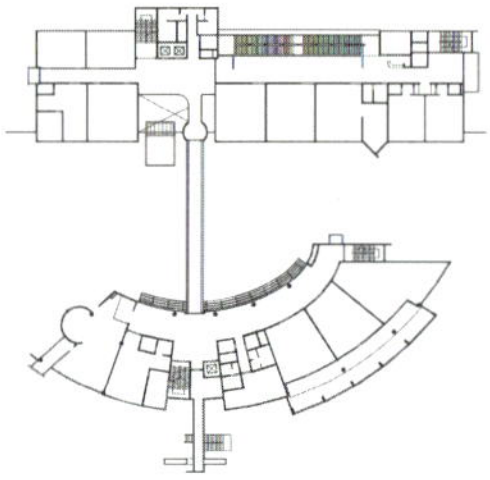	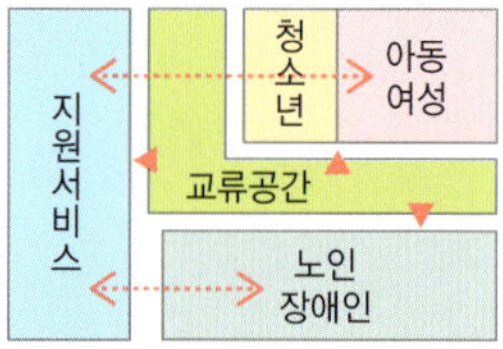 지원서비스 / 청소년 / 아동 여성 / 교류공간 / 노인 장애인
시설 구성	종합사회복지시설+주간보호센터+보육시설+지역아동센터	종합사회복지시설+주간보호센터+장애아동발달센터+보육시설+주민복지시설	종합사회복지시설(노인, 장애인, 아동, 청소년, 여성 등)+분야별 강화된 전문복지서비스
특 징	• 건물 중앙부를 필로티로 구성하여 공간을 분리함 • 별도의 출입구를 두어 동선을 분리시켜 독립성이 확보되나 교류의 기회가 제한적임 • 세대교류를 위한 연계 프로그램 운영	• 수평적 · 수직적으로 사용자 계층을 분리하였으며 명확한 동선계획으로 독립성이 확보됨 • 지상부 연결 다리 및 광장을 통해 이용자 간의 교류를 유도함	• 분야별 전문성을 가진 복지시설의 복합화 • 복지분야별 전문성과 독립성 및 연계성을 적절하게 유지할 수 있도록 계획
교류 공간	강당, 프로그램실, 휴게공간	광장, 홀, 식당, 카페테리아	광장, 홀, 식당, 북카페, 치유정원(sensory garden)

4) 행정중심복합도시 1-3 생활권 건립예정시설 건립기본 계획안을 참고함(행정중심복합도시건설청, 행정중심복합도시 지역복합복지시설 건립 기본계획 수립 및 설계지침에 관한 연구, 2008. 12)

적 · 수평적으로 구분하고 공용으로 공유할 수 있는 공간을 지원서비스 공간으로 별도 계획하여, 분야별 전문성과 독립성 및 연계성을 적절하게 유지할 수 있도록 계획되어 있다.

2) 복지시설과 타 시설과의 복합화

복지시설과 다른 종류의 서비스 제공시설과의 복합화 사례를 살펴보면 크게 세 가지로 정리해 볼 수 있다.

첫째, 학교를 지역사회의 교육과 문화, 복지의 구심점으로 계획하기 위한 '복지와 교육시설과의 복합' 이 있으며, 둘째, 재활 및 의료기능을 강화하여 전문 복지시설의 역할을 하기 위한 '복지와 보건의료시설과의 복합', 셋째, 문화생활체육의 기능이 강화되거나, 행정시설의 이미지를 개선하고 지역특화시설로 계획하기 위해 이루어지는 '복지와 커뮤니티시설과의 복합' 등이다.

(1) 복지와 교육시설의 복합

사회가 다원화되고 정보화가 급속히 발전하면서 전통적인 학교의 기능이 빠르게 변화되고 있다. 이러한 학교의 기능 변화는 학교시설의 변화로 나타난다. 기존의 교육기능에서 벗어나 지역주민들을 위한 지역사회복지시설로서의 역할도 함께 하고 있다.

국내 학교시설 복합화는 1999년 교육발전 5개년 계획에서 학교시설의 복합화를 제시하였고 신설학교 및 노후화된 학교의 재건축 시 복합화 추진을 적극 장려하면서부터이다. 학교시설 복합화 초창기에는 주민편의시설로서의 주차장 및 사회체육시설로서 체육관, 수영장 등이 주로 포함되었으나, 최근에는 그 범위와 방식이 다양해지고 있다. 2008년 기획예산처를 비롯한 교육부 등 6개 부처는 임대형 민자사업(BTL)을 활용한 '학교복합시설 활성화 방안' 을 마련하였고 복지시설과 학교와의 복합화 예시를 제시하면서 학교를 지역 내 교육 · 문화 · 복지서비스 제공의 구심체로 계획하고 있다.

(2) 복지와 보건의료시설의 복합

① 개념 및 배경

복지와 보건의료시설의 복합에서는 노인전문병원과 노인요양시설의 복합이 두드러진다. 노인은 노화에 의한 신체적 변화, 노인성 질환의 증가 등 생애주기의 특성상 의료서비스를 많이 필요로 하는 대상이다. 이에 따라 복지서비스의 질적 향상과 의료서비스 이용의 편리성으로 두 시설 간의 복합화가 매우 활발하게 이루어지고 있다.

✻ 표 2·10 복지와 교육시설, 보건의료 복합시설 현황 및 건축적 특성

구 분	복지와 교육 복합시설	복지와 보건의료 복합시설	
사 례	학교복합시설 활성화 방안[5]	북부노인병원+중랑노인전문요양원	부천시립 노인복지시설
위 치	-	서울시 중랑구 망우동	경기도 부천시 오정구
외 관			
건물 규모	지상 5층, 지하 1층 연면적 19,541m²	지상 5층, 지하 2층 연면적 15,655m²	지상 5층, 지하 1층 연면적 14,507m²
개관 연도	계획안	2006년	2009. 8 완공
평면 구성	체육관 / 교사동 B / 운동장 (주차장상부) / 교사동 A / 정보센터 / 노인요양시설 / 문화회관	중랑노인전문요양원 / 북부노인병원	서비스 차량 출입구 / 노인전문병원+노인전문요양시설 / 1~2층 재가노인지원센터 / 중정 / 공개공지 / 주출입구 / 차량 출입구
시설 구성	노인요양시설+유아보육시설+학교시설+문화회관	노인전문병원+노인전문요양원	노인요양원+노인전문병원+재가지원센터

(계속)

5) 기획예산처 보도자료, 2007. 11. 29(자료 배포일자)-학교 복합시설 구성예시 참조

구 분	복지와 교육 복합시설	복지와 보건의료 복합시설	
특 징	• 생활권 내 교육 · 문화 · 복지서비스 공간의 집약화 • 이용자 간 서비스 교류를 통한 세대 간 교류 및 사회인성교육의 장 마련	• 병원과 요양시설이 동일부지에 연계되어 복합된 사례 • 중정을 도입하여 채광과 환기 등 자연환경을 적극 유입	• 가로수, 광장, 산책로의 요소를 통한 지역주민과의 교류가 일어나는 커뮤니티 공간이 되도록 계획 • 중정을 도입하여 자연환경을 적극 유입
교류공간	홀, 복도, 각 서비스 제공실	광장	카페테리아, 광장, 산책로

② 시설 현황 및 건축적 특성

복지와 보건의료 서비스의 연계성은 확보하면서 동선과 출입구의 분리를 통해 시설의 영역을 명확히 구분하고 있다. 동일한 주체가 운영하고 있는 시설의 경우 적극적인 교류로 재활치료와 같은 전문적인 치료공간의 활용도가 높게 나타나고 있지만, 운영주체가 상이한 경우 전문적인 치료공간을 통한 교류는 활발하지 않으며, 휴게라운지 및 광장, 산책로 등을 통한 소극적인 교류가 이루어지고 있다.

(3) 복지와 커뮤니티의 복합

① 개념 및 배경

복지서비스가 특수한 처지에 놓인 요보호대상자를 대상으로 하는 '선별적 측면의 접근' 에서 우리의 전 생애 과정을 통해 언제, 어디서나 제공받게 되는 '보편적 서비스' 로 변화되면서, 복지시설의 기능 또한 서비스 대상 간 교류 및 통합을 위한 매개수단으로 교육, 문화, 생활체육기능을 담는 공간의 기능이 강화되는 등 적극적으로 커뮤니티시설과의 복합화가 이루어지고 있다.

이러한 경향과 함께 노후화된 공공행정시설 리모델링 및 신청사 건립 시 문화와 복지서비스시설과의 복합화를 통하여 행정시설이 갖는 관료시설로서의 이미지 개선 및 지역특화를 통한 랜드마크 시설로 계획하는 경향이 증가하고 있다.

특히, 다양한 서비스 이용대상자가 함께하는 종합사회복지관의 경우, 지역주민의 커뮤니티 공간으로서 지역사회 특징 및 최근 트렌드를 반영하여, IT 교육, 자격증 교

✻ 표 2·11 복지와 커뮤니티 복합시설 현황 및 건축적 특성

구 분	복지와 커뮤니티 복합시설		
사 례	금산다락원[6]	용인문화복지행정타운[7]	행정중심복합도시 1-5 생활권 복합커뮤니티센터[8]
위 치	충남 금산군 금성면	경기도 용인시 처인구	충남 연기군 남면 종촌리 일원
외 관			
건물 규모	지상 4층, 지하 1층 연면적 21,203m²	지상 16층, 지하 2층 연면적 79,572m²	지상 3층, 지하 1층 연면적 13,450m²
개관 연도	2004년	2005년	계획안
평면 구성	❶ 생명의 집(공연장) ❷ 건강의 집(보건소) ❸ 만남의 집(사무실) ❹ 문화의 집(문화원) ❺ 장애인, 청소년의 집 ❻ 노인의 집 ❼ 여성의 집 ❽ 농민의 집 ❾ 야외공연장 ❿ 스포츠센터 ⓫ 청산별관 ⓬ 인삼고을도서관 ⓭ 청산회관 ⓮ 기적의 도서관 ⓯ 주차장	시청사 및 의회청사 보건소 광장 문화 예술원 복지회관	체육관 노인복지시설 도서관 문화의 집 동사무소 보육시설, 지역아동센터
시설 구성	문예회관+도서관+스포츠센터+문화원+보건소+청소년의 집+장애인의 집+노인의 집+여성의 집+농민의 집	시청사+의회청사+문화예술원+보건소(정신보건센터)+복지회관(여성회관)	동사무소+도서관+문화의 집+보육시설+지역아동센터+노인복지시설+체육시설
특 징	• 농촌지역 내 문화·복지서비스 공간의 집약화 • 각 서비스 간 전문성 강화 • 통제적 교류활동 지원	• 구도심과 신도심 간의 균형발전 방안으로서 복지, 문화, 행정시설 복합화 • 절대적으로 부족한 행정수요 충족	• 주거, 업무, 문화, 상업 등 다양한 도시가 어우러진 복합 커뮤니티 • 행정시설의 관료적 이미지 개선과 지역사회와의 소통
교류 공간	공간광장, 중앙홀	전면광장	중앙광장, 갤러리

6) http://www.daragwon.net
7) 월간 건축문화(v. 292), 에이엔씨, 2005. 9
8) 현상설계 당선작, (주)ABLINE 건축사사무소

육, 취미 · 여가 강좌와 건강한 삶을 위한 수영장, 헬스장 등의 생활체육기능을 강화하고 있다. 이러한 시설은 주요 서비스 대상인 노인, 청소년, 아동의 이용이 제한적인 낮 시간이나 늦은 오후 시간대에 그 기능이 더욱 활성화된다.

② 시설 현황 및 건축적 특성

충청남도 금산시에 위치한 문화를 주제로 하는 금산다락원은 7개의 중앙부처가 지원하는 12개 보조사업을 하나의 사업으로 통합하여 문예회관, 도서관, 스포츠센터, 청산회관, 문화원, 건강의 집(보건소), 청소년의 집, 장애인의 집, 노인의 집, 여성의 집, 농민의 집 등을 한 단지 내에 위치시켜 모든 연령층을 두루 아우르는 복합시설이다. 수도권에 비해 운영관리 인력이 부족한 지방 및 농어촌 지역의 경우 관리운영의 합리화, 건축물의 효율적 이용, 지역커뮤니티 형성에 기여하는 장점이 있다.

경기도 용인시 문화복지행정타운은 동측과 서측으로 분리된 도시지역와 농촌지역 주민에게 문화, 복지, 행정의 복합적인 서비스 제공을 위해 건립된 복합시설이다. 보건과 복지서비스를 주로 담당하는 보건소와 복지센터는 부지의 좌측에 위치하며, 문화시설은 우측에 위치하고, 중앙에는 행정시설을 집중하여 배치하였다. 또한 중심부에 전면광장을 조성하여 각 시설 이용자의 중심 교류공간으로 계획하였으며 층별로 이용계층을 구분하여 계획하였다.

행정중심복합도시의 1-5 생활권 복합커뮤니티 시설 또한 생활체육, 복지, 행정의 복합적인 서비스를 제공하기 위해 계획된 시설이다. 행정시설이 갖는 관료시설로서의 이미지를 개선하고 지역사회주민을 위한 커뮤니티 공간으로서의 활용을 시도하고 있다.

03
복지서비스 디자인

03 복지서비스 디자인

인간은 자신의 주거를 중심으로 일정한 지리적 범위 내에서 일상생활을 영위하므로 복지서비스의 방향은 재가 중심으로 이용시설 위주로 진행되고 있는 것이 선진복지사회를 비롯한 미래지향적인 복지개념이다. 이러한 복지개념이 '탈 시설화' 또는 '자립생활' 및 '사회통합' 등으로 표현되고 있음을 앞에서 살펴본 바 있다. 따라서 최근의 복지서비스는 노인 및 장애인, 아동, 기타 지원을 필요로 하는 사람이 자립하여 그 능력을 발휘할 수 있도록 필요한 생활지도, 재활보조 및 유도, 기타 지원을 실시하는 것으로 인간의 생애주기에 걸친 광범위한 생활전반의 문제가 대상이 되고 있다. 즉, 사회를 구성하고 있는 구성원들의 생애주기에 따른 다양성과 함께 복지서비스의 대상이 매우 복합적인 것이다. 따라서 이 장에서는 이러한 다양성을 복합화할 수 있는 관점에서 복지서비스 대상의 고유한 특성을 고려하되 서비스를 공유할 수 있도록 건강과 관련된 재활 및 의료복지서비스와 사회적 부적응을 해결할 수 있는 교육 및 상담서비스를 중점으로 관련된 공간을 최적화할 수 있는 디자인 방안을 모색하고자 한다. 이를 위해 각각의 복지영역에 따른 복지서비스의 종류를 현황분석의 관점에서 살펴보고, 복합화에 적합한 서비스의 기능을 선정한 후, 각 기능에 따른 소요공간을 공간디자인 시 필요한 규모산정기준과 계획의 주요 관점에서 살펴보고자 한다.

1. 노인복지서비스

노인복지시설은 노인들의 건강 및 사회적 상태에 대응할 수 있는 유연하고 복합적인 서비스 형태로 변화하고 있다. 노인들이 지역사회에 가능한 오랫동안 거주할 수 있도록 도와주는 재가복지서비스 및 장기요양서비스와 연계된 시설 형태 위주로 다양한 형태의 복합시설이 나타나고 있는데, 노인시설 간의 복합 형태와 노인시설과 타 복지시설 간의 복합 형태로 분류할 수 있다. 이 책에서는 종합복지시설 형태인 노인 이용시설과 타 복지시설 간의 복합디자인계획을 중점적으로 살펴보았다.

1) 노인복지서비스의 종류

노인복지시설의 종류는 노인여가복지시설, 노인재가복지시설, 노인주거복지시설, 노인의료복지시설, 노인보호전문기관으로 구분된다. 2008년 7월부터 장기요양보험이 시행되면서 노인복지법이 개정되어 시설의 명칭 및 역할이 일부 변경되었으며, 노인복지법 이외에 노인장기요양보험법에 의해 시설의 설치 기준 및 운영 기준이 규정되어 있다.

노인시설은 크게 생활시설과 이용시설로 구분되는데, 생활시설에는 노인주거복지시설, 노인의료복지시설이 포함되며, 이용시설에는 노인여가복지시설, 노인재가복지시설, 노인보호전문기관 등이 포함된다.

2) 노인복지서비스의 선정

(1) 선정 원칙

다양한 복지서비스 유형이 결합된 복합복지시설의 노인복지서비스는 재가복지서비스가 중심이 되며, 가장 수요가 많은 종합사회복지관의 노인서비스 기능과 노인복지관의 기능이 합쳐진 서비스를 기본으로 하는 것이 일반적이다. 고령사회에 대비하여 노인재가복지서비스 기능의 중요성이 높아지고 있으므로 복합복지시설에서는 재가복지시설을 위주로 하는 것이 바람직하다. 아동복지서비스 기능과의 복합은 자연스러운

표 3·1 노인복지시설의 종류

종 류	시 설	기 능	비 고
노인여가 복지시설	노인 복지관	노인의 교양·취미생활 및 사회참여활동 등에 대한 각종 정보와 서비스를 제공하고, 건강증진 및 질병예방과 소득보장, 재가복지, 그 밖에 노인의 복지증진에 필요한 서비스 제공을 목적으로 하는 시설	이용시설
	경로당	지역노인들이 자율적으로 친목도모, 취미활동, 공동작업장 운영 및 각종 정보교환과 기타 여가활동을 할 수 있는 장소를 제공	
	노인교실	노인들에 대하여 사회활동 참여욕구를 충족시키기 위하여 건전한 취미생활, 노인건강유지, 소득보장, 기타 일상생활과 관련한 학습프로그램을 제공	이용 및 단기 생활시설
	노인휴양소	노인들의 심신 휴양과 관련한 위생시설, 여가시설 기타 편의시설을 단기간 제공	이용시설
재가노인 복지시설	방문요양 서비스	가정에서 일상생활을 영위하고 있는 노인(이하 '재가노인'이라 한다)으로서 신체적·정신적 장애로 어려움을 겪고 있는 노인에게 필요한 각종 편의를 제공하여 지역사회 안에서 건전하고 안정된 노후를 영위하도록 하는 서비스	
	주·야간 보호서비스	부득이한 사유로 가족의 보호를 받을 수 없는 심신이 허약한 노인과 장애노인을 주간 또는 야간 동안 보호시설에 입소시켜 필요한 각종 편의를 제공하여 이들의 생활안정과 심신기능의 유지·향상을 도모하고, 그 가족의 신체적·정신적 부담을 덜어주기 위한 서비스	
	단기보호 서비스	부득이한 사유로 가족의 보호를 받을 수 없어 일시적으로 보호가 필요한 심신이 허약한 노인과 장애노인을 보호시설에 단기간 입소시켜 보호함으로써 노인 및 노인가정의 복지증진을 도모하기 위한 서비스	단기 생활시설
	방문목욕 서비스	목욕 장비를 갖추고 재가노인을 방문하여 목욕을 제공하는 서비스	이용시설
	기타 서비스	복지용구대여 등	
노인보호 전문기관	노인보호 전문기관	시·도지사가 노인보호전문기관을 지정·운영, 노인학대 신고, 상담, 보호, 예방 및 홍보, 24시간 신고·상담용 긴급전화(1389) 운영	
노인주거 복지시설	양로시설	노인을 입소시켜 급식과 그 밖에 일상생활에 필요한 편의 제공을 목적으로 하는 시설	생활시설
	노인 복지주택	노인에게 주거시설을 분양 또는 임대하여 주거의 편의·생활지도·상담 및 안전관리 등 일상생활에 필요한 편의 제공을 목적으로 하는 시설	
	노인공동 생활가정	노인들에게 가정과 같은 주거여건과 급식, 그 밖에 일상생활에 필요한 편의 제공을 목적으로 하는 시설	
노인의료 복지시설	노인요양 시설	치매·중풍 등 노인성 질환 등으로 심신에 상당한 장애가 발생하여 도움을 필요로 하는 노인을 입소시켜 급식·요양과 그 밖에 일상생활에 필요한 편의 제공을 목적으로 하는 시설	
	노인요양 공동생활 가정	치매·중풍 등 노인성 질환 등으로 심신에 상당한 장애가 발생하여 도움을 필요로 하는 노인에게 가정과 같은 주거여건과 급식·요양, 그 밖에 일상생활에 필요한 편의 제공을 목적으로 하는 시설	
	노인전문병원	주로 노인을 대상으로 의료를 행하는 시설. 의료법에 의한 의료기관을 개설할 수 있는 자(치과의사 및 조산사 제외)에 한하여 시·도지사의 허가를 받아 설치	의료시설

세대교류형 복합복지시설이 될 수 있다.

복합복지시설에는 재가장기요양기관과 노인일자리 사업 또는 시니어클럽, 실버나눔일터 등 건강한 노인에 대한 서비스를 보충적으로 제공하는 것이 바람직하다. 보건, 의료 등 공동이용이 가능한 시설은 장애인서비스 등 관련 복지서비스와 공용으로 활용하도록 하여 복합복지시설의 이용효율을 높일 수 있다. 노인들이 다양한 세대와 교류를 가질 수 있도록 세대교류를 위한 시설을 적극적으로 도입하도록 한다.

복합복지시설의 노인복지서비스 기능은 재가요양기관, 전문상담서비스, 일반 노인을 위한 여가 서비스, 공동이용 서비스 등 네 가지로 분류될 수 있다. 재가복지서비스를 위한 재가장기요양기관의 이용자는 보호가 필요한 장기요양 1~3등급의 인정을 받은 노인으로 시설급여나 현금급여를 이용하지 않는 노인을 대상으로 한다.

(2) 서비스 수요

전국적으로 장기요양보험 대상인구는 2008년에 전체 노인인구의 3.1%인 15만 8,000명을 대상으로 시행하고 있으나, 전체 장기요양보험대상 노인은 12.1%가 넘을 것으로 조사되어 2012년까지 노인인구의 6%까지 보험 혜택을 확대하는 것을 목표로 하고 있다.[1]

2008년 장기요양보험 대상은 시설입소대상을 전체 노인인구의 약 0.8%, 요양병원 입원대상을 약 0.44%, 재가복지서비스 대상 인구를 약 1.86%로 추산하고 있으며, 장기요양보험 대상인구의 약 26%가 시설입소 대상, 14%가 요양병원 대상, 60%가 재가복지 대상으로 서비스가 구성되어 있다. 구성비는 정책 변화나 수요 변화에 따라 달라지므로 탄력적으로 조정이 필요하다. 따라서 복합복지시설의 계획 시에는 서비스를 제공하고자 하는 지역의 수요조사에 따라 규모를 결정하여야 한다. 표 3-2는 행정중심복합도시의 복합복지시설 건립을 위한 수요 조사 사례로 요양시설, 요양병원 및 재가복지 대상자의 수요를 장기적으로 추계한 것이다.

재가장기요양기관의 수요 조사결과[2] 방문요양이 75.8%, 주 · 야간보호 12%, 단기보

1) 보건복지부 노인장기요양보험추진단(2008. 4), 노인장기요양보험 장기요양기관 확충설명회 자료

2) 보건복지부 노인장기요양보험추진단(2008. 4), 노인장기요양보험 장기요양기관 확충설명회 자료

표 3·2 노인 장기요양보험 서비스별 수요 추계 사례(행정중심복합도시)

노인인구(명)			장기요양보험 대상 노인인구		시설입소대상 노인인구		요양병원입원 대상 노인인구		재가복지대상 노인인구	
			%	인구 수	%	인구 수	%	인구 수	%	인구 수
전국	2008	4,861,476	3.1	158,000	0.8	38,800	0.44	21,390	1.86	90,400
	2030	11,720,000	12.1	1,418,000	3.1	363,320	1.7	199,240	7.3	855,560
행정중심복합도시	2015	12,000	6	720	1.56	180	0.84	100	3.6	440
	2020	34,500	8	2,760	2.08	720	1.12	380	4.8	1,660
	2030	107,500	12.1	13,000	3.1	3,300	1.7	1,800	7.3	7,900

출처 : 보건복지부 노인장기요양보험추진단(2008. 4), 노인장기요양보험 장기요양기관 확충설명회 자료

호 4.6%, 방문목욕 23.6%, 방문간호 21.5%의 서비스 수요가 있는 것으로 조사되어 중복 이용자를 포함한 전체 복합서비스 이용률은 137.5%의 이용률을 보이고 있다.

일본의 경우 개호보험 실시 이후 노인요양병원 병상을 축소하고 소규모 지역 밀착형 시설 및 재가복지 서비스 위주의 정책을 실시하고 있으므로, 국내에서도 정책변화 가능성이 많으며 이에 따라 재가복지서비스 대상범위가 증가할 수 있다.

(3) 서비스의 선정

① 방문서비스

재가요양서비스는 방문요양, 방문목욕, 방문간호, 주 · 야간보호, 단기보호 등의 서비스를 제공하는 사업이다. 방문요양은 장기요양요원(요양보호사)이 노인의 가정을 방문하여 신체활동 및 가사활동 등을 지원한다. 방문목욕은 장기요양요원(요양보호사)이 목욕설비를 갖춘 장비를 이용하여 노인의 가정을 방문하여 목욕을 제공한다. 방문간호는 장기요양요원인 간호사 등이 의사, 한의사 또는 치과의사의 방문간호 지시서에 따라 노인의 가정을 방문하여 간호, 진료의 보조, 요양에 관한 상담 또는 구강위생 등을 제공한다.

② 주 · 야간 보호서비스

주 · 야간 보호는 서비스가 필요한 노인을 하루 중 일정 시간 동안 장기요양기관에 보

호하여 신체활동 지원 및 심신기능의 유지 · 향상을 위한 교육 · 훈련 등을 제공한다.

단기보호는 서비스가 필요한 노인을 일정 기간 동안 장기요양기관에 보호하여 신체활동 지원 및 심신기능의 유지, 향상을 위한 교육, 훈련 등을 제공하는 서비스로, 일반적으로 복합복지시설에서는 단기보호에 대한 수요는 적어 이용시설보다는 요양시설과 병설하는 것이 바람직하다.

③ 복지용구 대여사업

장기요양보험에 명시된 기타 재가급여 서비스로 일상생활, 신체활동 지원에 필요한 용구를 대여 또는 제공하는 서비스이다. 복지용구 대여사업은 수급자의 일상생활 또는 신체활동 지원에 필요한 용구로서 보건복지부장관이 정하여 고시하는 복지용구의 모든 품목을 각각 최소 1개 이상 진열하고, 수급자가 상품을 직접 보고 체험할 수 있도록 구성한다.

④ 전문상담서비스

전문적인 상담이 필요한 노인을 위한 서비스 공간으로 노인의 학대 예방과 보호를 위한 노인보호전문기관 및 긴급전화 서비스를 제공한다. 노인이 일할 수 있도록 고령자 취업상담 및 안내를 하는 시니어클럽, 치매 노인과 가족에게 도움을 주는 치매상담센터를 함께 구성하여 보다 복합적인 서비스 제공이 가능하다.

⑤ 일반 노인을 위한 서비스

건강한 일반 노인이 관심을 갖는 다양한 프로그램을 제공한다. 일반 노인을 위한 서비스 공간으로는 실버나눔일터, 노인 공동작업장, 일반 강의실(노인전용 다목적 강의실), 전용 여가실(장기, 바둑실 등), 세대교류 휴게라운지(노유복합 휴게공간)의 공간이 필요하다.

3) 노인복지서비스 공간디자인

노인복지서비스공간은 노인장기요양보험법과 노인복지법에 규정된 시설기준에 의해 계획한다. 재가장기요양기관을 설치할 수 있는 건축물의 용도는 노유자시설, 단독주

✻ 표 3·3 노인재가요양기관 설치 신고절차

서비스	필요 서류
공 통	• 재가장기요양기관설치신고서(별지 제16호 서식) 1부 – 일반현황 1부 – 인력현황 각 1부(서비스 유형별 1부) – 시설현황 각 1부(서비스 유형별 1부) • 면허 또는 자격증 사본 – 사회복지사, 간호(조무)사, 물리(작업)치료사, (촉탁)의사, 요양보호사, 영양사 • 사업계획서, 운영규정 1부 • 정관 1부, 법인등기부등본(법인의 경우) • 사용자와 고용인 간의 직접 근로계약을 증빙할 수 있는 근로계약서 사본 또는 건강보험 사업장가입자명부
주 · 야간, 단기보호	• 위치도, 평면도, 설비구조내역서 각 1부 • 시설을 설치할 토지 및 건물의 소유권 또는 사용권 증명서류 1부
복지용구	의료기기판매(임대)업 신고증명서 사본 1부

출처 : 보건복지부(2008), 노인보건복지 사업안내

택 또는 공동주택 등이며, 방문서비스(방문요양, 방문간호, 방문목욕)의 경우 제2종 근린생활시설의 사무실 또는 업무공간을 설치할 수 있다. 설치 신고절차는 노인장기요양보험법 제32조에 의해 노인장기요양보험법의 재가장기요양기관 시설, 인력을 갖추어 시 · 군 · 구청장에 설치 신고하여야 한다.

(1) 방문서비스

① 계획 시 고려사항

노인재가장기요양 방문서비스 공간은 방문요양, 방문목욕, 방문간호서비스를 포함하며 이용자의 직접 건물 이용보다는 직원이 지역에 나가서 활동하는 사업 형태이다. 방문요양과 방문목욕은 병설설치가 가능하며 주요 실을 공유할 수 있다. 방문간호서비스로 재가장기요양센터에 설치할 경우 방문요양서비스 공간과 근접 배치하는 것이 바람직하나, 의료진의 효율적인 활용을 위해 방문간호서비스를 주민건강지원센터에 설치하는 것도 가능하다. 공간 구성은 방문과 상담이 주요 기능이므로 사무실과 회의실, 상담실, 직원 휴게실로 구성된다.

② 소요공간

- **방문요양서비스** : 방문요양서비스는 이용자의 신청을 받아 직접 가정을 방문하여 요양서비스를 제공하는 형태로 사무실에서 고정적으로 근무하는 직원과 각 가정으로 파견되는 요양보호사가 주 공간 이용자이며 서비스를 제공받는 대상 노인에 대한 다양한 자료를 보관할 수 있는 충분한 수납공간 및 가구가 필요하다.

  요양보호사를 관리, 감독하는 관리책임자 또는 사회복지사가 회의할 수 있는 공간이 필요하며 회의공간은 상담실로 공동 이용할 수 있도록 하는 것이 바람직하다. 법적 시설기준은 시설전용면적 16.5m² 이상으로 별도 탈의공간을 두도록 규정되어 있으므로 별도의 실로 구성하되 사무실, 상담실에 인접하도록 하여야 한다.[3] 타 재가서비스를 함께 운영하거나 사회복지시설에 병설하는 경우 사무실 병용가능하다.

  방문요양서비스의 인력기준은 관리책임자는 사회복지사, 의료인 또는 요양보호사 1급 중 실무경력 5년 이상인 자이어야 하며, 농어촌특별법에 의한 농어촌지역은 요양보호사(1급 또는 2급)를 최소 2명 이상 배치, 그 외 지역은 요양보호사를 최소 3명 이상 배치하도록 되어 있다.

  방문요양서비스 공간의 계획면적은 일반적으로 최소 근무 인력을 기준으로 하여 제시하고 있으며, 공간의 구성이 일반 사무공간으로 구성되므로 추가 인력이 필요한 경우 용이하게 확장이 가능하다. 상담실은 보호자만 방문하여 상담을 하거나 서비스 대상자와 보호자가 같이 상담을 하게 되는 경우도 많이 있어, 충분한 공간과 쾌적한 실내디자인을 하여 상담자가 편안한 분위기에서 상담을 받을 수 있도록 한다.

- **방문목욕서비스** : 이동용 목욕 차량을 사용하여 노인 가정을 방문하여 목욕서비스를 제공하는 사업으로 사무실과 인력은 방문요양과 공동이용이 가능하다. 방문목욕을 전담할 요양보호사가 필요하며 필수 인원은 아니나 목욕차량을 운전할 수 있는 전담직원 또는 운전 가능한 요양보호사가 필요하다. 또한 배치계획 시 목욕

---

3) 재가장기요양기관의 법적 시설기준 및 인력기준은 노인복지법 시행규칙 제29조 제1항 별표 9에 의한다.

차량의 주차를 고려한 주차공간 확보가 필요하다. 소요면적 산정은 방문요양과 병설하여 운영 가능하므로 설치 시 인력과 시설 공동이용이 가능하도록 한다.

법적 인력기준은 관리책임자는 사회복지사, 의료인 또는 요양보호사 1급 중 실무경력 5년 이상인 자(보건복지부장관이 고시하는 교육을 이수)로 상근하여야 하며, 요양보호사 1급 2명 이상을 배치하여야 한다.

- **방문간호서비스** : 방문간호서비스를 위해서는 관리자 또는 간호직원의 사무공간, 방문 대상자의 기록 및 통신을 위한 사무기기가 필요하다. 인력기준은 의료기관이 방문간호를 하는 경우 관리책임자는 의사, 한의사 또는 치과의사 중에서 상근하는 자이어야 한다.

의료기관이 아닌 재가장기요양기관이 방문간호를 하는 경우 관리책임자는 간호업무경력이 2년 이상인 간호사로서 상근하는 자이어야 하며, 직접서비스 제공인력은 간호업무경력이 2년 이상인 간호사 또는 간호보조업무경력이 3년 이상인 간

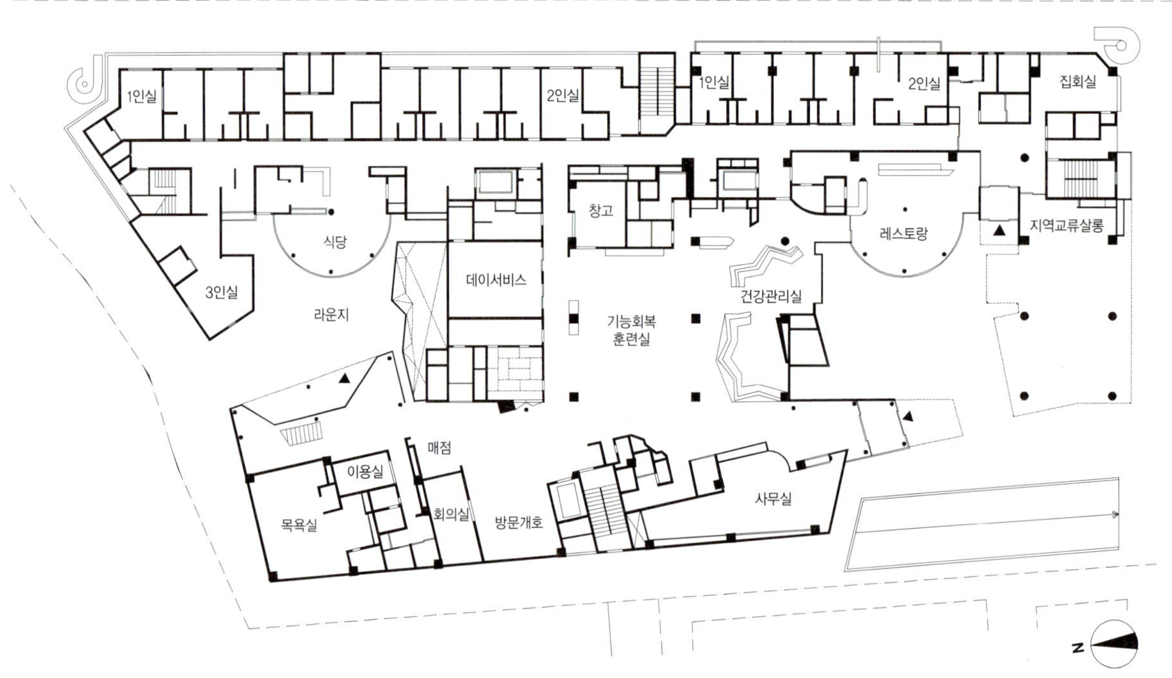

✻ **그림 3·1** 일본 로카홈의 방문간호실 공간배치 사례

✻ 표 3·4 방문서비스 공간디자인 소요면적(예시)

<table>
<tr><th>구 분</th><th>소요공간</th><th>면적(m^2)</th><th>산출근거</th><th>상근인력</th><th>비 고</th></tr>
<tr><td rowspan="5">방문 요양 서비스</td><td>사무실</td><td>28</td><td>시설장 및 사회복지사, 사무원 근무공간</td><td rowspan="4">법적 인력기준은 시설장 1인, 사회복지사 필요수, 요양보호사 15인 이상(농어촌 5인 이상), 사무원, 보조원 필요수</td><td rowspan="4">방문목욕서비스와 공동 이용 가능(기본 기능을 위한 면적으로 이용자 증가 시 사무공간 증가 필요함)</td></tr>
<tr><td>상담 및 회의실</td><td>18</td><td>요양신청자 상담 및 요양보호사 회의공간</td></tr>
<tr><td>탈의실</td><td>12</td><td>직원 로커 및 휴게공간</td></tr>
<tr><td>창 고</td><td>12</td><td>문서보관 및 비품보관</td></tr>
<tr><td>소 계</td><td>70</td><td></td><td></td><td></td></tr>
<tr><td rowspan="2">방문 목욕 서비스</td><td>사무실</td><td>20</td><td>시설전용면적 16.5m^2 이상은 별도 탈의공간 필요</td><td>시설장 1인, 요양보호사 2인 이상, 사무원, 보조원 필요수</td><td>이동용 욕조 또는 이동목욕차량(이동용 욕조, 급탕기, 물탱크, 호스릴 등을 갖춘 차량)</td></tr>
<tr><td>소 계</td><td>20</td><td></td><td></td><td></td></tr>
<tr><td rowspan="4">방문 간호 서비스</td><td>관리자실</td><td>20</td><td>시설장(의사, 한의사, 치과의사)</td><td rowspan="3">기본인력은 2인이나 사업규모에 따라 추가인력 필요. 시설장 1인, 간호사 또는 간호조무사 1인 이상, 치과위생사 1인 이상(구강위생 제공하는 경우)</td><td rowspan="3">보건의료시설과 병설 시 순수 사무공간만 산정한 것으로 진료공간 확보 시에는 추가면적 필요함</td></tr>
<tr><td>간호사실</td><td>15</td><td>간호사 또는 간호조무사실, 의료기록 및 비품보관</td></tr>
<tr><td>치과 위생사실</td><td>15</td><td>치과진료 기록 및 비품보관</td></tr>
<tr><td>소 계</td><td>50</td><td></td><td></td><td></td></tr>
<tr><td colspan="2">계</td><td>140</td><td></td><td></td><td></td></tr>
</table>

호조무사로서 방문간호 간호조무사 교육(700시간)을 이수한 자를 1명 이상 배치하도록 되어 있다(구강위생을 제공하고자 하는 경우 치과위생사 1명 이상 배치).

(2) 주 · 야간 보호서비스

① 계획 시 고려사항

주 · 야간 보호서비스는 노인들이 직접 이용하는 공간으로 프로그램실을 중심으로 직원실 및 휴게실 등 여유 있는 공간 구성과 몸이 불편한 노인을 고려한 디자인이 필요

표 3·5 주 · 야간 보호서비스 시설기준

<table>
<tr><th>구 분</th><th>생활실</th><th>사무실</th><th>의료/
간호사실</th><th>프로그램실
물리(작업)치료실</th><th>식당/
조리실</th><th>화장실</th><th>세면장/
목욕실</th><th>세탁장/
건조장</th></tr>
<tr><td>이용자 10인 이상</td><td>○</td><td colspan="2">○</td><td>○</td><td>○</td><td>○</td><td colspan="2">○</td></tr>
<tr><td>이용자 10인 미만</td><td>○</td><td colspan="2">○</td><td>○</td><td>○</td><td colspan="3">○</td></tr>
</table>

하다. 이용자들이 차량으로부터 쉽게 이동할 수 있도록 출입구와 엘리베이터 가까운 곳에 배치하는 것이 바람직하며, 휠체어가 이동할 수 있는 공간으로 계획한다.

노인들의 상태에 따라 치매와 일반으로 구분하여 프로그램실을 계획할 수 있으나 심한 치매 증상이 아닌 경우에는 혼합 이용이 가능하다. 물리치료 및 다양한 재활치료실의 이용이 필요하기 때문에 동선계획 시 이동을 최소화할 수 있도록 구성해야 한다.

주 · 야간 보호서비스의 법적 시설기준은 이용정원 5인 기준 연면적 90m² 이상(이용정원 6인 이상의 경우 1인당 6.6m² 이상의 공간 추가확보)이며, 주 · 야간 보호, 단기보호를 함께 제공하거나 사회복지시설에 병설하는 경우에는 공동으로 사용하는 시설의 면적을 포함하여 각각 90m² 이상이 되어야 한다(표 3-5).

인력기준은 관리책임자는 사회복지사, 의료인 또는 요양보호사 1급 중 실무경력 5년 이상인 자(보건복지부장관이 고시하는 교육을 이수)로 상근하는 자이어야 하며, 요양보호사는 1급으로 수급자 7명당 1명 이상 배치하여야 한다. 사회복지시설에 주 · 야간 보호시설을 병설하는 경우에는 시설의 간호(조무)사 또는 물리(작업)치료사가 주 · 야간시설의 해당 업무 겸직이 가능하다.

표 3·6 주 · 야간 보호서비스 인력기준

<table>
<tr><th>구 분</th><th>시설장</th><th>사회
복지사</th><th>간호
(조무)사</th><th>물리(작업)
치료사</th><th>요양
보호사</th><th>사무원</th><th>조리원</th><th>보조원
운전사</th></tr>
<tr><td>이용자 10인 이상</td><td>1인</td><td>1인 이상</td><td colspan="2">1인 이상</td><td rowspan="2">이용자 7
인당 1인
이상</td><td>필요수</td><td>필요수</td><td>필요수</td></tr>
<tr><td>이용자 10인 미만</td><td>1인</td><td>–</td><td colspan="2">1인 이상</td><td>–</td><td>필요수</td><td>필요수</td></tr>
</table>

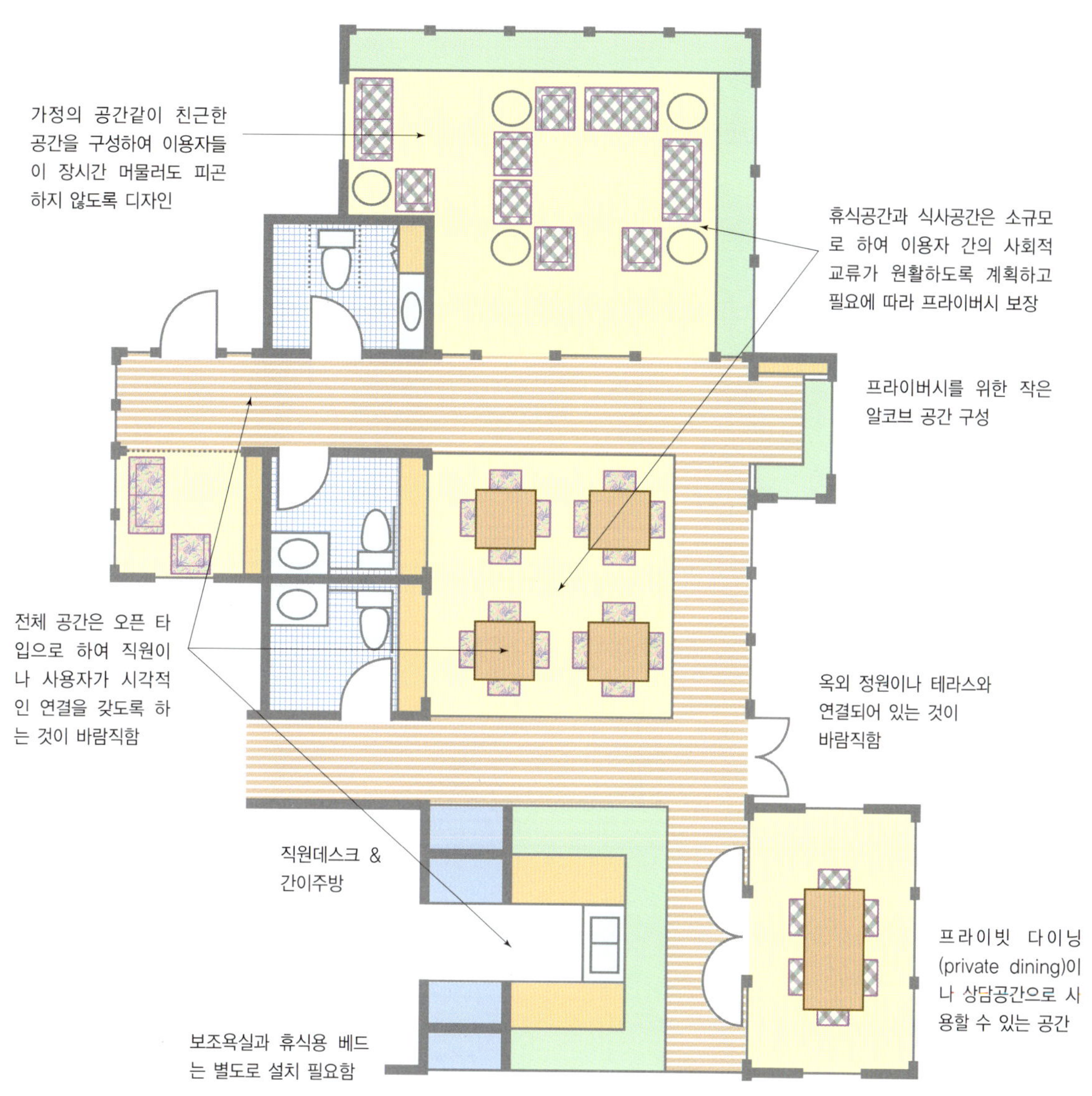

그림 3·2 소규모 주간보호센터의 디자인 사례

출처 : K. D. Moore & G. D. Weisman(2006), Guidelines for Adult and Dementia Day Services Centers

✻ 표 3·7 주 · 야간 보호서비스 공간의 기능 및 소요제실

실 명	주요 업무	주요 기기
생활실	주간보호 이용자를 위한 각종 프로그램공간 및 레크리에이션, 식사공간 겸용	프로그램용 가구
식당/조리실	식사배식을 위한 간이주방	주방용 가구, 냉장고
사무실	주간보호 담당 사회복지사, 사무공간	프로그램실과 오픈된 공간으로 구성
의료/간호사실	주간보호 담당 간호사 업무공간	
휴게침실	몸이 불편한 이용자를 위한 휴식공간	1~2개의 휴식용 베드
직원탈의실	직원용 로커 및 휴식공간, 비품 수납공간	수납가구
화장실	프로그램실 내부 화장실	휠체어 사용자를 위한 화장실 및 샤워시설
세면장/목욕장	주간보호 전용 목욕공간	
물리치료, 작업/일상동작 훈련실	물리치료, 작업치료 및 재활훈련공간(공용)	물리치료, 작업치료 및 재활치료기기
세탁장/건조장	시설 전체 공용 세탁실 및 건조장	세탁기, 건조기

② 소요공간

• **생활실** : 이용자들이 대부분의 시간을 보내는 공간으로 일반생활 프로그램을 위한 책상 및 의자와 휴식을 위한 공간으로 구성되며, 식사공간으로 공동이용 가능하다.

휴식공간은 소파와 TV 시청을 위한 공간 등으로 구성하며, 직원실과 시각적으로 오픈되어 직원이 업무 중에도 이용자들을 손쉽게 관찰할 수 있도록 공간을 계획하여야 한다. 화장실, 목욕실이 생활실과 인접하도록 하고 프로그램에 사용하는 다양한 도구들을 수납할 수 있는 충분한 공간 및 가구계획이 필요하다.

• **식당/조리실** : 식사공간은 대부분 프로그램실과 겸용하므로 가구 선택 시 휠체어 사용자를 고려한 가구 배치가 필요하며, 식사 도움이 필요한 이용자를 위하여 식사보조를 위한 공간을 배려하도록 한다. 조리실은 간이주방 형태로 메인주방에서 조리된 음식을 배식하거나 간단한 간식을 준비할 수 있는 간이주방 형태로 계획한다.

• **사무실** : 주 · 야간 보호서비스의 사무공간은 소규모 시설에서는 생활실과 오픈된 공간으로 구성하고 20명 이상의 규모에서는 별도의 공간으로 구획할 수 있으며, 별

도의 상담공간을 계획하는 것이 바람직하다. 법적 기준에 의한 직원은 시설장 1명, 사회복지사 1명, 간호사 또는 물리치료사 1명, 요양보호사 7명당 1명으로 구성되며, 10명 이상의 시설은 최소 5명의 직원이 근무해야 한다.

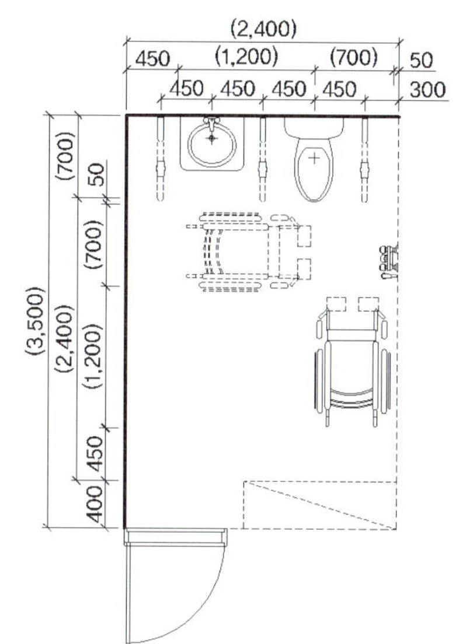

✻ **그림 3·3** 화장실 겸용 샤워실의 계획
출처 : 산업자원부(2007), 고령자를 위한 요양시설 기준표준화 연구

- **의료/간호사실** : 주 · 야간 보호서비스의 간호사실은 별도의 실로 구분하기보다는 프로그램실 안에 스테이션 형태의 오픈공간으로 계획한다. 기본적인 건강관리를 위한 간호 기구 및 응급 상황에 대처할 수 있는 장비를 보관할 수 있도록 공간 구성이 필요하다.
- **휴게침실** : 휴게침실은 이용자가 주 · 야간 보호서비스 이용 중에 피곤하거나 일시적으로 건강에 이상을 느낄 때 안정할 수 있는 공간을 제공하기 위해 필요하며, 1~2베드의 공간으로 구성하거나 1인실 2개로 구성하여 야간 보호의 요구가 있을 때 대비하도록 계획한다.
- **직원 탈의실** : 노인재가 장기요양서비스 시설 각각의 직원 탈의실을 두는 것보다는 각 서비스공간과 가까운 곳에 통합된 직원 탈의실을 설치하고 샤워공간도 계획하는 것이 바람직하다. 직원 식당이 별도로 제공되지 않을 경우에는 식사 또는 간단한 간식을 준비하고 탕비실의 역할을 할 수 있는 공간을 계획하도록 한다.
- **화장실** : 생활실에서 시각적으로 연계된 부분에 화장실을 계획하는 것이 치매 노인들을 위하여 편리하며, 휠체어 사용자를 위해 보조자의 공간을 배려한 크기로 계획한다.
- **세면장/목욕장** : 화장실과 통합된 공간으로 계획 가능하며, 주 · 야간 보호서비스에서 목욕서비스를 제공하는 경우에는 기계욕조를 설치하는 것도 고려할 수 있다. 일반적으로 전신욕보다는 부분욕이나 샤워공간으로 계획하고 있다.
- **프로그램실 및 물리치료실과 세탁장/건조장** : 복합시설에 병설하는 것이므로 보건의료시설 및 공용시설을 공동으로 이용한다.

표 3·8 주 · 야간 보호서비스 소요면적 산정

<table>
<tr><th>실 명</th><th>면적(m²)</th><th>산출근거</th><th>상근인력</th><th>비 고</th></tr>
<tr><td>생활실</td><td>60</td><td>이용인원 15인 기준</td><td rowspan="10">최소필요인력은 6인이며 추가 인력 고려

이용자는 15인을 기준으로 산정</td><td rowspan="2">소파, 책상(5인 원탁 3개), 의자 등 거실, 식당 겸용 이용</td></tr>
<tr><td>식당/조리실</td><td>20</td><td>간이주방 형태, 식사 준비 및 배식</td></tr>
<tr><td>사무실</td><td>40</td><td>관리책임자 및 사회복지사, 사무원</td><td>4~5인 업무공간</td></tr>
<tr><td>의료/간호사실</td><td>20</td><td>프로그램실과 오픈 스테이션, 공간 구성</td><td>약품 및 간호도구 보관공간</td></tr>
<tr><td>휴게침실</td><td>20</td><td>침대 또는 온돌 휴게실</td><td>별도 공간 구성</td></tr>
<tr><td>직원 탈의실</td><td>20</td><td>직원 로커 및 휴게공간</td><td>직원화장실 설치</td></tr>
<tr><td>화장실</td><td>20</td><td>장애인용 화장실</td><td rowspan="2">오픈공간 구성 시 탈의공간 및 목욕도구 수납장 설치</td></tr>
<tr><td>세면장/목욕장</td><td>20</td><td>장애인용 샤워시설</td></tr>
<tr><td>프로그램실/물리(작업)치료실</td><td>–</td><td>보건의료시설 공동 이용</td><td rowspan="2">동선 고려하여 배치</td></tr>
<tr><td>세탁장/건조장</td><td>–</td><td>공용시설 이용</td></tr>
<tr><td>계</td><td>220</td><td colspan="3">15인 이용 시설 기준(병설시설의 경우 추가인원 보호 가능)</td></tr>
</table>

(3) 복지용구 대여사업

① 계획 시 고려사항

복지용구 대여사업은 수급자의 일상생활 또는 신체활동 지원에 필요한 용구로서 보건복지부장관이 정하여 고시하는 복지용구의 모든 품목을 각각 최소 1개 이상 진열하고, 수급자가 상품을 직접 보고 체험할 수 있는 공간이다. 용구 대여 후 손상된 부분에 대해 수리를 하거나 소독 및 청소 관리를 위한 공간이 필요하며 출입구로부터 가깝게 배치하여 기구의 이동을 손쉽게 하도록 하여야 한다.

② 소요공간

- **사무실 및 창고** : 복지용구의 대여 및 관리(반환물품 및 재고물품 보관 등)를 위한 공간으로서 사무실, 전시장 등과 별도의 공간이 필요하다.
- **전시공간** : 공간복지용구 대여사업은 상담과 전시공간으로 구성되어 있으며, 전시

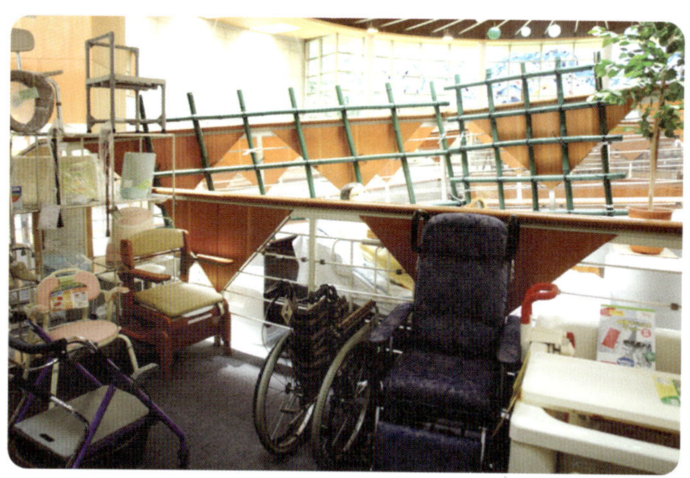

✻ **그림 3·4** 일본 누마즈시 센본플라자의 복지용구 대여사업 전시공간 사례

공간은 일반적 형태의 전시만 가능한 공간과 노인수발 실습을 할 수 있는 교육공간 형태로 공간 구성이 가능하다.

- **세정 및 수리실** : 복지용구의 세정(수도 및 배수시설 포함), 소독(소독액 및 세척 · 건조에 필요한 용구 포함), 수선에 필요한 설비 및 공간이 필요하다. 사업에 필요한 인력은 관리책임자와 사무원으로 구성되어 있다.

✻ **표 3·9** 복지용구 대여사업 소요면적

실 명	면적(m^2)	산출근거	상근인력	비 고
사무실 및 창고	40	복지용구의 대여 및 관리(반환물품 및 재고물품 보관 등)를 위한 공간	1~2인	이용자가 상품을 직접 보고 체험할 수 있는 공간으로 구성
전시공간	40	전시 및 체험공간		
세정, 수리실	20	세정, 소독, 수리공간		
계	100			

(4) 노인전문상담서비스

① 계획 시 고려사항

요보호 노인만이 아니라 건강한 노인들도 복합복지시설을 적극적으로 이용할 수 있는 공간 구성이 필요하다. 최근 노인복지시설에 다양한 취미생활 및 교육 프로그램의 운영이 요구되고 있으며, 건강관리를 위한 관심이 높으므로 공용공간의 이용을 활성화시킬 수 있는 공간계획이 바람직하다.

② 소요공간

- **노인보호전문기관** : 노인보호전문기관을 노인복지시설에 병설하는 경우에는 사업에 지장이 없는 범위 내에서 당해 노인복지시설의 설비시설을 병용할 수 있다. 사무실은 긴급전화설치에 필요한 적정규모를 확보하여야 하며, 노인학대 관련 사무

✻ **표 3·10** 전문상담 서비스공간의 기능 및 소요제실

구 분	소요공간	주요 업무	주요 기기
전문상담 서비스	치매상담센터	상담 및 치매환자 등록 및 관리	보건소에 병설 필수 의료기기, 사무기기 치매노인 및 가족 지원용품
	노인보호전문기관	노인학대 신고, 상담, 보호, 예방 및 홍보 24시간 신고·상담용 긴급전화(1389) 운영	사무기기
	시니어클럽	노인일자리 사업	

✻ **표 3·11** 전문상담센터 소요면적

실 명	면적(m^2)	산출근거	상근인력	비 고
치매상담	–	사무실	–	보건소 또는 보건증진센터에 설치
노인보호전문기관 및 긴급전화	40	사무실 및 상담실	2~4인	상담실은 공동 사용
시니어클럽	60	사무실 및 상담실	2~4인	
계	100		최소 4인	

를 처리할 수 있는 설비를 갖추어야 한다. 상담실 또는 프로그램운영실은 학대받은 노인 등 상담을 받는 자의 신분, 사생활 및 상담내용 등이 노출되지 않도록 칸막이를 구획하여야 하며, 노인의 심리치료 및 프로그램·교육 등에 적합한 구조와 설비를 갖추어야 한다. 효과적인 상담 또는 프로그램 운영을 위한 장비(녹취기, 카메라 등)를 위한 공간이 필요하다.

- **치매상담센터** : 치매상담센터는 보건소 또는 건강증진센터에 설치할 수 있으며, 노인학대 예방을 위한 노인보호전문기관과 함께 설치할 수 있다.
- **시니어클럽** : 시니어클럽은 노인일자리와 관련한 상담 및 알선 업무를 하는 사업으로 실버 작업장과 같이 설치하는 것이 바람직하다.

(5) 일반노인서비스

① 계획 시 고려사항

복합복지시설의 일반 노인서비스공간은 노인들이 활력을 느끼고 다양한 욕구를 충족할 수 있도록 구성한다. 특히, 노인일자리 사업과 관련하여 관련 교육 및 일터의 제공은 매우 중요하다. 요양을 필요로 하는 노인의 이용공간과 동선을 분리하여 건강한 노인들이 심리적으로 위축되지 않도록 배려하는 동선계획이 필요하다. 또한 아동, 청소년과 교류를 할 수 있는 세대교류공간을 계획하여 기존의 노인들만 사용하는 복지시설의 분위기보다 활기찬 공간이 조성되도록 계획한다.

② 소요공간

- **실버나눔일터** : 노인들의 일자리 창출을 위한 공간으로 작업 형태에 따라 사용기기 및 공간구성이 변화될 수 있으며, 주로 노인들이 일하기에 편리하고 복잡하지 않은 작업으로 구성된다. 노인들이 작업 중에 쉴 수 있는 공간이 함께 계획되는 것이 바람직하다(사례 : 일산노인복지관–클리어파일 접기, 영

* 그림 3·5 노인공동작업장

* **그림 3·6** 영통종합사회복지관 강의실

* **그림 3·7** 노인전용 장기, 바둑실

통종합사회복지관–뻥튀기 만들기).

- **일반강의실** : 노인전용 강의실로 노인들의 다양한 교육공간으로 활용하는 곳이다. 일반강의실에서 이루어지는 프로그램의 구성은 계속 변화하므로 다양한 용도의 교육에 활용될 수 있는 다목적 교육실 형태로 계획하는 것이 바람직하다.
- **전용여가실** : 노인들만의 취미생활을 위한 전용여가실로 바둑, 장기실이 주로 설치되어 있으며 여성 노인들을 위한 별도의 온돌 휴게실을 계획하는 경우도 있다. 당구실도 노인들이 주로 많이 사용하는 여가 형태로 공용공간에 설치 가능하다.

* **그림 3·8** 일본 노유복합시설 고령자공간 및 공동이용공간(미나토구 시바우라 플라자)

표 3·12 일반 노인 서비스공간의 기능 및 소요제실

구 분	소요공간	주요 업무	주요 기기
일반 노인 서비스	실버나눔일터	노인작업장	작업 종류에 따른 기기
	일반강의실	노인 선호 교육을 위한 강의실	시청각 교육용 가구
	전용여가실	고용 여가 프로그램에서 제공되지 않는 프로그램 또는 취미활동실	서예, 바둑, 장기실 등
	세대교류휴게실	아동 또는 청소년과 교류할 수 있는 휴게공간	휴게용 가구

표 3·13 일반 노인서비스 소요면적

실 명	면적(m^2)	산출근거	이용인원	비 고
실버나눔일터	80	노인 자활작업장	1회 작업인원 5~6인	작업 형태에 따라 기기 설치
일반강의실	80	노인전용강의실	이용인원 30~40인	2.4×30=72
전용여가실	60	장기, 바둑 등 노인전용 여가실		
세대교류 휴게 라운지	60	세대교류용 프로그램실	노인 10인 아동 20인	아동시설과 동선 고려
계	280			

- **세대교류휴게실** : 국외에서 최근 시도되고 노인과 아동의 교류 프로그램을 위한 세대교류 휴게 라운지를 설치하여 노인들이 아이들과 다양한 접촉을 할 수 있도록 구성하는 것이 바람직하다.

2. 보육서비스

우리나라는 1990년 1,000여 개 보육시설이 있었으며 1991년 영유아보육법 신설 이후 보육시설의 공급을 꾸준히 확대하여 2009년 말 현재 3만 5,550여 개의 보육시설에 117만 5,049명(전체 영유아의 40%)이 이용하고 있다(보건복지부, 2010).

그동안 보육시설이 급격히 확대 설치되면서 시설의 질적 수준에 대한 고려가 되지 못하였고 그 결과 2004년도 전국 보육시설 실태조사에서 "시설 운영 시 요구사항조사에서 시설설비 및 개선문제(33.4%)가 가장 큰 개선사항"(여성정책개발원, 2005 : 13)으로 지적되었다(여성정책개발원, 2005 : 52, 60). 실태조사에 의하면 보육시설이 복합화되는 경우는 68.4%인데, 복합화된 경우 영유아에게 불편하고 안전성이 부족하며, 평면의 불합리성, 일조, 통풍 등 기초 환경 부적합 등의 문제가 발생하고 있다(최경숙, 1998 : 92, 2006 : 9).

최근에는 가정에서 보육하는 경우 영유아와 보호자가 함께 이용하는 육아지원센터가 서울을 중심으로 설치(2008년 이후)되고 있는데, 시설의 기능은 있으나 법적 기준이 없어 문화, 복지, 행정시설 등 주된 시설에 부수적으로 설치되어 영유아와 시설 특성이 반영되기 어려운 여건이다. 따라서 보육서비스시설이 복합화되는 경우 안전하고 쾌적한 시설이 되기 위해서는 영유아의 특성과 보육서비스시설 운영 특성이 반영되는 설계지침과 규모산정이 전제되어야 한다.

1) 보육서비스의 종류

보육서비스의 종류에는 영유아를 대상으로 건강하고 안전하게 보호·양육하는 보육시설[4]과 보육 정보의 수집, 제공 및 상담을 하는 보육정보센터, 육아정보 제공, 체험놀이, 장난감 교환, 시간제 보육 등이 이루어지는 육아지원센터 등이 있다.

2) 보육서비스의 선정

(1) 선정 원칙

보육서비스를 제공하는 네 가지 시설 중 복지시설이나 행정·문화시설에 복합화될 수 있는 시설로는 상담, 연구 또는 정보 전달을 목적으로 하는 시설보다는 이용을 목적으로 하는 시설이어야 하며 지방자치단체에 설치하는 경우 주민들이 편리하게 이용할

4) 보육 대상은 만 5세 이하 영유아를 원칙으로 하며 필요한 경우 보육시설의 장은 12세 미만까지 연장하여 보육할 수 있다. 보육시간은 일반적으로 오전 7 : 30~오후 7 : 30까지 운영하고 있다.

표 3·14 보육서비스의 종류

종 류	세부시설	기 능	비 고
보육서비스	보육시설	만 6세 미만 영유아를 대상으로 하며 영유아를 건강하고 안전하게 보호하고 교육하는 시설	영유아보육법 10조
	보육정보센터	영유아 보육을 위한 상담과 지도 업무	시 · 군 · 구 설치 영유아보육법 7조
	육아지원센터	육아정보 제공, 체험 놀이, 장난감 교환, 시간제 보육	법적 시설은 아니지만 사회적 필요
	보육개발원	보육에 관한 연구와 정보 제공, 프로그램 및 교재 개발, 종사자 연수	국가 단위 육아개발센터 있음

수 있는 시설이 되어야 한다. 복합복지시설은 이용자 편의 측면에서 자동차로 10분 이내 접근 가능한 것이 바람직하다.

(2) 서비스의 선정

보육정보센터는 시 · 군 · 구에 설치하는 도시생활권 시설이며, 보육개발원은 정책을 연구하는 국책기구이므로 복합화 대상에서 제외하여 복합복지시설에 제공하는 보육서비스로는 보육시설과 육아지원센터를 선정한다.

① 보육시설

보육시설은 "만 6세 미만 영유아를 대상으로 영유아를 건강하고 안전하게 보호 · 양육하고 영유아의 발달 특성에 맞는 교육을 제공하는 보육시설 및 가정양육 지원에 관한 사회복지서비스를 말한다. 명칭은 ○○ 어린이집으로 부른다."(영유아보육법 제2조, 2008. 12. 19) 보육대상은 만 5세 이하 영유아를 원칙으로 하며 필요한 경우 보육시설의 장은 12세 미만까지 연장하여 보육할 수 있다. 보육시간은 일반적으로 오전 7 : 30 ~오후 7 : 30까지 운영하고 있다. 복합복지시설에서는 국 · 공립보육시설[5]인 경우가 대부분이다.

② 육아지원센터

서울특별시의 경우 2007년부터 '여행(여성이 행복한의 줄임 말) 프로젝트(女幸-,

women friendly city project)' 사업의 일환으로 육아지원센터[6]를 '영유아플라자' 라고 명명하고 통폐합된 동사무소, 보육정보센터를 활용하여 보건소, 병원, 보육시설, 어린이도서관, 아동센터 등 전문기관 연계 서비스를 제공하고 2010년까지 모든 자치구에 설치할 계획이다(women.seoul.go.kr, 2010. 1. 20). 육아지원센터는 법에 규정되어 있지는 않지만 영유아들이 보호자와 함께 자유롭게 이용할 수 있는 시설로 그 기능은 '육아정보 제공, 체험 놀이, 장난감 교환, 시간제 보육 등' (서울신문, 2008. 4. 11)이라 할 수 있다.

3) 보육서비스 공간디자인

(1) 보육시설

① 계획 시 고려사항

- **복합복지시설 전체와 보육시설의 관계** : 보육시설이 복합건물의 일부에 설치되는 경우, 건물 배치와 평면계획 조닝에 세심한 고려를 하여야 한다.

  배치계획에서는 반드시 별도 출입구를 두어 영유아의 안전과 감독이 이루어지게 하고 옥외공간은 영유아의 인체치수와 활발한 신체활동을 고려하여 별도로 확보하여야 한다.

  평면계획 조닝에서 보육시설은 여성의 이용이 가장 많고 아동시설과 공용할 수 있는 부분이 많기 때문에 여성시설 및 아동시설에 가까이 위치하여야 하며 반드시 1층에 위치(영유아보육법 시행규칙 제9조 시설기준 별표 2)하여야 한다. 특히,

---

5) 보육시설의 종류 : 영유아보육법 제10조 (2007. 10. 17 개정)
- 국 · 공립보육시설 : 국가와 지방자치단체가 설치 · 운영(위탁운영 포함)하는 보육시설
- 법인보육시설 : '사회복지사업법' 에 따른 사회복지법인이 설치 · 운영하는 보육시설
- 직장보육시설 : 사업주가 사업장의 근로자를 위하여 설치 · 운영하는 보육시설(국가나 지방자치단체의 장이 소속 공무원을 위하여 설치 · 운영하는 시설을 포함한다)
- 가정보육시설 : 개인이 가정 또는 그에 준하는 곳에서 설치 · 운영하는 보육시설
- 부모협동보육시설 : 보호자들이 조합을 결성하여 설치 · 운영하는 보육시설
- 민간보육시설 : 위 다섯 가지 규정에 해당하지 아니하는 보육시설

6) 현재 영아(0~세)의 70.7%, 유아(3~5세 이상)의 62.4%는 가정에서 돌보고 있으며 육아경험이 없는 젊은 부모들은 자녀양육에 어려움을 겪고 있는 상황이다(하이서울신문, 2008. 7. 21).

피난안전은 다른 시설보다 강화해야 하고 난방은 바닥난방으로 하는 것이 바람직하다.

실태조사에 의하면 보육시설이 설치된 건물은 상가 또는 종교시설이 23.1%(한국여성개발원, 2005 : 52)이다. 이런 경우 발생되는 문제점으로는 보육시설을 면적만 구획하고 실 배치를 하지 않은 상태에서 보육시설 시설장이 평면계획이나 인테리어를 하게 되는데, 작은 실이 여러 개 필요한 보육시설의 특수성이 반영되지 않아, 창 없는 보육실이나 가로세로 비율이 너무 세장하여 사용에 불편한 실이 생겨나는 경우가 있다. 그러므로 복합복지시설에 보육시설을 계획할 때는 보육시설의 기능성과 안전성에 적합하도록 각 실이 외기에 면하여 채광, 통풍이 이루어지고 쾌적한 환경이 될 수 있도록 고려하여야 한다.

- **영유아를 위한 장소성** : 영유아는 자유롭게 움직일 수 있는 환경, 심리적으로 안락한 환경, 스스로 할 수 있는 유능감(competence)을 주는 환경, 그리고 자신을 통제하고 조절할 수 있는 환경을 원하는 것으로 나타나고 있다. 따라서 보육시설의 공간디자인은 이러한 요구를 만족하여야 한다(최목화 외 7인 공역, 2009 : 8-13).

영유아에게 장소성은 심리적 안정감을 주는 중요 요소이며, 대비의 효과가 있으면 더욱 좋은 디자인이 된다. 안/밖(in/out), 위/아래(up/down), 밝고/어둠(light/dark), 거친/부드러움(exposed/tempered), 있는 것/없는 것(something/nothing), 질서/신비(order/mystery)의 여섯 가지 대비가 있으며 그 중 위/아래(up/down) 대비를 영유아는 특히 좋아한다. 위/아래 대조가 생기게 하는 방법은 천장과 바닥 높이 변화, 징두리 널(벽판), 벽난로 선반, 다양한 높이의 그림, 계단참에서 보이는 전망, 발코니와 좁은 통로를 제공하는 것이다. 아동은 또한 테이블, 계단, 놀이집, 숨을 수 있는 '아래'를 좋아한다. 플랫폼(platform),[7] 라이저(riser),[8] 로프트(loft)[9]는 공간의 변화뿐 아니라 아동에게 위/아래 대조를

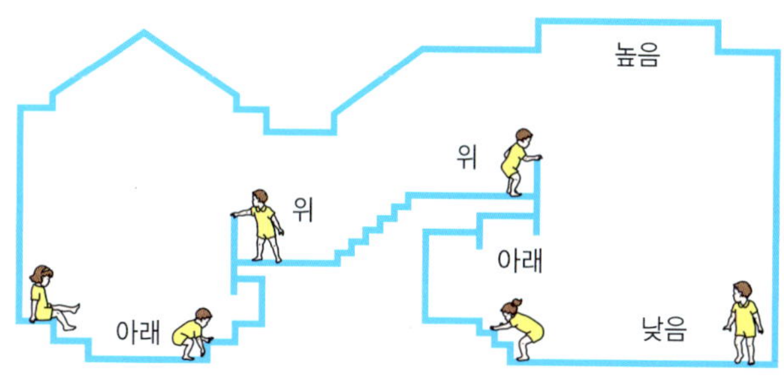

그림 3·9 위/아래 대비

출처 : 최목화 외 7인 공역(2009), 보육시설 환경디자인

줄 수 있는 중요한 방법이다.

② 소요공간

보육시설의 소요공간은 다음과 같다(최경숙 외 3인, 2006 : 45-51).

✻ 표 3·15 보육시설 소요공간 및 주요 기능

구 분	소요공간	주요 업무	주요 설비 및 가구
보육영역	0, 1세 영아보육실	2-3 활동영역, 기저귀 갈이/조유/낮잠영역 포함	낮은 책상, 기저귀 갈이/조유영역, 붙박이장, 영아침대(반개방된 낮잠실), 바닥 난방
	2세 영아보육실	3-4 활동영역, 기저귀 갈이/조유영역 포함	낮은 책상, 높은 책상, 의자, 선반, 붙박이장, 바닥 난방
	3세 유아보육실	7-8 활동영역, 화장실 내부 포함	낮은 책상, 높은 책상, 의자, 선반, 붙박이장, 바닥 난방
	4, 5세 유아보육실	7-8 활동영역, 화장실 내부 포함	높은 책상, 의자, 선반, 붙박이장, 바닥 난방
	유희실	신체활동, 다용도	볼풀, 미끄럼틀 등
서비스영역	식당	유아 2교대 식사	식탁
	조리실	점심과 2회 간식 준비	작업대, 식기소독기 등
	성인 화장실	세면	성인용 남녀 변기, 소변기 구비, 세면대
	교재교구실	교재교구 보관	선반
	창고	수납	선반
관리영역	현관	출입	신발장
	원장실	사무 및 상담	책상, 의자, 소파 등
	사무실 및 양호실	사무 및 간호	책상, 의자, 회의용 탁자, 소파, 침대 등
	교사실	교사 업무	책상, 의자, 회의용 탁자, 소파 등
옥외 놀이공간	놀이터	옥외 놀이	모래놀이 영역, 물놀이 영역, 놀이기구, 식물재배장, 동물사육장

7) 한 단 올린 구조물

8) 2~3단 올라가는 널찍한 계단/계단식

9) 2층 놀이집

* **그림 3·10** 1세 영아보육실 : 기저귀 갈이 영역(H어린이집)

* **그림 3·11** 0, 1세 영아보육실 : 조유/기저귀 갈이 영역(미국 B어린이집)

- **보육실** : 보육실은 남향 위주로 배열하여 일조와 통풍이 잘 되도록 하며 연령별 특성을 고려하여 구성한다. 영아(3세 미만)와 유아(3세 이상~6세 미만)의 연령별 특성에 따른 기본생활영역과 활동영역이 가능한 공간 및 설비가 구성되어야 하고 입구에 개인 사물함이 준비되어야 한다.
- **영아보육실** : 영아보육실은 영유아보육법에 따라 1세 미만, 1세, 2세로 구분하고 1세 미만은 교사 2인에 영아 6명 이하, 1세는 교사 2인에 영아 10명 이하, 2세는 교사 2인에 영아 14명 이하로 구성한다. 0세, 1세 보육실 구성은 사물함 영역과 4-6 활동영역, 교사영역, 기본생활영역이 필요하며 기본생활영역인 기저귀 갈이와 조유 · 식사 · 낮잠영역을 반개방 형식으로 분리 또는 연결하여 배치한다. 2세 영아

* **그림 3·12** 0세 영아보육실 : 낮잠공간(H어린이집)

* **그림 3·13** 영아보육실 : 낮잠영역(미국 B어린이집)

* **그림 3·14** 3, 4세 유아보육실 : 활동영역구성

* **그림 3·15** 유희실 : 대근육 활동(H어린이집)

는 대소변 가기 훈련을 하므로 교사의 아동보호와 아동의 편리성을 위해 화장실이 각 보육실 또는 2실 사이에 직결되는 것이 좋다.

- **유아보육실** : 유아보육실은 법상 3세 교사 1인에 15명 이하, 4, 5세는 교사 1인에 20명 이하로 구성하여야 한다. 실내 전체영역은 활동영역이 이루어지도록 개방적으로 구성하고 개별 활동과 소집단 활동, 대집단 활동이 가능하도록 융통성 있는 계획이 필요하다. 실의 구성은 사물함영역과 8~10가지 활동영역, 교사영역, 세면대 등이 있어야 한다. 화장실이 각 보육실마다 또는 2실 사이에 직결되는 것이 좋다.
- **유희실** : 유희실은 보육실에서 충분히 다룰 수 없는 동적인 활동과 기상조건이 안 좋은 날의 놀이공간, 기타 집회 등의 목적으로 사용되는 다목적공간이다.
- **현관** : 보육시설의 첫인상을 좌우하는 곳이며 현관에서 신발을 신고 벗는 공간이다. 따라서 아동이 동시에 10명 이상 사용할 수 있는 공간이 마련되어야 하고 신발장이 설치되어야 한다. 현관홀에는 소파를 두어 집처럼 편안한 분위기를 만들고 보호자 대기 장소를 조성한다.
- **원장실** : 원장실은 대규모의 경우 독립된 실이 가능하지만 중소규모인 경우 사무실과 겸용되는 경우가 상당히 많다. 출입구 부근에 보호자의 접근이 쉬운 곳에 배치하고 현관 및 옥외 놀이터의 관찰이 가능하도록 창문 설치가 필요하다.
- **사무실** : 사무실은 접수영역, 업무영역 그리고 상담을 위한 영역, 탕비실로 구성되며 다목적으로 활용하는 공간으로 행정적인 역할을 담당하는 원장실과 인접하여

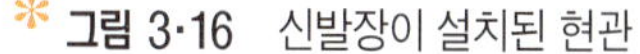

그림 3·16 신발장이 설치된 현관

그림 3·17 소파가 있는 현관홀(미국 L어린이집)

배치한다. 보육아동 수에 따라 소·중규모에서는 원장실과 공유하고 대규모에서는 별도 설치하는 등의 융통성이 고려되어야 한다.

- **교사실** : 교사들의 교재 개발, 연구, 휴식, 회의 등의 기능이 만족되어야 하며 보호자와 상담하는 응접실로서의 기능도 갖는다. 현장 설문조사에서 교사의 시설환경 개선사항에서 가장 많이 요구되는 부분이며, 꼭 필요한 공간으로 제안되고 있다.[10]
- **식당** : 식당은 보행이 자유로운 2세 이상이 사용하며 정원규모가 큰 경우 2~3회의 회전율을 고려한 규모로 산정한다. 배선대를 사이에 두고 조리실과 연결되어야 한다. 이용시간이 1~2시간 정도이므로 개방적으로 하고 다용도로 이용될 수 있다. 식탁은 좌식과 입식의 두 가지가 있으며 좌식의 경우에는 입식보다 면적이

그림 3·18 입식식당(T어린이집)

그림 3·19 좌식식당(P어린이집)

10) 한국여성건축가협회(2000), 초경량 철골조를 적용한 어린이집, 유치원 설계 표준화에 관한 연구, p. 94.

그림 3·20 2개 유아보육실 직결 화장실

그림 3·21 교재실 : 선반 설치(P어린이집)

다소 적게 소요된다.

- **조리실** : 조리실은 아동을 위한 점심식사와 2회의 간식을 준비하는 공간이다. 조리실과 식당은 분리하고 배선대는 인접 배치한다. 조리실은 밝고 청결하며, 환기, 채광, 배수가 우수해야 한다. 조리실 위치는 음식물 재료반입과 쓰레기 처리 등이 이루어지도록 서비스 마당이 필요하며 서비스 차량이 접근할 수 있는 부 출입구가 있어야 한다.
- **화장실** : 화장실은 안전하고 환기가 잘 되어야 한다. 변기와 세면대의 크기는 아동의 인체치수에 알맞게 설치한다. 변기는 아동 10인당 1개를 설치하고 수세식 양변기를 사용하며 유아용은 낮은 칸막이를 설치하고 영아용은 칸막이가 필요 없으며 남자 아동을 위한 소변기를 설치한다. 보육시설에는 많은 종사자와 학부모, 업무관계로 출입하는 성인들이 상당수 있으므로 성인용 화장실은 별도로 만들어야 한다.
- **교재실** : 교재실은 교재교구[11]의 보관이 주된 기능이며 평소에 이용하는 물품뿐 아

11) 교재와 교구는 보육목표를 달성하기 위하여 보육활동에 직접 활용되는 매개물을 의미한다. 교구는 학습내용과 학습활동을 연결하여 학습목표를 달성하는 데 사용되는 기기나 물품과 같은 하드웨어를 의미하고, 교재는 아동과 교사를 매개하여 교육을 전개하는 자료, 즉 소프트웨어를 의미한다. 교재에는 아동과 교사가 사용하는 자료가 포함되고 그림자료나 인쇄자료, 녹음자료, 영상자료 등은 교구로 분류될 수 있다. 비품이란 책상, 의자, 선반, 컴퓨터, 시청각 기기 등 교수와 학습에 사용되는 설비 및 갖추고 있어야 할 물품으로서 비교적 간접적이고 보조적인 자료를 의미한다. ; 김성희 · 윤은수 · 정정옥(2006), 전국보육교사교육연합회 편, 보육시설 운영과 관리, 형설출판사, p. 112.

니라 잘 이용하지 않는 계절용, 혹은 소모품, 반영구품, 교사가 보관 · 관리하여야 하는 기기나 자료들을 아동 손이 닿지 않는 장소에 체계적이고 기능적으로 보관 · 관리하여야 한다.

- **옥외 놀이공간** : 놀이공간은 건물의 남쪽에 두도록 하며, 영유아들이 실내에서 쉽게 출입할 수 있게 한다. 안전을 고려하고 감각적 느낌이나 즐거움을 가질 수 있게 하며 모래놀이 영역, 물놀이 영역, 놀이기구, 식물재배장, 동물사육장 등으로 구성할 수 있다. 바닥마감은 자전거길이나 통로는 딱딱한 재료로 마감하고 모래, 흙, 우레탄 포장 등 다양하게 사용하는 것이 좋다.

③ 면적계획

면적계획은 영유아보육법과 보육사업 안내의 인적 구성 및 시설기준을 기준으로 한다. 종사자 구성은 시설장과 보육교사, 취사부, 간호사, 영양사 등이다.

2004년도 보육시설 실태조사에 의하면 전국 보육시설당 평균 보육아동 수는 45.6인(정원 기준)이고 국 · 공립시설 평균 보육아동 수는 81.8인이다(한국여성개발원, 2005, 2 : 79). 그리고 미국 보육시설 건축전문가 게리 무어(Gary Moore) 교수는 아동 규모는 60~75명인 경우 아동과 교사들의 상호작용이 가장 활달히 이루어진다고 한다(Gary Moore, et. al., 1994 : 3). 그러므로 복합복지시설에 설치하는 보육시설 정원은 2007년도 보육사업안내에서 제시한 반편성 기준[12]인 50인, 77인, 97인, 124인, 142인 중 77인이 바람직하다.

77인 보육시설에서 아동은 만 0세 아동 3인, 1세 아동 5인, 2세 7인 2반으로 14인, 3세 15인 1반, 4세 이상 20인 2반으로 40인으로 구성되며 종사자는 시설장 1인, 교사 7인, 사무원 1인, 취사부 1인으로 모두 10인으로 구성된다.

12) 여성부(2007 : 66), 반편성 기준(예시)

기본형	반편성				
	만 0세	만 1세	만 2세	만 3세	만 4세 이상
50인	1	1	1	1	1
77인	1	1	2	1	2
97인	1	2	2	2	2
124인	1	2	3	2	3
142인	2	2	3	3	3

✻ 표 3·16 보육시설 면적계획

실 명	면적(m^2)	산출근거(m^2)	상근인력(인)	비 고
0, 1세 영아보육실	40	3.9×8인	2	기저귀 갈이/조유/낮잠영역 포함
2세 영아보육실	60	3.9×7인×2	2	기저귀 갈이/조유영역 포함
3세 유아보육실	60	3.6×15인	1	화장실 내부 포함
4, 5세 유아보육실	140	3.6×20인×2	2	화장실 내부 포함
유희실	80		0	개방형, 다용도
식 당	20	3(6인용)×5	0	유아 2교대 식사
조리실	20	0.2×62인	1	0.2m^2/인(0, 1세 영아 제외)
성인 화장실	10	남녀 변기, 세면대		성인용 남녀 변기, 소변기 구비
교재교구실	20	유사자료		
창 고	10	유사자료		
현 관	10	유사자료		
원장실	20	유사자료	1	
사무실 및 양호실	10	유사자료	1	
교사실	20	11.6+5×2.0		1인일 경우 11.6m^2, 1인 추가 시 2m^2
소 계	520		10	

주 : 아동정원 77인–0세 3인, 1세 5인, 2세(7인 2반) 14인, 3세 15인, 4세 이상 20인(2반) 40인

연면적을 결정하는 1인당 면적은 영유아보육법상 최소기준은 4.29(m^2/인)이며 적정기준은 6.6(m^2/인)으로 제시되어 있다(최경숙 외 3인, 2006 : 44). 영아 1인당 보육실의 법적 최소면적은 2.64(m^2/인)이지만 적정기준으로 영아는 1인당 3.9m^2, 유아는 1인당 3.6m^2로 제시되어 있다(최경숙, 1998 : 172). 유희실은 신체활동 및 다목적으로 사용되므로 보육실 면적보다는 여유 있게 한다. 식당은 유아가 2교대로 먹을 수 있도록 하며 6인용 식탁 5개를 배열할 수 있게 한다.

서비스공간으로 조리실은 아동 1인당 0.2m^2로 하고 취사원 휴게실을 두는 것이 좋다. 교사와 학부모를 위한 성인용 화장실 1개를 두고 교재교구실과 창고를 확보하여

수납공간을 준비한다. 관리공간으로 현관은 여유 있게 두고 원장실과 사무실은 별도로 하며 사무실에는 가구와 사무기기를 놓을 면적이 필요하고 양호실로 겸용한다. 교사실은 1인일 경우 11.6m², 1인 추가 시 2m² 증가하여 계획한다.

산출근거는 1인당 면적자료가 있으면 그것을 사용하고 없는 경우 유사시설을 기준으로 산정하고 소요면적은 산출면적에서 나온 면적을 10m² 배수로 조절하도록 한다.

(2) 육아지원센터

① 계획 시 고려사항

육아지원센터는 영유아와 보호자가 함께 사용하는 공간이다. 그러므로 영유아뿐 아니라 보호자와 종사자에게도 따뜻하고 환영받는 분위기가 되도록 설계되어야 한다. 육아지원센터는 층수에 대한 법적 제한은 없으나 외부 놀이공간 접근성을 위해 1층이 바람직하다. 또한 건물 배치와 평면계획에서의 조닝에서, 여성의 이용이 가장 많고 아동시설과 공용할 수 있는 부분이 많기 때문에 여성시설 및 아동시설에 가까이 위치하는 것을 고려하여야 한다. 복합건물의 일부에 설치되는 경우, 별도 출입구를 두어 영유아의 안전과 감독이 이루어지게 한다.

② 소요공간

- **영유아자료실** : 영유아와 보호자가 함께 들어가 자료를 대출하고 열람하는 공간이다. 영아와 유아자료실은 영유아자료실로 공용할 수도 있으나 가능하면 분리하는 것이 바람직하다. 영아자료실은 영아와 보호자가 함께 들어가고 영아는 바닥에 앉거나 누워 자료를 보는 장소이므로 바닥 난방을 하여야 하고 다른 열람실과는 소음이 차단되도록 투시형 유리창으로 구성하는 것이 바람직하다. 유아자료실은 편안한 분위기에서 도서자료를 보기 위해 테이블과 의자를 곡선형으로 하거나 소파를 두는 등의 다양한 공간 구성이 필요하다.
- **육아카페** : 보호자에게 필요한 육아정보를 나눌 수 있는 공간이다. 바닥 난방을 하여 신발을 벗고 집과 같은 환경을 조성하며 가구는 좌식과 입식 탁자 모두를 설치하여 선택할 수 있게 한다. 보호자가 영유아를 데리고 와서 지내는 곳으로 수유코

✻ 표 3·17 육아지원센터 소요공간 및 주요 기능

구 분	소요공간	주요 업무	주요 설비 및 가구
정보교환	영유아자료실	자료 열람 및 대출 영유아와 보호자가 같이 사용 도서/영상자료/인터넷 자료 영아열람실 별도 필요	책장, 책상, 소파 등 바닥 난방 방음 처리되는 영아열람실
	육아카페	육아정보 나누기 수유, 기저귀 갈이 등의 보조기능 필요	좌식 탁자, 소파 모두 설치 바닥 난방 수유코너/기저귀 갈이 코너
놀이체험	놀이체험실	신체활동 다양한 놀이활동	유아 변기/세면대 설치 화장실 볼풀, 미끄럼틀, 감각체험 기구 등
대여업무	장난감 대여실	장난감 대여	선반 등
시간제 보육	시간제 보육실	영아와 유아 보호 및 교육	바닥 난방 영아 놀이, 조유, 기저귀 갈이 유아 활동영역과 화장실
사 무	사무실	정보제공 자료 구입 및 정리	책상, 캐비닛 등
수 납	창고	영유아 놀이기구 등 보관	선반

너와 기저귀 갈이 코너 등이 별도의 영역으로 계획되어야 한다.

일본의 시바우라플라자(제6장 국외 사례 참조)의 키즈룸은 육아카페와 유사하며 보호자가 영유아를 데리고 와서 정보를 나누고 지내는 곳으로 신발을 벗고 들어가며 수유와 기저귀 갈이 코너가 각각 영역으로 되어 있다.

✻ 그림 3·22 키즈룸(일본 사례)

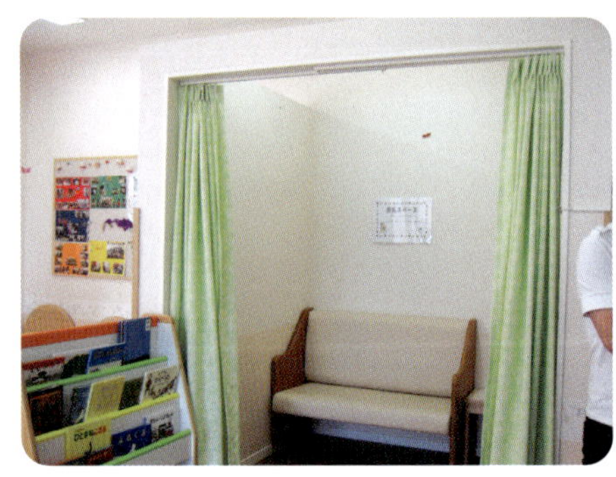

✻ 그림 3·23 수유코너

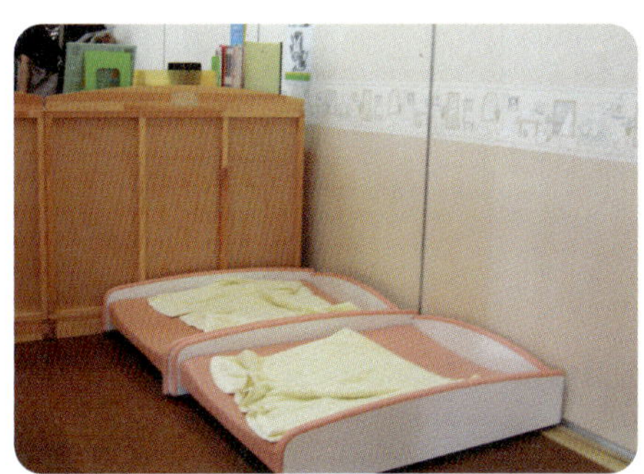

* **그림 3·24** 기저귀 갈이 코너

* **그림 3·25** 서초영유아플라자 놀이실

- **놀이실** : 놀이기구는 영아와 유아의 신체 치수에 차이가 있으므로 두 가지 치수의 기구를 설치하고 바닥마감재료는 안전을 고려하여야 한다. 영아는 보호자와 같이 들어가거나 안전 요원을 상주하게 하여 별도의 보호 감독이 필요하다.
- **장난감 대여실** : 영유아 발달단계는 6개월 또는 1년 단위로 신체적 · 심리적 · 사회적 차이가 있어 장난감을 자주 교체하여야 하므로 장난감 대여가 필요하다. 창고를 부대시설로 설치하여 부피가 큰 장난감이나 계절적 수요에 따른 수납공간의 필요를 충족시키도록 하여야 한다.
- **시간제 보육실** : 영유아의 정원을 고려하여 영아와 유아의 영역이 구분되어야 한다. 영아용 놀이영역과 기저귀 갈이대가 설치되어야 하며 유아보육을 위한 활동영역 확보와 화장실을 내부에 설치하여야 한다. 아동 간식이나 식사 준비를 위한 간이주방이 필요하고 우리나라 보육시설과 동일하게 바닥 난방이 되어야 한다.

③ 면적계획

장난감 대여를 위해 직원 1명이 상주하며 시간제 보육을 위해 직원 1명이 상주하고 아동 수가 늘어나면 비상근 교사를 추가할 수 있으며 직원은 자료실과 육아카페, 놀이실의 관리를 위해 2명이 상주하여야 한다.

유사 사례로서 서울 도봉구 영유아플라자는 연면적 1,279m^2이며, 도서실 103m^2, 큰 놀이실 226m^2, 작은 놀이실 43m^2, 센터장실 69m^2, 교육실 125m^2, 사무실 72m^2, 장난감 나라 138m^2, 상담실 26m^2, 전시실 118m^2 등이다.

육아카페에는 보호자인 성인 20명 이하가 사용하도록 하고 별도의 수유, 기저귀 갈

표 3·18 육아지원센터 면적계획

실 명	면적(m^2)	산출근거(m^2)	상근인력(인)	비 고
영유아자료실	80			영아와 유아열람실 구분
육아카페	60	성인 20인×1.5m^2/명+수유, 기저귀 갈이 코너 30		수유, 기저귀 갈이 코너
영유아놀이실	100	33인×3m^2/명		보육실 최소면적 2.64m^2/명
장난감대여실	80		1	직원 1명
시간제 보육실	60	15인×3m^2/인+화장실 15m^2	1	보육교사 1명, 비상근 교사 필요
사무실	40	2인×7m^2/인, 회의용 테이블	2	직원 2명
창 고	20			
소 계	440		4	

이 공간을 설치한다. 시간제 보육실에는 영유아의 정원을 15명으로 한다. 영유아 놀이실과 시간제 보육실의 1인당 면적은 보육시설의 보육실 최소면적 2.64(m^2/인)보다 조금 넓게 3(m^2/인)으로 산정한다.

3. 아동복지서비스

국내 아동복지시설은 1960년 전쟁으로 인한 전쟁고아를 수용하는 아동양육시설(고아원)에서부터 시작하여 최근에는 상담, 아동보호 등 그 기능이 다양화되고 있다. 하지만 지금까지의 아동복지시설은 양적 확충에 집중한 측면이 있어 전국 시설 수는 285개소, 보호 아동 수는 2만 4,266인(2008. 12. 기준)에 이른다(보건복지부, 2009).

우리나라 아동복지의 복합화는 양적 확산과 다양한 복지서비스 연계를 위하여 저소득층을 위해 종합사회복지관에 부설되는 경우가 많이 있는데, 건물 한 동에 보육, 아동, 청소년, 여성, 노인, 장애인 서비스를 혼합함으로써 아동을 위한 공간적 배려가 없이 계획되어 사용되고 있다.

그러므로 복합화되는 경우 아동서비스가 안전하고 쾌적한 시설이 되기 위해서는 아동의 특성과 각 시설 운영의 특성이 반영되는 설계지침과 규모산정이 전제되어야 한다.

1) 아동복지서비스의 종류

아동복지서비스 종류로는 생활시설인 아동양육시설, 아동일시보호시설, 아동보호치료시설, 아동자립지원시설, 아동단기보호시설, 공동생활가정이 있고, 이용시설인 아동직업훈련시설, 아동상담소, 아동전용시설, 아동복지관, 지역아동센터가 있으며, 가정위탁보호 업무를 지원하는 가정위탁지원센터가 있다(아동복지법 제16조).

2) 아동복지서비스의 선정

(1) 선정 원칙

아동양육시설은 지난 30여 년간 출산력 저하로 전체 아동인구 수가 지속적으로 감소함에 따라 수용 아동 수가 감소[13]하고 있어 추가 수요가 없다. 그렇지만 지역아동센터는 이용 아동 수가 급증하고 있다.

복합복지시설에는 지방자치단체에 필요한 시설로서 아동의 접근성이 중요하므로 지역아동센터와 아동상담소, 아동복지관을 설치한다.

(2) 서비스의 선정

지역아동센터는 초등학생인 아동이 자주 사용하는 시설이므로 집에서의 접근성이 중요하다. 따라서 동이나 읍 · 면 단위로 설치하는 것이 바람직하다. 아동상담소와 아동복지관은 아동의 접근성이 상대적으로 중요하므로 구청이나 군 단위로 설치하는 것이 타당성이 있다.

13) 전국 아동양육시설의 보호 아동 수는 2005년 1만 9,151명에서 2006년 1만 8,817명, 2007년 1만 7,161명으로 감소하였다.

표 3·19 아동 관련 복지시설 종류

종 류	세부시설	기 능	비 고
아동복지 서비스	아동양육시설	요보호아동을 일반가정과 유사한 생활환경이 가능하도록 양육서비스 제공	생활시설 전국적으로 감소 중
	아동일시보호시설	보호를 필요로 하는 아동을 일시보호	생활시설
	아동보호치료시설	불량행위를 하거나 불량행위를 할 우려가 있는 아동으로서 보호자가 없거나 친권자나 후견인이 입소를 신청한 아동 또는 가정법원, 지방법원소년부지원에서 보호위탁된 아동을 입소시켜 선도	생활시설
	아동직업훈련시설	아동복지시설에 입소되어 있는 만 15세 이상의 아동과 생활이 어려운 가정의 아동에 대하여 자활에 필요한 지식과 기능을 습득	생활시설
	자립지원시설	아동복지시설에서 퇴소한 자에게 취업준비기간 또는 취업 후 일정 기간 보호함으로써 자립을 지원	생활시설
	아동단기보호시설	보호를 필요로 하는 아동을 단기보호	생활시설
	아동상담소	아동과 그 가족의 문제에 관한 상담, 치료, 예방 및 연구	이용시설 지역마다 설치
	아동전용시설	어린이공원, 어린이놀이터, 아동회관 등 아동에게 건전한 놀이 · 오락 기타 각종 편의를 제공	이용시설 대규모공공시설 설치
	아동복지관	아동상담, 집단지도, 오락, 정보교환	이용시설 지역마다 설치
	공동생활가정시설	보호를 필요로 하는 아동에게 가정과 같은 주거여건과 보호	생활시설
	지역아동센터	지역사회 아동의 보호 · 교육, 건전한 놀이와 오락의 제공, 보호자와 지역사회의 연계	이용시설 주민복합센터 설치
	가정위탁지원센터	다른 가정에 아동위탁	이용시설

① 지역아동센터

지역아동센터는 지역사회 아동의 보호 · 교육, 건전한 놀이와 오락의 제공, 보호자와 지역사회의 연계 등 아동의 건전육성을 위하여 종합적인 아동복지서비스를 제공하는 시설이다. 전국 시설 수는 2004년 895개소, 이용 아동 수는 2만 3,345인에서 2009년 6월 현재 3,274개소, 이용 아동 수는 9만 4,406인으로 급증하고 있다(전국지역아동센터협의회, 2010).

② 아동상담소

아동상담소는 아동과 그 가족의 문제에 관한 상담, 치료, 예방 및 연구 등을 목적으로 하는 시설이며 전국에 38개소(2008년 12월 기준)가 있다. 아동상담은 아동 적성이나 진로에 관한 상담을 한다. 처음 상담하는 카운터 개방 상담과 개인별 심층 상담이 필요하며 아동심리검사치료는 아동의 인성과 지능을 검사하고 문제행동이나 정서적 어려움을 가진 아동과 가족을 치료한다. 전국에 37개소(2008년 12월 기준)가 있다.

③ 아동복지관

아동복지관은 지역사회 아동의 건전육성을 위하여 심신의 건강유지와 복지증진에 필요한 서비스를 제공하는 것을 목적으로 하는 시설이다. 아동집단지도는 교사 1인당 30명 이내(방과 후 보육의 인적 기준)를 학습지도 또는 생활지도하고 간식준비를 위한 간이주방을 설치하며 아동오락은 두 가지 이상 다양한 오락이 가능하게 한다.

아동정보교환은 자율적이고 편안한 분위기에서 도서 및 시청각자료를 열람하거나 대출할 수 있으며 책 읽어 주는 기능이 추가되며 아동놀이는 신체활동이 활발히 이루어지므로 체육실이 필요하며 공용이용이 가능하다.

3) 아동복지 공간디자인

아동을 위한 물리적 환경을 만들기 위해서는 세심한 고려가 필요하다. 왜냐하면, 비록 환경이 아동을 성장시킬 수는 없으나 그들에게 신체적인 보호와 심리적 · 정서적인 영향을 주어 그 성장과정에 큰 영향력을 미치기 때문이다. 특히, 영유아는 환경을 자발적으로 개선할 수 있는 존재가 아니므로 다른 집단보다 계획상 각별한 주의가 요구되며, 시설을 계획하기 이전에 먼저 그들이 어떻게 생활하는지를 이해하고, 그때 필요로 하는 환경이 무엇인가를 결정해야 한다(이진희, 1994 : 1)

(1) 지역아동센터

① 계획 시 고려사항

지역아동센터는 아동복지법상 방과후아동지도사업에 해당된다. 지역아동센터의 기능은 가족기능강화, 방과 후 공부방, 저소득 가구 6~17세 아동 대상 보호 및 교육이다. 지역아동센터는 아동이 사용하는 공간이므로 일조와 통풍이 충분히 확보되어 밝고 건강한 분위기를 조성하여야 하며, 현관 입구에는 홀을 두어 전시 등 다양한 용도로 사용가능하도록 여유공간을 두는 것이 바람직하다. 사무실은 입구에 두어 아동의 보호 · 관리가 용이하도록 하고 자료실과 오락실은 반개방형으로 하여 보호와 감독이 이루어지게 하는 것이 바람직하다. 놀이실은 성인과 공동으로 사용할 수 있다. 주택과 유사하게 실내에서 신발을 벗고 생활하게 되므로 바닥 난방이 선호된다.

② 소요공간

- **방과 후 교실(집단지도실)** : 교사 1인당 20명을 집단으로 학습지도 또는 생활지도 하는 공간이 필요하고 교육을 위한 책상이 입식 또는 좌식으로 준비되어야 하며 책가방 등을 놓을 수 있는 사물함이 교실 입구에 준비되어야 한다.
- **아동오락실** : 컴퓨터 코너와 게임 코너 등 두 가지 이상 설치되는 것이 바람직하다.
- **아동자료실** : 탁자와 소파 등 다양한 형태의 열람코너를 만들어 자율적 분위기를 조성하는 것이 바람직하다.
- **사무실** : 사무실은 입구에 카운터를 두어 아동의 출입을 관리할 수 있도록 한다.

표 3·20 지역아동센터 소요공간 및 주요 기능

구 분	소요공간	주요 업무	주요 설비 및 가구
집단지도	방과 후 교실	학습지도 또는 생활지도	책상, 책장, 선반, 세면대 간이주방
아동오락	아동오락실	두 가지 이상 오락	책장, 책상, 컴퓨터 2대
정보교환	아동자료실	도서 및 시청각자료 열람 또는 대출	영역별 선반, 낮은 탁자, 입식 탁자와 의자
사 무	사무실	정보제공 자료 구입 및 정리	책상, 캐비닛 등
조 리	조리실	간식 준비, 점심식사 준비 (방학기간)	작업대, 식기소독기 등
놀 이	놀이실	놀이 및 체험	나무 바닥마감 농구대 설치

표 3·21 지역아동센터 면적계획(예시)

실 명	면적(m^2)	산출근거	상근인력(인)	비 고
집단지도실	120	30인×2(m^2/인)×2	2	학습지원
아동오락실	60	두 가지 이상		
아동자료실	60			집단지도실 면적 동일
사무실	40	7(m^2/인), 회의용 테이블	1	직원 2인
조리실	12		1	(공용)
놀이실	200	100인×2(m^2/인)		(공용), 다목적홀 가능
소 계	280		5	실외놀이터 160m^2 확보

- **조리실** : 조리실은 위생적이고 환기가 잘 되어야 하며 바닥은 타일로 마감한다. 학기 중에는 간식 준비를 하지만 방학인 경우 점심식사도 하게 되므로 면적에 여유를 두는 것이 좋다. 다른 시설과 공용할 수 있다.
- **놀이실** : 신체활동이 활발하므로 실내 놀이공간을 확보하는 것이 좋으며 공용할 수 있다.

③ 면적계획

지역아동센터는 인구 10만 명 도시를 기준으로 할 때 정원은 60인으로 하고(최승호 외 2인, 2007 : 55) 보육사는 아동 30인당 2인이 필요하며 사무원, 취사원 각 1인 등 모두 5인이 있어야 한다.

아동복지법 시행규칙에서 지역아동센터는 사무실, 조리실, 식당 및 집단지도실을 각각 갖추되, 해당시설을 모두 합한 면적이 전용면적 82.5m^2 이상으로 한다. 다만, 지역아동센터를 이용하는 일일평균 아동의 수가 20인 미만인 시설은 전용면적 605m^2 이상으로 한다. 집단지도실의 1인당 면적은 2(m^2/인)으로 한다.

(2) 아동상담소

① 계획 시 고려사항

아동상담소는 초등학생의 상담 등이 이루어지는 곳으로 아동에게 쾌적하고 편리하며

✻ 표 3·22 아동상담소 소요공간 및 주요 기능

구 분	소요공간	주요 업무	주요 설비 및 가구
아동상담	아동상담실	아동 적성이나 진로 상담 카운터 개방 상담과 개인별 심층 상담	책장, 책상, 소파 등
아동치료	심리검사치료실	아동 심리검사 및 영역별 치료	책장, 책상, 작업대 등

안전하고 환영받는 분위기가 되어야 한다. 특히, 현관 입구는 흥미를 유발하면서도 아늑하고 환영하는 분위기가 되도록 한다.

② 소요공간

- **아동상담실** : 2개실 이상 확보하고 아동 적성이나 진로 상담에 적합하도록 한다.
- **심리검사치료실** : 아동을 심리검사하는 책상 및 미술이나 모래치료를 위한 작업대를 설치하여야 한다.

③ 면적계획

아동전문상담요원 1인 상근, 1인은 비상근으로 근무하며 심리검사 및 치료사 1인이 필요하다.

법적 최소기준(아동복지법 시행규칙 제11조 별표 2)은 사무실 16.5m^2 이상, 상담실 16.5m^2 이상으로 하되, 2개실 이상을 갖추어야 하며 심리검사/치료실은 33m^2 이상 필요하다.

✻ 표 3·23 아동상담소의 면적계획

실 명	면적(m^2)	산출근거(m^2)	상근인력(인)	비 고
아동상담실	40	20(m^2/인)×2	1	1명은 비상근
심리검사/치료실	40	20(m^2/인)×2	1	
사무실	20	7(m^2/인), 회의용 테이블	1	
소 계	100		3	

(3) 아동복지관

① 계획 시 고려사항

아동복지관은 초등학생의 교육, 놀이, 오락 등이 이루어지는 곳이므로 아동에게 쾌적하고 편리하며 안전하고 환영받는 분위기가 되어야 한다. 특히, 현관 입구는 흥미를 유발하면서도 아늑하고 환영하는 분위기가 되도록 하며, 입구에는 홀을 두어 전시 등 다양한 용도로 사용가능한 여유공간을 두는 것이 바람직하다.

② 소요공간

- **방과 후 교실** : 교사 1인당 30명을 집단으로 학습지도 또는 생활지도를 하는 공간이 필요하고 간식 준비를 위한 간이 주방이 설치되는 것이 바람직하다.
- **아동오락실** : 컴퓨터 코너와 게임 코너 등 두 가지 이상 설치하는 것이 바람직하다.
- **아동자료실** : 탁자와 소파 등 다양한 형태의 열람코너를 만들어 자율적 분위기를 조성하는 것이 바람직하다.

③ 면적계획

아동 집단지도를 위한 교사 2명 이상이 있어야 하며 직원은 아동오락실과 자료실의 관리 및 자료정리를 위해 1명이 상주해야 한다.

아동복지관은 대부분 사회복지관에 부설되어 설치되어 있다. 아동복지관 법적 최소

✻ **표 3·24** 아동복지관 소요공간 및 주요 기능

구 분	소요공간	주요 업무	주요 설비 및 가구
아동 집단지도	방과 후 교실	학습지도 또는 생활지도	책상, 책장, 선반, 세면대 간이주방
아동오락	아동오락실	두 가지 이상 오락(컴퓨터, 게임)	책장, 책상, 컴퓨터 2대
정보교환	아동자료실	도서 및 시청각자료 열람 또는 대출	영역별 선반, 낮은 탁자, 입식 탁자와 의자
사 무	사무실	정보제공 자료 구입 및 정리	책상, 캐비닛 등
놀 이	놀이실	놀이 및 체험	나무 바닥마감 농구대 설치

✻ 표 3·25　아동복지관 면적계획

실 명	면적(m^2)	산출근거	상근인력(인)	비 고
집단지도실	120	30인×2(m^2/인)×2	2	학습지원
아동오락실	60	두 가지 이상		
아동자료실	60			집단지도실 면적 동일
사무실	40	7(m^2/인), 회의용 테이블	1	직원 2인
놀이실	200	100인×2(m^2/인)		(공용), 다목적홀 가능
소 계	280		5	실외놀이터 160m^2 확보

기준으로 강당 99m^2 이상, 오락실 50m^2 이상, 도서실은 열람좌석 수 20석 이상으로 하되, 도서 1,000권 이상을 갖추어야 한다. 놀이터는 150m^2 이상으로서 시소, 미끄럼틀, 그네, 모래밭 등을 갖추어야 한다. 상담실은 9.9m^2 이상으로 하되, 2개실 이상을 갖추고 집단지도실은 33m^2 이상으로 하되, 2개실 이상을 갖추어야 한다.

경기도 수원시 영통구(인구 26만여 명) 영통종합사회복지관의 연면적 1만 5,042m^2 중 아동시설은 1층에 위치하고 어린이도서관은 306m^2, 어린이놀이실은 222m^2이고 순면적 합계는 528m^2이다. 충북 청주시 아동복지관[14]은 1,654m^2 대지에 지상 3층 건물

✻ 그림 3·26　영통사회복지관 아동도서관

✻ 그림 3·27　일본 시바우라플라자 놀이실

14) 청주시 아동복지관은 건강가정지원센터와 함께 2009년 12월 기공식을 가졌고 2010년 5월 준공 목표로 공사가 진행되고 있다. 2007년 4월 보건복지가족부에 사업 건의를 하여 2008년 6월 청주시가 아동복지관 건립대상 지역으로 선정되어 전국 최초로 건립되는 사업이다.

로 신축되며 1층에 도서실, 컴퓨터실, 동아리실, 분임토의실, 상담침료실, 다목적실, 2층에 사무실, 실내놀이터, 휴게 홀, 3층에 강당과 다목적실 등이 설치된다.

4. 청소년복지서비스

청소년복지는 사회복지의 한 분야로서 청소년을 대상으로 하며, 그들의 발달상 나타나는 과도기를 잘 극복하여 가족구성원 및 사회의 일원으로 적절한 역할을 감당하고 바람직한 삶을 영위하도록 사회복지 차원에서 제공하는 정책과 서비스의 지원체계를 말한다. 따라서 청소년복지는 사회복지의 기본 이념이나 가치, 방법 등을 그대로 이어받지만 청소년기의 특성과 청소년이라는 계층에 초점을 둠으로써 다른 분야와는 차별되는 독특성을 갖는다. 이러한 청소년 복지시설을 복합화하여 계획하는 경우 청소년의 독립성을 반영하면서, 지역사회와 교류할 수 있는 프로그램 및 공간에 대한 계획이 고려되어야 한다.

1) 청소년복지서비스의 종류

청소년복지시설은 모든 청소년의 발달과 복지를 보장하기 위해 직접 서비스를 제공하는 일정한 장소를 말한다. 또한 청소년복지시설은 그들의 욕구 충족, 각종 교육 및 훈련, 치료를 통해 신체적 또는 정신적으로 건전하게 성장발달할 수 있도록 지역사회와 청소년복지 분야의 정부, 민간기관, 시설단체 및 지역주민들이 협력하여 청소년의 삶을 풍성하고 윤택하게 만들어 갈 수 있도록 필요한 서비스를 제공한다.[15] 청소년복지시설은 청소년활동진흥법과 청소년복지지원법에 의해 청소년수련시설과 청소년이용시설, 청소년쉼터로 구분해 볼 수 있으며, 다양한 수련활동, 상담활동, 문화체육활동, 자원봉사활동 등이 이루어지고 있다.

15) 박연희(2004), 청소년복지시설 활성화를 위한 요구조사, 원광대학교, pp. 9~10.

✻ 표 3·26 청소년시설 분류

종 류	세부시설	기 능	비 고
청소년 수련시설	청소년수련관	일상생활지역에서 실내활동 위주의 다양한 수련거리를 실시할 수 있는 시설 및 설비를 갖춘 종합 수련시설	청소년 활동진흥법
	청소년문화의 집	일상생활지역에서 간단한 수련활동을 실시할 수 있는 시설 및 설비를 갖춘 정보문화·예술 중심의 수련시설	
	청소년특화시설	청소년의 직업체험, 문화예술, 과학정보, 환경 등 특정목적의 청소년활동을 전문적으로 실시할 수 있는 시설과 설비를 갖춘 수련시설	
	청소년수련원	자연권역에서 생활관과 다양한 수련거리를 실시할 수 있는 시설 및 설비를 갖춘 종합수련시설	
	청소년야영장	야영시설을 갖추고 수련활동을 하거나, 야영편의를 제공하는 시설	
	유스호스텔	청소년의 숙박 편의제공과 여행청소년의 수련활동 지원 시설	
청소년이용시설		수련시설이 아닌 시설로서 그 설치목적의 범위에서 청소년활동의 실시와 청소년의 건전한 이용 등에 제공할 수 있는 시설	
청소년쉼터		가출청소년의 일시적인 생활지원과 선도 및 가정·사회로의 복귀를 지원하기 위한 시설	청소년 복지지원법

2) 청소년복지서비스의 선정

(1) 서비스 선정 시 고려사항

다원화되고 있는 사회적 변화는 청소년의 삶에 있어서도 다양한 의미와 가치의 변화를 가져오고 있다. 따라서 청소년의 복지서비스를 제공하기 위해서는 이와 같이 다양하게 변화하는 청소년들의 욕구가 무엇인지 먼저 파악하고 이러한 다양성과 변화를 수용할 수 있는 서비스를 선정할 필요성이 있다.

청소년의 복지서비스에 대한 욕구는 시대에 따라 변화가 이루어지고 있으며, 이용을 희망하는 우선순위가 높은 서비스로는 편하게 놀 수 있는 휴게실, 인터넷 방, 다양한 취미활동인 것으로 나타나고 있다. 청소년시설 이용자의 주요 활동유형을 살펴보

표 3·27 청소년들의 욕구 변화

순위	주로 이용하는 시설		이용을 희망하는 복지서비스	
	1996년	2002년	1996년	2002년
1	독서실	프로그램실	영화관람	편하게 놀 수 있는 휴게실
2	강당, 강의실	인터넷부스	비디오실	인터넷방
3	농구장	동아리방	노래방	농구장, 수영장
4	체력단련장	춤연습실	농구	춤연습실, 디스코텍
5	영화관	만화열람	컴퓨터	독서실
6	수영장	음악연습실	전자오락실	매점
7	특별활동실	도서열람	수영	음악연습실
8	공연장	포켓볼	카페 및 휴게실	영화관
9	휴게실	창작 공방실	독서실	넓은 교실, 강당
10	상담실	AV부스	상담실	음악감상실

출처 : 송혁준(2004), 지역문화복지시설 복합화를 고려한 청소년수련관 계획에 관한 연구, 홍익대학교, p. 38.

면, 자원봉사가 27.7%로 가장 많은 것으로 나타났으며, 세미나와 교육 참여가 21.8%, 동아리활동이 18.3%인 것으로 나타나고 있다.

한편, 기존 연구 논문을 비롯한 각종 문헌자료 등에서는 청소년복지시설에 대한 문제점으로 프로그램이나 시설기능이 청소년들에게 흥미를 주지 못하고 있어 청소년의 이용률이 크게 높지 않다는 문제, 대부분의 시설들이 청소년의 다양한 복지욕구를 수용하기 위한 설비 및 공간과 프로그램이 미비하고 획일적인 구성을 하고 있다는 문제

표 3·28 청소년시설 이용자의 주요 활동 유형

(단위 : 명, %)

구 분		사례수	자원봉사활동	세미나교육참여	동아리활동	일일이벤트참여	공부독서실이용	컴퓨터이용	도서관이용	후원금물품지원	수련회(캠프)	영화연극관람	문화활동	기 타
전 체		563	27.4	21.8	18.3	11.4	3.9	2.7	2.3	2.1	1.8	1.4	2.2	4.7
성별	남	324	30.2	17.9	19.8	11.1	3.1	2.2	3.1	2.8	1.2	1.2	1.2	6.2
	여	239	23.4	27.2	16.3	11.7	5.0	3.3	1.3	1.3	2.5	1.7	3.4	2.9

출처 : 신경희(2006), 서울시 청소년활동사업 발전방안, 서울시정개발연구원

✻ 표 3·29 청소년수련관의 청소년 이용률

(단위 : 명, %)

구 분	아 동	청소년	일 반	합 계
보라매	5,958(0.3)	1,086,898(54.3)	907,394(45.4)	2,000,250
문 래	30,920(4.0)	252,080(32.3)	497,960(63.8)	780,960
목 동	90,362(16.4)	248,901(45.1)	212,323(38.5)	551,556
수 서	52,637(8.1)	344,268(52.9)	253,989(39.0)	650,894
노 원	86,287(8.9)	485,454(50.1)	397,225(41.0)	968,966

출처 : 이종규 · 박순애(2001), 서울시립 청소년수련관 관리운영 개선방안 연구, 서울시정개발연구원, p. 89 재구성

등을 지적하고 있다.

서울시의 청소년수련관의 청소년 이용률을 조사한 연구결과(이종규 외, 2001)를 살펴보면 청소년의 이용률이 크게 높지 않은 것을 알 수 있다. 이는 청소년시설을 이용하는 대부분이 학생 청소년인 현실을 감안할 때, 학교 교과시간은 청소년시설의 실질적인 유휴시간이라 할 수 있으며, 이러한 유휴시간은 성인 및 유아를 위한 프로그램 운영으로 활용되고 있기 때문으로 나타나고 있다.

이러한 현실을 고려할 때 청소년복지서비스 선정 시 청소년의 전용서비스 기능을 확보할 수 있는 서비스 프로그램 및 공간에 대한 계획과 더불어 지역사회와의 상호 교류를 위한 서비스, 세대가 함께 어울릴 수 있는 서비스의 선정에 대한 고려가 필요하다.

청소년복지서비스 선정 시 고려사항

- 청소년 전용의 서비스를 선정과 함께 만남과 소통이 가능한 '세대공감', '지역사회 참여(자원봉사의 장)' 의 기능으로서의 서비스
- 청소년들이 개인 또는 단체로 시설을 자유롭게 이용하면서 '의견소통의 장' 으로 활용할 수 있는 서비스
- 지역사회 주민과 함께 휴식을 즐길 수 있고 여가시간을 활용할 수 있는 '교류의 장' 으로 이용 가능한 서비스

(2) 서비스의 선정

청소년의 특성 및 욕구, 시설이용 현황 등을 감안할 때 청소년복지서비스를 선정하기 위해서는 첫째, 청소년 전용의 서비스와 함께 만남과 소통이 가능한 '세대공감' 또는 '지역사회참여'의 기능, 둘째, 청소년과 성인과의 '의견소통의 장'으로 활용할 수 있는 기능, 셋째, 휴식과 여가시간의 활용으로 이용할 수 있는 '교류의 장'으로서의 기능을 고려해 볼 수 있다.

서비스의 내용은 기본적으로 상담지도, 자원봉사활동, 청소년 행사, 분임토의, 동아리활동, 취미활동, 생활체육, 청소년 카페운영 등으로 구성할 수 있다. 상담지도 서비스는 개인상담, 집단상담, 전화상담, 가족상담, 학부모상담, 심리검사 등 다양한 형태의 전문적인 상담서비스의 제공이 이루어져야 한다. 표 3-30과 같이 선정된 서비스

✻ **표 3·30** 청소년복지 분야의 서비스 선정

구 분		서비스 내용	소요실	서비스 전용 · 공용 여부
청소년 활동센터	상담지도	전문적인 상담 및 심리검사 제공 (지능검사, 진로탐색검사, 충동성검사, 자아가치관검사, 성격검사, 인성검사 등)	상담실, 사무실	전용
	자원봉사활동	자원봉사자 교육 및 봉사활동 프로그램 제공	청소년 활동센터 (자원봉사센터)	전용
	청소년행사	지역사회 복지시설과 연계하여 문화공연 등을 나누는 프로그램 제공		전용
의견 소통의 장	분임토의	소규모의 분임토의가 가능한 장소 제공	세미나실 (다목적실)	전용
	동아리활동	소규모의 동아리활동이 가능한 장소 제공		전용
세대공감 및 교류의 장	취미활동	풍선공예, 미술, 어학 등 다양한 체험 및 취미활동 프로그램 제공	강의실 다목적 강당	공용
	생활체육	헬스 및 에어로빅, 실내체육활동 프로그램 제공	다목적 강당 체력단련장 다목적 체육실	공용
	청소년카페	인터넷 사용, 보드게임, 도서 이용 및 휴게서비스 제공	북카페, PC실	공용

주 : 제시된 내용은 일반적인 고려사항을 참고하여 정리한 예시로서 실제 계획 시 각 지역별 복지수요를 고려하여 계획하는 것이 바람직함

의 내용은 일반적으로 참고할 수 있는 서비스의 선정 예시로서 실제 계획 시에는 각 지역별 복지수요에 대한 분석이 먼저 이루어진 후 이를 고려하여 서비스를 선정하는 것이 바람직하다.

3) 청소년복지서비스 공간디자인

(1) 청소년시설

① 계획 시 고려사항

청소년복지서비스 부문은 전용서비스를 제공하는 부분과 공공의 지원서비스와 연계되는 부분으로 나눌 수 있다. 전용서비스 부문의 구성은 상담지도실, 청소년활동센터, 세미나실 등이며, 청소년에게 친밀감과 개방감을 줄 수 있도록 계획하는 것이 좋다. 이 부문은 타 복지 부문과 상호 연관성이 낮으므로, 가급적 독립성을 가진 별도 구역으로의 계획이 요구된다.

공공의 지원서비스와 연계되어 계획이 가능한 서비스 부문의 구성은 청소년의 취미활동이 이루어지는 강의실(프로그램실), 생활체육이 이루어지는 다목적 체육실, 체력

✻ 표 3·31 청소년복지서비스 소요공간 및 주요 기능(예시)

소요공간	주요 업무	주요 기기
상담지도실	개인상담 및 심리검사 제공(지능검사, 진로탐색검사, 충동성검사, 자아가치관검사, 성격검사, 인성검사 등)	사무 및 상담용 가구
청소년활동센터 (자원봉사자센터)	자원봉사자 교육 및 봉사활동 프로그램 제공 지역사회 복지시설과 연계하여 문화공연 등을 나누는 프로그램 및 정보 제공	컴퓨터
세미나실	소규모의 분임토의 및 동아리활동 프로그램 제공	회의용 가구 빔프로젝트
강의실	풍선공예, 미술, 어학 등 다양한 체험 및 취미활동 프로그램 제공	작업 테이블
다목적 체육실	농구, 요가, 댄스 등 실내체육활동 프로그램 제공	실내체육, 장비
체력단련장	헬스, 에어로빅 등 실내체육활동 프로그램 제공	헬스기기
북카페	인터넷 사용, 보드게임, 도서 이용 및 휴게서비스 제공	컴퓨터

단련장, 도서이용 및 휴게서비스가 제공되는 청소년 북카페공간이다. 이러한 공간은 세대공감 및 교류의 장으로 활용되어 지역주민과 공용으로 사용되는 것이 공간의 효율성을 증대시킬 수 있으므로 공공 부문인 지원서비스와 연계하여 계획하는 것이 바람직하다. 생활체육서비스의 경우 청소년의 실외 생활스포츠가 가능하도록 외부공간을 고려하여 계획할 필요성이 크다.

② 소요공간

- **상담지도실** : 청소년을 위한 전문상담과 지능검사, 진로탐색, 충동성, 자아가치관, 성격, 인성 등의 다양한 심리검사가 이루어지는 공간으로 프라이버시를 고려하여 계획이 이루어져야 한다. 초기 방문상담 및 심리검사 등이 가능하도록 사무기기를 비치하고 일반 프로그램 관리 및 상담지도를 위한 2인 이상의 사무공간이 필요하다.
- **청소년활동실** : 청소년들에게 청소년 행사 및 자원봉사에 대한 다양한 정보를 제공하고 교류할 수 있는 공간으로 지역사회 참여 및 자원봉사의 장으로 활용될 수 있는 공간이다.

  네트워크 형성과 청소년 행사 및 자원봉사에 대한 다양한 정보교환이 이루어지는 공간으로 또한 개방적인 성격을 가진 공간으로 계획하며, 유연한 공간이용(pliable)을 고려하여 청소년의 자유로운 활동이 가능한 공간으로 계획하는 것이 좋다.

  유사한 공간을 사용하고 있는 국내외 사례를 살펴보면, 일본 가와고에시 종합복지센터의 경우 단체교류실과 자원봉사자실로 77.66m²를 사용하고 있으며, 국내 영통종합사회복지관의 경우 자원봉사자실로 40.50m²의 공간을 사용하고 있는 것으

* **그림 3·28** 의왕시 청소년수련관 누림터(멀티미디어실, 인터넷카페, 보드카페 등)

로 나타났다.

- **세미나실** : 소규모(10인 정도)의 분임토의 및 동아리활동이 이루어지는 공간으로 공간의 효율을 높일 수 있는 계획이 요구된다.
- **북카페(PC실 포함)** : 세대공감 및 교류의 장으로 적극 활용될 수 있는 공간으로 계획되는 것이 바람직하다. 청소년뿐만 아니라 전 세대가 편안하게 이용할 수 있는 열린 공간으로 계획하며, 공용공간이 지원서비스 부문과의 연계 및 옥외 플라자 등과의 연결을 통한 자연의 요소를 도입하여 계획하는 방안이 요구된다.

  또한 밝고 안정감 있는 소재의 벽지와 바닥재를 사용하고 자유롭게 인터넷과 도서를 이용하며 보드게임을 즐길 수 있는 공간으로의 계획이 요구된다.
- **강의실, 다목적 강당, 체력단련실** : 청소년과 지역주민이 함께 이용할 수 있는 공간으로 지원서비스 부문과 연계하여 효과적인 서비스를 제공할 수 있도록 계획하는 것이 바람직하다(구체적인 내용은 지원서비스 부문 참고).

③ 면적계획

앞서 살펴본 바와 같이 공간의 효율적 운영관리를 고려하여 강의실, 다목적 강당, 다목적 체육실, 체력단련장은 지원서비스 부문과 연계하여 설치하고, 북카페공간은 세

✻ **표 3·32** 청소년복지서비스 면적계획

실 명	면적(m^2)	산출근거(m^2)	상근인력(인)	비 고
상담지도실	30	• 사무공간(1인 $7m^2$) • 전문상담 및 심리검사 고려	2	
청소년활동실	40	10인 수용, 정보코너 고려	-	
세미나실	30	15인 수용	-	
북카페	100	PC실, 보드게임테이블 고려	-	(공유)지원서비스 부문에 설치
강의실	-	-	-	
다목적 강당	-	-	-	
다목적 체육실	-	-	-	
체력단련장	-	-	-	
합 계	200		2	

대공감 및 지역주민과의 교류의 장으로서의 역할을 고려하여 지원서비스 부문과 연계하여 설치하는 것을 전제로 청소년복지서비스 부문의 소요제실 및 소요면적을 제시하면 표 3-32와 같다. 제시된 규모는 보편적인 청소년복지서비스를 기준으로 산정하였으며, 실제 계획 시에는 각 지역별 복지수요와 지역특성을 고려하여 규모를 산정하는 것이 바람직하다.

5. 여성가족복지서비스

서울시는 최근 여성의 능력개발과 다양한 활동 및 요구를 반영하기 위해 여행(女幸)프로젝트를 시행하고 있으며, 각 지방자치단체에서도 여성발전기본법과 조례를 제정하여 각 도시지역을 중심으로 '여성 친화적 도시, 가족 친화적 도시' 등 여성을 위한 정책을 추진하고 있다. 그러나 여성을 위한 정책들이 구체화되어 가는 반면 여성의 활동을 지원하는 시설 제공과 이에 대한 연구는 미흡하다고 할 수 있다. 여성 관련 시설들은 초기에는 복지적 성격이 강했으나 사회적 변화 등에 따라 문화, 교양, 커뮤니티, 취업 등의 기능이 추가되면서 복합화 경향을 보이고 있다. 특히, 가족복지의 기능이 추가되면서 여성시설은 이용대상자가 가족구성원 전체로 확대되고 그 요구가 다변화하고 있다. 따라서 여성가족복지시설은 시설 복합화 경향이 가장 극명하게 나타날 수 있으며 세대 간 교류 등도 활발하게 이루어질 수 있는 부문이다. 또한 다른 시설들과의 많은 연관관계를 가지며 가교 혹은 완충공간의 역할을 할 수 있다.

1) 여성가족복지서비스의 종류

여성가족복지서비스를 제공하고 있는 시설은 다음과 같이 소관부서에 따라 여성복지시설과 가족복지시설로 나눌 수 있는데, 관련법에 따라 시설을 분류하고 그에 따른 시설을 생활시설과 이용시설로 나누면 표 3-33과 같다.

✻ 표 3·33 여성가족복지시설의 종류

구 분	관련법	시설종류	세부종류		이용 대상	소관 부서
			생활시설	이용시설		
여성복지시설	성매매방지 및 피해자 보호 등에 관한 법률	성매매피해자지원시설	일반지원시설 청소년지원시설 외국인여성지원시설	자활지원센터 성매매피해상담소 성매매방지지원센터	요보호 여성	여성 가족부
	성폭력범죄의 처벌 및 피해자보호 등에 관한 법률	성폭력피해자보호시설	성폭력피해자보호시설	성폭력피해상담소		
	가정폭력방지 및 피해자보호 등에 관한 법률	가정폭력피해자보호시설	단기보호시설 장기보호시설 외국인보호시설 장애인보호시설	가정폭력 관련 상담소		
	여성발전기본법	여성 관련 시설		여성 관련 시설(여성회관 등) 여성인력개발센터	일반 여성	
가족복지시설	한부모가족지원법	한부모가족복지시설	모(부)자보호시설 모(부)자자립시설 미혼모자시설 미혼모자공동생활가정 모(부)자공동생활가정 미혼모공동생활가정 일시보호시설	여성복지관 한부모가족복지상담소	요보호 여성	
	다문화가족지원법			다문화가족지원센터		
	건강가정기본법			건강가정지원센터	일반 여성	

(1) 여성복지시설

여성복지시설에는 생활시설과 이용시설로 나뉘는데, 성매매피해자지원시설, 성폭력피해자보호시설, 가정폭력피해자보호시설은 생활시설에 속하며, 관련 상담소는 이용시설로 독립되어 운영되기도 한다. 그 외 여성회관, 여성인력개발센터 등의 여성 관련 시설이 있다.

① 여성복지 생활시설

성매매피해자지원시설, 성폭력피해자보호시설, 가정폭력피해자보호시설은 요보호여성을 위한 생활시설로, 이러한 시설들은 별도의 부지에 건설하지 않고 일반 주택가나 아파트단지 내에 공개되지 않도록 거처를 정하는 것이 일반적이다.

② 여성복지 이용시설

여성복지시설 중 이용시설은 자활지원센터와 성매매피해상담소, 성폭력피해상담소, 가정폭력 관련 상담소 등이 있다. 이러한 시설들은 다른 시설들과 함께 설치될 경우 시설배치 및 접근동선 등에 프라이버시를 위한 배려가 필요하다.

③ 여성회관

여성회관은 여성의 능력개발 및 복리증진 등을 위한 교육 · 관련 사업 및 부대시설을 갖추고 지방자치단체가 운영하는 시설로, 현재 전국에 139개소(여성발전센터 포함)가 있는 것으로 파악된다(여성가족부, 2008년 5월 말 현재). 여성회관에서는 직업기술교육을 포함하여 지역주민을 위한 취미교육, 교양교육, 복지사업, 자원봉사자지원 등의 사회교육서비스를 제공하고 있다.

④ 여성인력개발센터

여성인력개발센터는 여성의 직업능력개발과 취업기회 제공을 통하여 여성의 사회적 · 경제적 지위 향상을 목적으로 하는 여성 직업전문훈련기관이다. 노동부에서 운영하던 것을 정부조직 개편에 따라 2001년 여성부로 이관하였고, 2004년에는 지방자치단체로 이양되었다(어수봉 · 성지미, 2004). 여성인력개발센터는 원래 '일하는 여성의 집' 이라는 명칭으로 1993년부터 설립되기 시작했는데, 가사나 육아부담으로 정규 교육훈련기관에서 직업훈련을 받기 어려운 여성들이 주 대상이다. 2001년에 여성인력개발센터로 명칭이 개정되어 오늘에 이르며, 현재 전국에 51개소(http://www.vocation.or.kr)가 설치되어 있다.

'여성인력개발센터설립 · 운영규칙' (여성가족부 훈령)에서 여성인력개발센터는 여성의 능력개발 및 사회경제적 지위향상을 위하여 직업능력개발훈련사업, 취업정보제공 및 취업알선사업, 여성의 고충상담 및 각종 여성 관련 후생복지 · 문화활동의 지원사업을 수행한다고 규정하고 있다.

(2) 가족복지시설

가족복지시설로는 한부모가족복지시설, 다문화가족지원센터, 건강가정지원센터 등이 있다.

① 한부모가족복지시설

한부모가족과 미혼모 등을 위한 한부모가족복지시설에는 표 3-34와 같이 다양한 생활시설이 있는데, 이러한 시설들은 별도의 독립된 복지시설로 건립되는 것이 일반적이다. 한부모가족복지 이용시설로는 여성복지관, 한부모가족복지상담소가 있다.

② 다문화가족지원센터

다문화가족지원센터는 결혼이민자가족지원센터가 2008년 이후 명칭이 변경된 것으로 다문화가족에 필요한 전문 인력과 시설을 갖춘 법인이나 단체가 운영한다.

③ 건강가정지원센터

건강가정지원센터(http://www.familynet.or.kr/about/greeting.php)는 '건강가정기본법 제35조'에 의하여 중앙, 시 · 도 및 시 · 군 · 구센터가 설치되었으며, 가정문제의 예방 · 상담 및 치료, 건강가정의 유지를 위한 프로그램의 개발, 가족문화운동의 전개, 가정 관련 정보 및 자료제공을 목적으로 한다. 2008년 1월 현재 전국에 66개소의 건강가정지원센터가 있다.

건강가정지원센터의 건강가정사업은 요보호가족만이 아니라 모든 가족을 위한 서비스를 지향하며, 평등하고 민주적인 가족관계를 지향한다. 또한 가족 전체를 고려한 통합적 서비스, 예방과 돌봄 및 기능강화를 위한 포괄적 서비스, 전문적인 서비스를 유관기관과의 네트워크를 통해 효과적으로 제공하기 위한 기능을 가진다.

건강가정지원센터의 주요사업으로는 가족상담사업(부부상담, 자녀양육상담, 고부갈등상담, 이혼 전 · 후 상담, 재혼가족상담 등), 생애주기별 가족교육사업(결혼준비교육, 부부관계증진교육, 아버지교육 등), 가족친화문화조성사업(가족봉사단 활동, 가족사랑 캠페인, 자조모임지원, 가정의 달 행사 등), 다양한 가족지원사업(아이돌보미, 장애아가정 아동양육지원 등), 지역사회 네트워크사업(지역사회자원 개발사업, 소식지 개발 및 배포, 가족생활 향상을 위한 정보제공, 가족지원 네트워크 구축 등) 등

✻ 표 3·34 여성가족복지시설의 서비스 내용

	시설종류	세부종류	서비스 내용
여성복지시설	성매매피해자 지원시설	일반지원시설	성매매피해자 등을 대상으로 1년 이내의 범위에서 숙식을 제공하고 자립을 지원하는 시설
		청소년지원시설	청소년인 성매매피해자 등을 대상으로 1년 이내의 범위에서 숙식을 제공하고, 취학·교육 등을 통하여 자립을 지원하는 시설
		외국인 여성지원시설	외국인여성인 성매매피해자 등을 대상으로 3월('성매매알선 등 행위의 처벌에 관한 법률' 제11조의 규정에 해당하는 외국인 여성에 대하여는 그 해당기간) 이내의 범위에서 숙식을 제공하고, 귀국을 지원하는 시설
		자활지원센터	성매매피해자 등을 대상으로 자활에 필요한 지원을 제공하는 이용시설
		성매매피해 상담소	성매매피해자 등을 대상으로 상담 및 현장방문, 지원시설 이용에 관한 고지 및 지원시설에의 인도 또는 연계, 성매매피해자의 구조 등의 업무를 수행하는 시설
	성폭력피해 보호시설	성폭력피해자 보호시설	성폭력피해자 등을 일시보호하고, 신체적·정신적 안정회복과 사회복귀를 도우는 일 등을 수행하는 보호시설
		성폭력피해 상담소	성폭력피해자 등을 대상으로 성폭력피해의 신고와 상담, 병원 또는 보호시설로 데려다 주는 일, 관계기관에 협조와 지원을 요청하는 일, 성폭력범죄의 예방 및 방지를 위한 홍보, 조사, 연구 등의 업무를 수행하는 시설
	가정폭력피해자보호시설	단기보호시설	가정폭력피해자 등을 대상으로 6개월 이내에 일시 보호하는 시설
		장기보호시설	가정폭력피해자 등을 대상으로 6개월 이상, 2년 이내 일시 보호하는 시설
		외국인보호시설	외국인 가정폭력피해자 등을 대상으로 2년 이내 일시 보호하는 시설
		장애인보호시설	장애인 가정폭력피해자 등을 대상으로 2년 이내 일시 보호하는 시설
		가정폭력 관련 상담소	가정폭력피해자 등을 대상으로 가정폭력피해의 신고와 상담, 병원 또는 보호시설로 데려다 주는 일, 관계기관에 협조와 지원을 요청하는 일, 가정폭력범죄의 예방 및 방지를 위한 홍보, 조사, 연구 등의 업무를 수행하는 시설
	여성 관련 시설	여성 관련 시설 (여성회관 등)	여성의 권익 및 복지증진과 교육을 위한 여성과 관련된 시설
		여성인력개발센터	여성의 직업능력개발훈련을 위한 시설
가족복지시설	한부모 가족복지시설	모(부)자보호시설	생활이 어려운 모(부)자가족을 일시적으로 또는 일정 기간 보호하여 생계를 지원하고 퇴소 후 자립 기반을 조성하도록 지원하는 것을 목적으로 하는 시설
		모(부)자자립시설	자립이 어려운 모(부)자가족에게 일정 기간 주택 편의만을 제공하는 것을 목적으로 하는 시설
		미혼모자시설	미혼 여성의 임신·출산 시 안전 분만 및 심신의 건강 회복과 출산 후 아동의 양육 지원을 위하여 일정 기간 보호하는 것을 목적으로 하는 시설

(계속)

시설종류		세부종류	서비스 내용
가족복지시설	가정폭력피해자보호시설	미혼모자공동생활가정	출산 후의 미혼모와 해당 아동으로 구성된 미혼모자가족이 일정 기간 공동으로 가정을 이루어 아동을 양육하고 보호할 수 있도록 지원하는 것을 목적으로 하는 시설
		모(부)자공동생활가정	독립적인 가정생활이 어려운 모(부)자가족이 일정 기간 공동으로 가정을 이루어 생활하면서 자립을 준비할 수 있도록 지원하는 것을 목적으로 하는 시설
		미혼모공동생활가정	출산 후 해당 아동을 양육하지 아니하는 미혼모들이 일정 기간 공동으로 가정을 이루어 생활하면서 자립을 준비할 수 있도록 지원하는 것을 목적으로 하는 시설
		일시보호시설	배우자(사실혼 관계에 있는 자를 포함한다)가 있으나 배우자의 물리적 · 정신적 학대로 아동의 건전한 양육이나 모의 건강에 지장을 초래할 우려가 있을 경우 일시적으로 또는 일정기간 그 모와 아동 또는 모를 보호함을 목적으로 하는 시설
		여성복지관	모자가족과 미혼여성에 대한 각종 상담을 실시하고 생활지도, 생업지도, 탁아 및 직업보도를 행하는 등 모자가족과 미혼여성의 복지를 위한 편의를 종합적으로 제공하는 것을 목적으로 하는 시설
		한부모가족복지상담소	한부모가족에 대한 조사, 지도, 시설 입소 등에 관한 상담 업무를 수행할 것을 목적으로 하는 시설
	건강가정지원센터		국가 및 지방자치단체가 가정문제의 예방 · 상담 및 치료, 건강가정의 유지를 위한 프로그램의 개발, 가족문화운동의 전개, 가정 관련 정보 및 자료제공 등을 위하여 중앙, 시 · 도 및 시 · 군 · 구에 설치하는 시설
	다문화가족지원센터		다문화가족 지원에 필요한 전문 인력과 시설을 갖춘 법인이나 단체가 운영하는 시설

이 있다.

건강가정지원센터는 여성 및 가족 관련 교육, 상담 사업 등을 수행해야 하며, 설치기준에 의해 건강가정센터의 기능을 효율적으로 수행할 수 있는 사무공간, 전화상담실, 면접상담실, 교육실, 자료실 등 필요한 공간을 충분히 확보하도록 하여야 한다.

이상의 다양한 여성가족복지시설의 서비스 내용을 정리하면 표 3-34와 같다.

2) 여성가족복지서비스의 선정

(1) 선정 원칙

지역의 문화시설이 골고루 갖추어 있지 못한 지역에서 서비스 공급이 이루어져야 하는 경우에는, 여성회관 수준의 서비스기능과 전문성을 확보하면서 지역주민의 문화 ·

체육시설의 기능과 함께 운영되는 것이 바람직하다. 또한 취업기회를 제공하고 능력개발을 위한 직업교육시설을 제공해야 한다. 여성을 중심으로 지역주민을 위한 가족복지지원 기능도 수행해야 한다.

현재 여성회관, 여성발전센터 등 다양한 명칭으로 불리는 여성 관련 시설들은 처음에는 복지시설로 출발하여 여성정책과 사회적 변화에 따라 교육, 문화, 커뮤니티 기능 등이 추가되면서 복합화 경향을 보이고 있다(정희선 · 김문덕, 2009 : 198). 따라서 여성가족복지서비스의 범위는 점차 넓어지고 다양해졌으며, 다른 복지서비스와도 공유되는 부분들이 많아지고 있다.

복합복지시설의 여성가족복지 부문은 여성회관과 같은 이용시설이 갖는 기능의 특성상 문화 · 체육공간의 성인 프로그램 혹은 청소년 프로그램과 상당 부문 공용으로 이용이 가능할 것으로 판단된다. 예를 들어, 오전과 낮 시간에는 성인강좌 프로그램, 오후에는 청소년 프로그램의 운영시간대별 운영이 가능하다.

따라서 타 복지 부문과 공용이 가능한 시설은 공용으로 계획하여 효율성을 높인다. 아동복지 부문의 아동도서실, 영유아플라자 등은 여성가족복지 부문과 밀접한 관계를 맺는 것이 좋고, 지원서비스 부문의 체육실, 수영장, 강당, 체력단련실, 북카페, 자원봉사자실, 강의실, 청소년복지 부문의 세미나실 등과는 공용이 가능하다.

(2) 서비스의 선정

복합복지시설은 생활권 중심의 다양한 문화를 자발적으로 경험하게 만들어 갈 수 있는 지역사회시설로 계획하는 것이 바람직하므로 여성가족복지 부분은 다음과 같은 서비스를 제공하는 것을 제안하였다.

기존의 여성 관련 시설 등을 참고하여 여성가족복지서비스를 정리하면 크게 건강여성지원서비스, 여성인력개발서비스, 가족복지지원서비스, 건강가정지원서비스 등으로 분류할 수 있다. 건강여성지원서비스는 다시 여가생활과 봉사교류지원서비스로 나누어진다. 건강여성을 위한 여가생활지원 및 여성인력개발서비스를 위해서 문화, 취미, 건강, 교육, 취업훈련공간은 다른 복지서비스의 교육 및 강의공간과 공용이용이 가능하다.

✽ 표 3·35 여성가족복지서비스의 선정

<table>
<tr><th colspan="2">서비스 구분</th><th>서비스 내용</th><th>전용공용 여부</th></tr>
<tr><td rowspan="3">건강
여성지원</td><td>여가생활지원</td><td>문화교양, 취미, 건강프로그램 등의 습득</td><td>공용</td></tr>
<tr><td rowspan="2">봉사교류지원</td><td>자원봉사자 및 후원자의 양성, 조직</td><td rowspan="3">전용</td></tr>
<tr><td>동아리활동 등 주민 네트워크 형성 및 교류</td></tr>
<tr><td colspan="2" rowspan="2">여성인력개발</td><td>취업 및 창업교육, 안내, 알선</td></tr>
<tr><td>자격증 취득 및 기능훈련</td><td>공용</td></tr>
<tr><td colspan="2">가족복지지원</td><td>가족관계 증진을 위한 상담</td><td rowspan="2">전용</td></tr>
<tr><td colspan="2">건강가정지원</td><td>가족교육
가족친화문화조성
다양한 가족지원</td></tr>
</table>

따라서 복합복지시설에서는 건강여성을 위한 동아리활동 등 주민 네트워크 형성 및 교류, 자원봉사자 및 후원자 양성 · 조직 기능을 가진 봉사교류지원서비스, 상담기능 중심의 가족복지지원서비스, 여성 및 가족 관련 교육, 세미나 등이 주된 기능인 건강가정지원서비스를 중심으로 기능을 선정하고, 여성인력개발서비스 중 공용으로 지원시설에서 제공되기 어려운 취업상담기능을 여성가족복지 전용서비스로 선정할 수 있다.

3) 여성가족복지 공간디자인

여성가족복지 부문은 자격증 취득 및 기능훈련 등이 실시되는 교육실 및 실습실, 그리고 교양, 취미, 건강을 위한 프로그램이 이루어지는 강의실 및 체육시설 등이 위치하는 서비스지원시설과 연계되어야 한다. 영유아를 동반한 보호자가 이용자 중 많은 수를 차지할 것으로 예상되므로 보육 및 아동복지 부문과도 긴밀히 연계되어야 한다. 또한 여성뿐 아니라 가족이 사용하는 시설이므로 어느 세대의 이용자나 접근하기 쉽고 세대 간 교류의 가교역할을 할 수 있는 장소에 배치되는 것이 좋으며, 만남 및 휴게공간이 근접한 장소에 있는 것이 바람직하다.

건강여성의 봉사교류지원을 위해 주민 네트워크를 형성하고 온라인, 오프라인상의 동아리를 지원하는 동아리활동실, 도서 및 인터넷 정보카페 등을 그룹핑하여 '여성복지센터(양성평등정보센터)' 로 함께 운영한다. 취업상담실은 상담기능이지만 네트워크 형성 및 정보교환이 중요하고, 개방적인 성격을 가진 공간이므로 양성평등정보센터 내에 설치한다. 가족상담, 가족교육, 가족문화 및 가족친화를 위한 다양한 지원을 위해 '가족복지센터' 를 설치하고, 이를 위한 사무실, 자료실, 회의실, 상담실, 세미나실 등을 계획한다.

다양한 교양, 취미, 건강 프로그램 등은 타 복지서비스와 공용으로 이용하기 위해 지

✻ 표 3·36 여성가족복지서비스와 소요공간

<table>
<tr><th colspan="2">지원서비스</th><th>프로그램</th><th>소요공간</th><th>공간 선정</th><th>전용공용 여부</th></tr>
<tr><td rowspan="5">건강여성 지원</td><td rowspan="3">여가생활 지원</td><td>문화교양 : 음악, 미술 등</td><td>다목적 강의실, 강사대기실, 준비실, 문화전시공간, 강당(시청각실)</td><td rowspan="4">지원 시설</td><td rowspan="4">공용</td></tr>
<tr><td>취미 : 공예제작, 어학, 컴퓨터, 요리 등</td><td>컴퓨터교실, 요리실습실, 공예실</td></tr>
<tr><td>건강 : 댄스, 요가, 에어로빅 등</td><td>사회체육실</td></tr>
<tr><td rowspan="2">봉사교류 지원</td><td>자원봉사자 및 후원자의 양성, 조직</td><td>자원봉사자실, 재활용품 판매실</td></tr>
<tr><td>동아리활동 등 주민 네트워크 형성 및 교류</td><td>인터넷정보실, 동아리활동실, 가족도서실</td><td rowspan="2">여성 복지 센터</td><td rowspan="2">전용</td></tr>
<tr><td colspan="2" rowspan="3">여성인력개발</td><td>취업 및 창업교육, 안내, 알선</td><td>취업상담실(취업 및 창업 상담/안내/알선)</td></tr>
<tr><td rowspan="2">자격증취득 및 기능훈련</td><td>다목적 직업교육실(헤어디자인, 피부관리, 각종 아동지도사, 간병사 등 자격증 취득), 강사대기실, 준비실</td><td rowspan="2">지원 시설</td><td rowspan="2">공용</td></tr>
<tr><td>컴퓨터실(정보처리, 웹디자인), 조리실(조리, 제과제빵), 의상디자인실(양재, 한복, 자수)</td></tr>
<tr><td colspan="2">가족복지지원</td><td>가족관계증진을 위한 상담</td><td>가족상담실</td><td rowspan="2">가족 복지 센터</td><td rowspan="2">전용</td></tr>
<tr><td colspan="2">건강가정지원</td><td>가족교육
가족친화문화조성
가족지원서비스(결혼이민자가족지원, 아이돌보미, 한부모가족지원 등)</td><td>세미나실(교육실), 회의실, 사무실</td></tr>
</table>

원서비스 부문에 배치하여 서비스를 받는다. 자원봉사자실은 장애인복지나 노인복지 등 타 복지 부문과 공용이 가능하므로 지원시설에서 서비스를 제공받는다.

(1) 여성복지센터(양성평등정보센터)

① 계획 시 고려사항

여성복지센터는 표 3-36에서 알 수 있듯이 건강여성지원서비스 중 봉사교류지원서비스와 여성인력개발서비스 중 취업 관련 상담서비스에 속하는 기능을 포함한다. 여성복지서비스를 위한 공간은 최근의 여성복지에 대한 시각을 반영하여 여성과 남성의 공동 참여와 균등한 발전 기회를 보장하는 실질적 양성평등문화의 형성을 목적으로 설치하는 것이 바람직하다. 이를 위해 아직은 상대적으로 사회적 약자인 여성들을 위한 각종 자료와 정보교환, 네트워크 형성을 위해서 여성단체의 모임이나 동아리활동 등을 지원하고, 취업 및 창업의 안내, 알선 등을 포함한 상담창구의 역할을 하는 공간을 계획한다.

일본 후지노미야시 종합복지센터의 여성센터는 여성센터사무실, 단체활동실, 도서코너가 벽으로 구획되지 않고 하나의 오픈공간으로 이루어져 있으며, 여성단체와 사회복지관계단체, 또는 자원봉사자들의 활동의 장으로써 다목적으로 이용되고 있다. 병설된 도서코너에는 남녀공동참획(男女共同參劃) 등에 관한 도서가 있으며, 시각장애자를 위한 확대독서기도 설치되어 있다. 이곳은 여성센터가 아니라 남녀공동참획센

* **그림 3·29** 일본 후지노미야시 종합복지센터의 여성센터

* **그림 3·30** 여성센터 내의 도서코너

터로 운영되고 있는데, 이는 성별이나 종래의 고정관념에 구애받지 않고 누구나 평등하게 개성을 발휘할 수 있는 사회 실현을 지향하고자 하는 의도로 만들어졌다. 이곳에서는 아이를 키우는 엄마들의 리프레시(refresh)를 위한 요리교실과 체조교실, 남성 요리교실, 컴퓨터강좌, 각종 세미나, 포럼 등을 기획 · 실행하고 있다.

양성평등정보센터의 기능을 지원하기 위해서는 사무실, 동아리활동실, 도서 및 인터넷 정보카페, 취업상담정보카페 등이 필요하며 주요 업무 및 주요 기기, 면적 및 인력 등은 다음과 같다.

② 소요공간

- **사무실** : 여성복지센터의 사무실은 여성 관련 단체나 동아리를 지원하고 여성들을 위한 자료의 수집과 정보의 제공을 지원하는 시설이다. 또한 양성평등을 지원하는 프로그램, 세미나, 포럼 등이 계획되는 장소이다.

  도서 및 인터넷 정보카페, 취업상담 정보카페를 관리 · 운영 가능하도록 이러한 실들이 잘 보이는 개방적인 장소에 낮은 칸막이로 구획배치하거나, 독립된 실로 할 경우 투시형 칸막이로 계획한다.

  양성평등정보센터의 인력계획(예시)은 센터의 운영을 위해서 최소 센터장 1인과 사무직원 2인의 상주가 필요하다.

- **동아리활동실** : 온라인, 오프라인상의 동아리 혹은 여성단체의 모임 및 활동을 지원하기 위한 공간이다. 다양한 취미활동 및 회의, 세미나 등의 소모임이 이루어질 수 있는 공간으로 계획한다.
- **도서 및 인터넷 정보카페** : 동아리활동실과 연계해서 컴퓨터 및 도서코너를 계획하여 정보의 교환과 만남, 휴게가 가능한 융통성 있는 공간이 되도록 한다. 동아리 활동에 의한 소공연과 전시 등이 가능한 다목적 공간이 되도록 한다.

  일본 후지노미야시 종합복지센터의 여성센터와 같이 양성평등을 지원하는 프로그램, 세미나, 포럼 등이 실행되는 장소로 이용 가능하도록 계획한다. 단순히 휴식을 위한 복지공간이 아니라 사교 및 만남을 목적으로 적극적인 커뮤니티를 유발할 수 있는 공간으로 계획한다.

  여성을 위한 만남의 공간 및 휴게공간은 여성들이 선호하는 수공간이나 조경 등을 이용하여 환경 친화적이고 친근한 공간이 되도록 계획한다. 여성들은 직선보다 곡선을 선호하고 동그랗게 둘러앉는 것을 좋아하며, 자율적인 공간을 선호하고, 엄격한 질서보다는 자율적인 배치를 선호한다. 따라서 여성을 위한 공간 구성 시에는 이러한 특성을 활용하여 계획한다.

- **취업상담 정보카페** : 정보게시판을 통해 구인 · 구직을 서로 연결시켜 주고 창업 관련 상담과 법률 자문 등의 상담을 한다. 강의실과 실습실 등에서 교육을 받은 수강생들을 대상으로 수강 후 취업할 수 있도록 상담하고, 취업을 목적으로 수강하고자 하는 여성의 경우 적성과 유망직종에 대한 상담을 한다.

취업상담은 일반상담과 달리 많은 이용자가 정보를 찾기 위해 방문하고, 구인구직을 효과적으로 알릴 수 있어야 하므로, 접근성과 인지도가 높은 곳에 위치하도록 한다. 취업에 관한 정보를 자율적으로 교류할 수 있도록 개방된 공간으로 계획하고 취업게시판을 함께 설치한다. 인력계획으로는 취업상담을 위한 전문상담원 1인이 배치되어야 한다.

✻ 표 3·37 여성복지센터 면적계획

소요공간	주요 업무	주요 기기	소요면적(m^2)	산출근거	상근인력(인)
사무실	양성평등정보센터의 운영 · 관리 등의 업무	사무용 책상 및 의자, 회의 테이블, 사무용 복합기, 컴퓨터	30	책상과 소규모 테이블 배치 ($7m^2$/인당)	센터장 1 직원 2
동아리 활동실	여성단체 및 동아리 모임을 위한 회의, 활동실로 임대	사무용 책상 및 의자, 회의 테이블, 붙박이장	60	$30m^2$×2개실 (일반회의실 $3m^2$/인당×10인)	-
취업상담 정보카페	여성취업 및 창업에 대한 정보제공, 상담	전시진열장, 게시판, 사무용 책상 및 의자, 상담 테이블과 의자, 사무용 복합기, 컴퓨터	40	상담+취업 관련 자료 비치 · 전시	1
도서 및 인터넷 정보카페	정보교환, 휴게, 만남의 장소, 소공연과 전시	도서용 책장, 컴퓨터, 컴퓨터용 가구, 테이블과 의자	80	$2.4m^2$/인당(일반 강의실)×33인	-

(2) 가족복지센터

① 계획 시 고려사항

가족복지센터는 가족복지지원서비스와 건강가정지원서비스에 속하는 기능을 포함하며, 건강한 가정 및 가족복지를 위해서는 가족상담 및 여성과 가족 관련 교육 등을 위한 공간이 요구된다. 소요실로는 상담실(전화상담실, 면접상담실), 교육실, 자료실 등이 필요하며 주요 업무 및 주요 기기, 면적 및 인력 등은 다음과 같다.

② 소요공간

- **사무실** : 사무실은 가족상담, 가족교육 및 문화, 가족지원사업 등을 효과적으로 관리 · 운영하도록 지원하는 공간으로, 상담실, 회의실 및 자료실, 세미나실 등의 관리 · 운영이 쉽도록 부속실과의 위치를 고려하여 배치한다. 가족복지센터의 운영을 위한 인력(예시)은 최소 센터장 1인과 사무직원 3인의 상주가 필요하고 소요면적은 표 3-38과 같다.
- **상담실** : 상담실은 가족관계를 향상시키고 가족기능을 강화하기 위한 심리검사 및 상담 프로그램을 제공하기 위한 공간이다. 가족상담실은 타당성 있는 각종 심리검사를 통해 본인 및 가족, 타인에 대한 이해의 폭을 넓힐 수 있고, 개인상담 및 집단 프로그램을 통해 가족 내 발생할 수 있는 심리 · 정서적 어려움에 대해 체계적인 도움을 받을 수 있는 시설이다. 일반 가족상담뿐 아니라 법률상담, 성격 · 심리 관련 검사, 적성 · 흥미 관련 검사, 학교연계 집단상담, 부모와 부부를 위한 교육 프로그램을 진행할 수 있도록 한다. 집단상담 및 소규모 그룹활동 등이 가능하도록 여유 있게 상담실을 계획하는 것이 바람직하다.

  상담실은 일반 방문자, 프라이버시 및 비밀보장을 요하는 방문자를 상담하는 곳이므로 상담실의 위치에 세심한 고려를 하여야 한다. 주 출입구에서 상담실의 위치를 확인할 수 있도록 계획하되, 별도

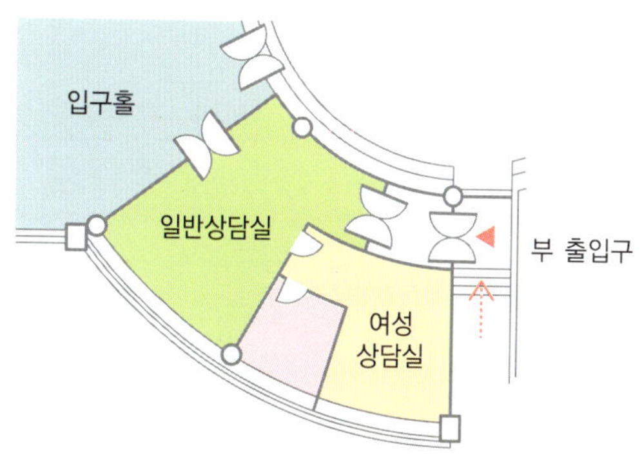

* 그림 3·31 대전여성문화회관 여성상담실

표 3·38 가족복지센터 면적계획

소요공간	주요 업무	주요 기기	소요면적 (m^2)	산출근거	상근인력 (인)
사무실	가족복지센터의 운영, 관리, 가족상담, 가족교육 및 문화, 가족지원	사무용 책상 및 의자, 회의 테이블, 사무용 복합기, 컴퓨터	40	책상과 소규모 테이블 배치 ($7m^2$/인당)	센터장 1 직원 3
세미나실 (교육실)	여성 및 가족 관련 교육, 강의	빔프로젝터와 스크린, 보드판, 수납장, 음향 및 방음설비, 강의용 탁자 및 의자	100	$2.4m^2$/인당(일반 강의실)×40인	–
상담실	개인 및 가족상담, 집단상담(전화상담)	상담테이블과 의자, 컴퓨터, 수납장(전화 오퍼레이팅 시스템)	40	개별상담실 혹은 전화상담실 포함	전문상담원 1 (전화상담원 1)
회의실 및 자료실	회의 및 소그룹활동, 자료의 보관 및 열람	빔프로젝터와 스크린, 보드판, 수납장, 음향 및 방음설비, 회의용 탁자 및 의자, 자료용 책장	40	$3m^2$/인당(일반 회의실)×12인	–

로 사용할 수 있는 부 출입구를 두는 것도 바람직하다. 상담실 내부는 일반상담을 위한 개방형 공간과 프라이버시 보장을 위해 구획된 별도의 상담공간을 계획하는 것이 바람직하다.

- **전화상담실** : 건강가정지원센터에서는 그 설치기준에 따라 전화상담실과 면접상담실을 별도 분리 설치해야 하며, 이때 방음시설이 요구된다. 그 외의 경우는 특별히 고려하지 않아도 된다.

  상담실 운영을 위한 최소한의 인력으로는 요보호 여성 및 가족을 위한 전문상담원 1인이 필요하며, 전화상담실이 설치되는 경우 전화상담원 1인이 배치되어야 한다.

- **회의실 및 자료실** : 여성단체나 자원봉사자들을 위한 회의공간으로 사용되고 또한 일반 가족구성원 중 누구나 자유롭게 소규모그룹활동 등에도 이용할 수 있는 공간으로, 다양한 활동이 가능하도록 여러 형태의 조합이 가능한 가구를 사용하는 것이 좋고, 멀티미디어 회의가 가능하도록 설비를 갖춘다. 홍보자료, 진행 중이거

나 계획 중인 사업 등의 관련 자료를 이용자들이 열람할 수 있도록 비치한다.

- **세미나실(교육실)** : 가족이나 여성들을 위한 다양한 교육, 강의 등에 사용되는 공간으로 멀티미디어 설비를 갖춘다.

6. 장애인복지서비스

장애인 출현율(인구 100명당 장애인 수)은 1995년 2.35%, 2000년 3.09%, 2005년 4.59%로 지난 10년간 지속적인 증가추세를 보이고 있으며, 이 같은 장애인 출현율의 증가는 2003년 7월 장애범주가 기존의 10종(지체장애, 뇌병변장애, 시각장애, 청각장애, 언어장애, 정신지체, 발달장애, 정신장애, 신장장애, 심장장애)에서 15종(안면장애, 호흡기장애, 간장애, 장루 · 요루장애, 간질장애 추가)으로 확대되었기 때문이며, 인구고령화에 따라 향후 큰 폭으로 증가할 것으로 예측된다. 또한 2005년도 장애인 실태조사(보건복지가족부)에 의하면 2005년 현재 재가장애인의 비율은 97.8%(시설장애

✻ **표 3·39** 장애인 수 추이

(단위 : 명, %)

구 분		1995년	2000년	2005년
전 체	장애인 수	1,053,468	1,449,496	2,148,686
	출현율	2.35	3.09	4.59
	구성비	100.0	100.0	100.0
재가장애인	장애인 수	1,028,837	1,398,177	2,101,057
	출현율	2.37	2.98	4.50
	구성비	97.7	96.5	97.8
시설장애인	장애인 수	24,631	51,319	47,629
	출현율	–	–	–
	구성비	2.3	3.5	2.2

주 : 2008년도에 장애인 실태조사가 이루어졌으나, 2008년도 조사는 그동안 이루어진 가구표본조사가 아닌 보건복지부의 등록장애인 DB를 모집단으로 하여 표본추출한 등록장애인만을 대상으로 이루어진 조사로 조사범위가 상이하여 자료검토에서 제외함

출처 : 보건복지부(2006), 2005년도 장애인 실태조사

인 비율 2.2%)로 나타났으며, 향후 장애인사회통합시책에 따라 지역사회에서 생활하는 재가장애인이 더 증가할 것으로 예상된다. 따라서 장애인복지서비스의 방향은 재가장애인 중심으로 진행되는 것이 바람직하다.

1) 장애인복지서비스의 종류

장애인복지법 시행규칙 제41조 별표 4에 의한 장애인복지시설의 종류를 살펴보면 크게 '장애인생활시설'과 '장애인지역사회재활시설', '장애인직업재활시설'로 구분된다. 이러한 복지시설을 이용하는 장애인은 재가장애인과 시설장애인으로 구분되며, 앞서 살펴본 장애인 수 추계에 의해 재가장애인의 비율이 97.8%로 절대 다수로 예측됨은 물론, 전반적인 복지서비스의 방향이 사회통합과 고령사회에 따른 노인성 재가장애인 중심으로 진행될 것으로 예상되므로 복합복지시설의 장애인복지서비스는 재가장애인 중심의 '장애인지역사회재활시설' 및 '장애인직업재활시설'로 구성되는 것이 바람직할 것으로 전망된다. 이러한 내용을 좀 더 구체화하기 위하여 장애인의 복지욕구와 장애인복지시설 이용현황을 살펴보면 표 3-40과 같다.

(1) 장애인의 복지욕구

2005년도 장애인실태조사(보건복지가족부)에 따르면, 장애인들이 우선적으로 이용을 희망하는 '장애인이용시설'로는 장애인복지관과 재활병·의원이 40%로 비슷한 수준의 희망률을 보여 주고 있으며, 다른 기관의 이용 희망률에 비해 월등히 높은 수치가 나타난 것으로 보아, 장애의 효과적인 치료 및 관리를 원하는 장애인들의 욕구가 매우 크다는 것을 알 수 있다. 반면, 이용 희망률이 낮은 하위 4개 기관을 살펴보면, 장애영유아생활시설(0.8%), 점자도서관(1.2%), 장애아동보육시설(1.3%), 수화통역센터(1.6%)로 나타났으며, 이러한 결과는 이들 기관이 주로 특정 연령대 및 특정 장애유형을 대상으로 한 전문적인 기관임을 고려해 볼 때, 상대적으로 이용 희망이 저조한 것으로 볼 수는 없다고 판단된다. 가장 광범위한 장애인복지서비스를 제공하고 있는 장애인복지관의 서비스 내용을 살펴보면, 상담지도사업, 의료·교육·직업·사회심리재활사업, 재가장애인복지사업, 수화 관련 사업, 스포츠 및 여가활동사업, 여성장애인

표 3·40 장애인복지시설의 종류 및 기능

종 류	세부시설	기 능	비 고
장애인 지역사회 재활시설	장애인복지관	장애인에 대한 각종 상담 및 사회심리 재활시설 · 교육 · 직업 · 의료재활 등 장애인의 지역사회생활에 필요한 종합적인 재활서비스를 제공하고 장애에 대한 사회적 인식개선 사업을 수행	이용 시설
	의료재활시설	장애인을 입원 또는 통원하게 하여 상담, 진단 · 판정, 치료 등 의료재활서비스를 제공	
	주간보호시설	장애인을 주간에 일시 보호하여 장애인에게 필요한 재활서비스를 제공	
	단기보호시설	장애인을 일정 기간 보호하여 장애인에게 필요한 재활서비스를 제공	
	공동생활가정	스스로 사회적응이 곤란한 장애인들이 장애복지전문인력에 의한 지도와 보호를 받으며 공동으로 생활하는 지역사회 내 소규모 주거시설	
	체육시설	장애인의 체력증진 또는 신체기능 회복활동을 지원하고 이와 관련된 편의를 제공	
	수련시설	장애인의 문화 · 취미 · 오락활동 등을 통한 심신수련을 조장 · 지원하고 이와 관련된 편의를 제공	
	심부름센터	이동에 상당한 제약이 있는 장애인에게 차량 운행을 통한 직장 출퇴근 및 외출 보조나 그 밖의 이동서비스를 제공	
장애인 지역사회 재활시설	수화통역센터	의사소통에 지장이 있는 청각 · 언어장애인에게 수화통역 및 상담서비스를 제공	
	점자도서관	시각장애인에게 점자간행물 및 녹음서 열람	
	점서 및 녹음서 출판시설	점자도서 및 녹음서 출판시설 : 시각장애인을 위한 점자간행물 및 녹음서를 출판	
장애인 직업재활 시설	장애인 보호작업장	직업능력이 낮은 장애인에게 직업적응능력 및 직무기능 향상훈련 등 직업재활훈련 프로그램을 제공하고, 보호가 가능한 조건에서 근로의 기회를 제공하며, 이에 상응하는 노동의 대가로 임금 지급이 이루어짐. 또한 장애인 근로사업장이나 그 밖의 경쟁적인 고용시장으로 옮겨갈 수 있도록 서비스를 제공	
	장애인 근로사업장	직업능력은 있으나 이동 및 접근성, 사회적 제약 등으로 취업이 어려운 장애인에게 근로의 기회를 제공하고, 최저임금 이상의 임금을 지급하며, 경쟁적인 고용시장으로 옮겨갈 수 있도록 돕는 서비스를 제공	
장애유형별 생활시설		장애유형이 같거나 또는 유사한 장애를 가진 사람들을 입소 또는 통원하게 하여 그들의 장애유형에 적합한 의료 · 교육 · 직업 · 심리 · 사회 등 재활서비스와 주거서비스를 제공	생활 시설
중증장애인 요양시설		장애의 정도가 심하여 항상 도움이 필요한 사람을 입소하게 하여 상담 · 치료 또는 요양서비스를 제공	
장애영유아 생활시설		6세 미만의 장애영유아를 입소 또는 통원하게 하여 보호함과 동시에 그 재활에 필요한 의료 · 교육 · 심리 · 사회 등 재활서비스를 제공	
장애인 유료복지시설[1)]		장애인생활시설로서 장애인에게 필요한 치료, 상담, 훈련시설 등 편의를 제공하고 이에 소요되는 일체의 비용을 입소한 자로부터 수납하여 운영	

주 : 1) 장애인 유료복지시설은 시설의 기능상 생활시설에 분류할 수 있음

출처 : 법제처, 장애인복지법 시행규칙(시행 2010. 9. 1)

표 3·41 장애인복지관의 장애인복지 서비스

사업분류	주요 내용	사업예시
상담지도사업	기초상담 및 각종 검사, 진단을 통한 판정, 장애 등록검진	자체진단 판정위원회 및 평가위원회 운영
의료재활사업	장애인의 신체기능 회복을 위한 의료재활서비스 제공	진료실 운영, 물리치료, 작업치료, 언어치료, 청능훈련, 재활보조기구 사용자 착용훈련 등
교육재활사업	장애인에 대한 각종 교육재활서비스 제공	조기교육(영유아, 아동 등), 통합교육, 부모교육, 학습지도(취학아동교육, 문자교육, 검정고시 등), 컴퓨터교육, 각종 교구대여, 시·청각장애인기초재활 등
직업재활사업	장애인의 경제적 안정과 자립촉진을 도모하기 위한 직업재활서비스 제공	직업상담, 직업평가, 직업적응훈련, 직업훈련, 보호작업장 운영, 취업알선(지원고용 등), 현장훈련, 취업 후 지도
사회심리 재활사업	장애인의 사회참여 확대를 위한 각종 사회심리재활서비스 제공	재활상담(개별, 집단, 가족, 동료 등), 사회적응훈련(캠프, 방과 후 활동, 사회기술훈련 등), 심리치료(놀이치료, 심리 운동치료, 음악치료, 미술치료, 치료레크리에이션 등), 성교육, 장애가족지원(장애형제 기능 강화, 부모 스트레스 대처훈련, 장애인의 자녀 지원 등), 자조집단(동아리활동, 부모회 육성), 결혼상담, 공동생활가정, 주간보호센터, 단기보호센터 등
재가장애인 복지사업	지역사회장애인의 재가복지서비스 제공	재가복지서비스(상담, 의료, 교육, 가사지원 등), 지역사회자원활용 및 연계망 구축, 이동목욕, 재가 자립지원 등
스포츠 및 여가활동사업	신체적·정신적 건강증진을 위한 스포츠 및 여가활동 지원	내방장애인 체육대회 개최, 장애유형에 맞는 체육교실 운영, 취미·여가·오락프로그램 운영 등
정보제공사업	장애 관련 정보 제공	장애인정보화교육 등 정보화지원, 시각장애인 도서(시청각자료 등) 제작·출판·보급·대여, ARS 운영, BBS 운영
수화 관련 사업	청각·언어장애인에 대한 수화서비스 제공	수화교실, 수화통역 봉사원 양성 및 파견, 수화자막 및 비디오 등 영상물 제작·보급·대여 등
여성장애인의 복지증진사업	사회적 차별 및 부당한 대우를 받기 쉬운 여성장애인의 권익보호 및 임신·출산·양육, 가사지원 등 복지 증진	여성장애인 상담실 및 쉼터 운영, 여성장애인 임신·출산·양육·가사보조활동 지원, 여성장애인 결혼 주선 등

출처 : 보건복지부(2008), 2008년도 장애인복지사업안내, p. 503.

의 복지 증진사업 등이 이루어지고 있으며, 세부적으로 분석해 보면 재활서비스가 가장 큰 비중을 차지하고 있는 것으로 나타난다.

(2) 장애인복지시설 평균 이용자 현황

서울시 장애인복지시설 이용자 현황(서울시정개발연구원, 2004)에 대한 조사결과를

✻ 표 3·42 서울시 장애인복지시설 이용자 현황

시설유형		조사대상 시설 수(곳)	총 연평균 이용자 수(명)[16]	이용률(%)[17]	시설당 평균이용자(명)
장애인복지관	2004년	32	40,895	16.5	1,278
	2007년	37	195,614	56.5	5,287
주간보호시설		57	947	0.4	17
단기보호시설		18	379	0.2	21
공동생활가정		83	439	0.2	5
자립생활센터		10	848	0.3	85
의료재활시설		4	110,896	44.9	27,724
체육시설		4	88,144	35.7	22,036
심부름센터		2	80,001	32.4	40,000
수화통역센터		5	7,549	3.1	1,510
점자도서관		15	11,338	4.6	756
직업재활시설		60	1,998	0.8	33
생활시설		28	2,860	1.2	102

출처 : 서울시정개발연구원(2004), 장애인 욕구조사 및 정책지표 설정 연구, p. 47.

살펴보면, 이용인구가 많은 시설은 의료재활시설이며, 총 11만여 명이 이용하였고, 시설당 평균 2만 7,000여 명이 이용하는 것으로 나타났다. 체육시설과 심부름센터의 이용자 수도 많은 것으로 나타났으며, 장애인복지관도 연간 이용자 수가 4만여 명을 넘고 있다. 주간 및 단기보호시설, 공동생활가정 등은 단위시설 수는 많은 편이지만, 시설당 이용인원이 적어 연간 이용자 수는 상대적으로 적은 편이다.

시설당 평균이용자 수(실인원)는 장애인복지관의 경우 1,278명, 주간보호시설 17명, 단기보호시설 21명, 점자도서관 756명이 이용하고 있는 것으로 나타났다. 한편, 한국장애인복지관협회(2007)에서 실시한 조사결과[18]에 의하면 장애인복지관의 총 연평균

16) 2003년 1년간 총 이용자 수(실인원 기준).

17) 이용률은 전체 등록장애인 중 해당복지시설 연평균 이용자 수(실인원) 비율 : 전체 등록장애인 수(보건복지가족부)-247,453명(2004. 4 기준), 346,275명(2007. 12 기준)

18) 한국장애인복지관협회, 2007년도 전국장애인복지관편람

이용자 수(실인원)는 19만 5,614명으로 이용률이 56.5%로 시설당 5,287명이 이용하고 있는 것으로 나타났다. 이는 2차 장애범주의 확대[19]와 더불어 등록장애인이 증가하고, 장애인에 대한 인식개선 및 장애인복지관에 대한 홍보로 인해 복지관의 이용률이 증가하였기 때문인 것으로 판단된다.

2) 장애인복지서비스의 선정

(1) 선정 원칙

앞서 기술한 바와 같이 장애인 인구구성의 특성과 재가장애인 중심의 복지정책 등에 의해 '장애인이용시설' 중심의 서비스 기능이 설정되어야 하며, 도시의 성장 및 기능 변화에 유연하게 대응이 가능하여야 한다. 특히, 향후 장애인인구는 인구고령화 및 장애범주의 확대[20]에 따라 향후 큰 폭으로 증가할 것으로 전망되며, 이러한 등록 장애인의 지속적인 증가는 장애인의 사회적 문제와 다양한 욕구의 증가를 의미하게 되므로 정책변화나 수요변화에 따라 탄력적인 대응이 가능할 수 있도록 필요 규모 및 공간 구성을 계획하여야 한다.

또한 '장애인이용시설'의 복지서비스 중 가장 기본적으로 제공되는 서비스의 기능을 수행하고, 시각장애인과 청각·언어장애인을 포함하는 종합적이고 광범위한 복지서비스의 관점에서 서비스의 기능이 설정되어야 할 것이며, 장애인의 복지욕구가 반영된 전문적인 복지서비스의 제공이 이루어져야 한다. 더불어 장애인의 사회통합을 위해 지역주민이 함께 이용할 수 있는 다양하고 충분한 서비스를 제공하여야 한다.

(2) 서비스의 선정

복합복지시설의 장애인복지 서비스는 가장 수요가 많은 장애인복지관의 기능을 기본으로 하되, '장애인이용시설'의 특성을 반영하여 종합적이고 전문적인 장애인복지서

19) 2003년 7월 : 호흡기장애, 간장애, 안면장애, 장루·요루장애, 간질장애 추가

20) 2003년 7월 장애범주가 기존의 10종에서 15종으로 확대되었으며, 장애에 대한 거부감 감소, 장애인 복지 시책의 다양화 등으로 장애인 등록이 많아지고 있으며, 인구고령화 및 각종 사고의 증가, 만성질환의 증가 등으로 인하여 장애발생률 자체도 높아지고 있음

표 3·43 장애인복지관의 기본적인 복지서비스

서비스의 유형	서비스의 기능
상담지도	상담, 재활상담, 직업상담 등
재활서비스	물리치료, 운동치료, 작업치료, 언어치료, 조기교육, 학습지도, 심리치료, 직업평가 등

출처 : 서울복지재단(2006), 장애인종합복지관의 건축모델 개발, p. 213.

비스가 가능하도록 한다(표 3-43).

또한 취약계층에 한정된 선별적인 복지기능을 넘어 시민 모두의 복지욕구를 충족시킬 수 있는 보편적인 복지기능이 제공될 수 있도록 한다. 따라서 장애인복지서비스의 기능과 내용은 장애인복지서비스만의 전용서비스 기능과 다른 복지분야와 공용으로 제공 가능한 서비스로 구분할 수 있다. 이러한 내용을 토대로 복합복지시설의 장애인복지서비스를 선정하면 표 3-44와 같으며, 제시된 내용은 일반적으로 참고할 수 있는 서비스의 선정 예시로서 실제 계획 시에는 각 지역별 복지수요에 대한 분석이 먼저 이루어진 후 이를 고려하여 서비스를 선정하는 것이 바람직하다.

표 3·44 복합복지시설의 장애인복지서비스 선정(예시)

서비스의 기능 구분			서비스 내용	서비스의 전용 · 공용 여부
재활 서비스	의료 재활	작업치료	적절한 도구와 치료방법을 이용한 신체적 기능이나 정신기능의 회복훈련	전용
		언어치료	언어장애 재활을 위한 특수치료 훈련	전용
		물리치료	온열자극에 의한 치료	공용
		경증운동치료	기계기구를 이용한 기능회복 훈련	공용
		중증운동치료	기계기구를 이용한 기능회복 훈련	전용
	직업 재활	직업상담	장애인의 능력과 특성에 적합한 직종개발 및 연계서비스 제공	전용
		직업평가	작업표본평가도구를 이용한 평가	전용
	사회 재활	ADL (일상생활동작훈련실)*	장애인의 일상생활기술능력 향상을 위한 서비스 제공	공용
		정보화 교육	컴퓨터활용 교육 프로그램 운영	공용

(계속)

서비스의 기능 구분			서비스 내용	서비스의 전용 · 공용 여부
재활 서비스	사회 재활	스포츠 및 여가활동	체력단련, 취미, 여가, 오락프로그램 운영	공용
		심리 및 기초상담	개인의 재활심리 및 기초상담 제공	전용
수화통역센터		수화서비스	청각 · 언어장애인에 대한 수화서비스 제공(수화교실, 수화통역 봉사원 파견 등)	전용
심부름센터		이동지원서비스	차량운행을 통한 외출보조 및 이동서비스 제공	전용
보호작업장			보호된 환경에서 단순작업과 같은 근로환경 제공	전용
주간보호센터			일상생활을 영위하기 힘든 장애인을 주간 동안 보호	전용
점자도서실*			시청각자료 제작, 출판, 보급, 대여	공용

주 : 1) * 비장애인의 체험프로그램 및 녹음도서, 봉사활동 등 지역사회 주민에게 열린 서비스를 제공함
2) 제시된 내용은 일반적인 고려사항을 참고하여 정리한 예시로서 실제 계획 시 각 지역별 복지수요를 고려하여 계획하는 것이 바람직함

3) 장애인복지 공간디자인

(1) 장애인복지시설

① 계획 시 고려사항

노인을 비롯한 장애인들이 단순이동을 포함한 공간이용 시 장애를 최대한 감소시키기 위해 제4장에서 언급한 무장애 공간디자인의 내용을 기본적으로 공간계획에 적용해야 한다. 이는 장애유형의 측면에서 다음과 같은 건축개념적 특성을 지닌다.

지체장애인 중 특히 휠체어 사용자를 고려하면 그 외의 모든 지체장애인들에게는 특별한 어려움이 없으므로 이들을 고려한 공간계획 시, 휠체어 사용자를 우선적으로 계획하여 휠체어 사용자들의 접근 및 활동공간을 확보한다. 이를 위해 단차제거 및 휠체어 회전과 통행공간 확보 등이 요구된다. 즉, 접근성이 기본적 특성이다.

시각장애인들을 위해서는 시각 외의 모든 감각기능을 최대한 활용해야 하는 것이 원칙이므로, 촉각 및 청각 그리고 잔존시력을 사용할 수 있는 안내계획이 가장 중요하다. 따라서 마감재료의 변화와 소음차단 및 대조되는 색상계획 등이 우선적으로 고려되어야 한다. 이는 방향정위와 관련된 식별성과 주변상황에 대한 시각정보부재로 인

한 위험으로부터 안전성을 확보하는 것이 기본적 특성이다.

청각장애인들은 시각장애인들과는 반대로 대부분 모든 정보를 시각에 의존하므로, 모든 안내표시 및 공간계획은 시각적인 명확한 구분을 위하여 대조되는 색상 및 충분한 조명계획 그리고 단순하고 명확한 조형계획에 중점을 두어야 한다. 즉, 시각적 공간인지와 밀접한 식별성이 주요한 기본적 특성이다.

정신지체인들은 대부분 중복장애인인 경우가 많으므로, 위에서 언급한 특성들을 기본적으로 함께 고려하여야 하며, 대부분 아늑한 안전함에 대한 욕구가 강하므로 이를 위한 실내공간의 계획이 중요하다. 따라서 공공적인 성격의 큰 공간으로부터 점점 사적인 성격을 띠는 작은 공간으로 이어지는 질서 있는 명확한 공간배열과 따뜻한 계열의 색상계획 등이 우선적으로 고려되어야 한다. 즉, 안전성과 공간을 쉽게 이해할 수 있는 식별성이 주요한 기본적 특성이다.

② 소요공간

선정된 복합복지시설의 서비스에 따른 소요공간을 제시하면 표 3-45와 같다. 관리부 및 휴게실, 창고, 화장실 등과 같은 기타 공용 부문에 대한 소요공간은 제외하고 장애인복지서비스의 주요한 실들 중심으로 의료재활서비스와 관련된 치료실, 장애특성과 밀접한 ADL실(일상생활동작훈련실), 보호작업장, 주간보호센터, 점자도서실 등을 살펴보면 다음과 같다.

- **상담실** : 장애를 가진 사람들에게는 불안, 우울, 열등감, 회피성향 등 부정적 자아개념, 강한 의존성 및 재활동기 결여, 성문제, 가족 및 대인관계, 직업 부적응, 사회 부적응 등 사회심리적인 문제들이 많이 나타난다. 이를 해결하기 위해 장애 관련 복지시설에서는 장애를 가진 사람 스스로 장애에 대해 올바르게 이해하도록 하고, 재활 의지와 동기를 강화시키며, 자신이 처한 환경 속에서 적응력을 키워 줄 심리상담 프로그램이 기본적으로 운영된다. 대부분의 상담은 장애인과 보호자 그리고 상담 관련 복지사 등의 전문가와 개별면담으로 이루어지므로 전문화된 상담공간을 필요로 한다. 상담실에는 상담이 이루어지는 상담테이블과 관련 자료 및 도구를 보관할 수납장이 기본적으로 필요하며, 내부공간은 휠체어 장애인이 이동

가능한 충분한 공간을 확보해야 한다. 또한 상담실은 프로그램의 특성상 외부의 소음에서 차단될 수 있는 벽체와 벽지의 색상이나 무늬가 아늑한 분위기를 유도할 수 있는 것을 사용하는 것이 바람직하다.

- **직업상담 및 평가실** : 직업상담 및 평가는 장애인 개인의 적성과 흥미, 능력에 대한 자료를 수집하고 분석하는 포괄적인 과정이며, 분석된 자료는 개인 스스로 자신을 이해하고 자신에게 알맞은 직업을 결정하도록 돕는다. 공간 구성에서 직업상담실과 평가실은 구분하여 설치하는 것이 좋으며, 직업상담실은 상담을 위한 최소한의 공간만 필요하다. 직업평가실의 경우 일반적으로 1 : 1 개별 평가가 진행되며, 내부공간 장비로는 평가도구를 정리할 수 있는 수납가구와 평가를 진행할 테이블이 필요하다.
- **언어치료실** : 언어장애를 치료하는 것을 말하며, 먼저 언어표현, 언어이해, 발음 등 언어능력을 진단하고, 연령을 고려하여 치료가 이루어진다. 목적은 타인에게 어렵지 않게 자신의 의사를 전달할 수 있도록 하는 것뿐만 아니라 상대방이 하는 말도 잘 이해할 수 있도록 하는 것이다. 따라서 언어치료실은 구강 및 발성훈련 등 여러 언어훈련이 실시되는 공간이다. 이는 치료방식에 따라 그룹 또는 개인별로 진행되며, 이에 따라 그룹 형태의 공간 혹은 개인별 칸막이로 이루어진 개별공간으로 계획한다.
- **작업치료실** : 작업치료는 큰 의미로 신체적 · 정신적 그리고 발달과정에서 장애를 입은 사람들에게 적절한 도구와 치료방법을 이용하여 최대한의 독립적인 일상생활이 가능하도록 치료, 교육하는 재활치료의 한 전문분야이다. 기본적인 먹기, 목욕하기, 옷 입기 등에서 시작하여 직장과 사회의 구성원으로서 생산적인 역할을 담당하는 것까지 모두를 일컫는다. 물리치료는 주로 환자의 근골격계와 신경계 이상으로 인한 운동장애에 역점을 두어 치료하는 것이 특징이고, 작업치료는 환자의 신체적인 장애뿐 아니라 정신적 · 사회적 장애까지 포함하여 사회적응을 도와주는 것이 특징이다. 작업치료는 주로 테이블 위에서 여러 도구를 사용하여 이루어지며, 그에 따른 유효치수는 그림 3-32와 같다. 다양한 작업도구들이 사용되므로 이를 보관할 수 있는 수납공간을 고려하여 계획한다.

✻ 표 3·45 복합복지시설의 장애인복지서비스에 따른 소요공간

구 분		소요공간	주요 기기
재활 서비스	의료 재활	작업치료실	치료테이블, 의자 등
		언어치료실	치료테이블, 의자 등
		물리치료실	침대, 초음파치료기, 온열치료기 등
		경증운동치료실	악력 측정기, 폐활량 측정기, 윗몸 앞으로 굽히기, 혈압, 맥박 측정기, 에어로바이크 측정기, 윗몸 일으키기 측정기, 체성분 분석기, 제자리 높이뛰기 측정기, 전신반응 측정기, 눈감고 외발서기 측정기 등
		중증운동치료실	평행봉연습기, 어깨회전운동기, 전동팔다리운동기, 보행훈련사다리, 경사침대, 보행지지대, 이동식자세교정거울 등
	직업 재활	직업상담실	테이블, 의자 등
		직업평가실	운동능력 검사도구, 감각자극훈련 평가도구, 감각 통합용 측정도구, 발달평가도구, 상지기능 운동 평가도구(MFT), 작업인지 평가도구, 운동신경 및 인지능력 발달도구, 감각기능 검사기 등
	사회 재활	일상생활동작훈련실	높낮이조절 및 하부공간 확보된 싱크대, 높낮이 조절 가능한 세면대, 다양한 경사도 체험이 가능한 경사로 등
		일반강의실	책상, 의자 등
		컴퓨터교육실	컴퓨터 기기, 책상, 의자 등
		체육관	농구대, 매트 등 체육 관련 활동 장비 등
		자원봉사자실	테이블, 의자
		상담실	테이블, 의자
수화통역센터		사무실	사무용 책상, 의자 등
심부름센터		사무실	사무용 책상, 의자 및 이동지원서비스 차량 주차공간 고려
보호작업장		사무실 및 작업장	작업테이블, 의자(작업종류에 따라 별도 계획 필요)
주간보호센터		사무실 및 활동실	사무용 책상, 의자, 활동실의 경우 주방과 화장실 고려
점자도서실		서가	도서(문자)확대기, 음성지원 컴퓨터, 문자인식스캐너 등
		녹음실	오디오장비 등
		점역실	무지점자기, 점자프린터 등

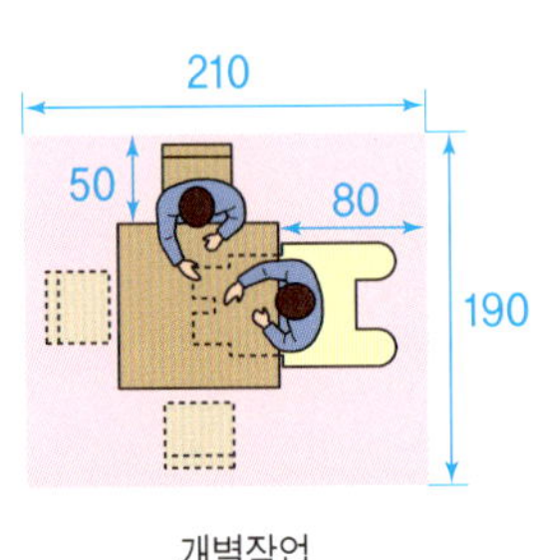

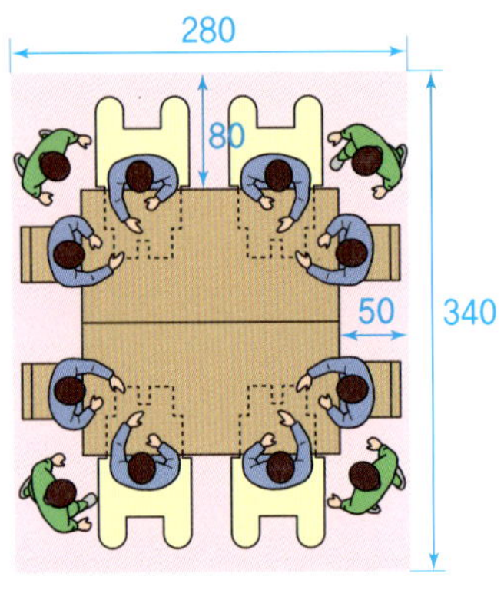

그림 3·32 작업치료실 기본 치수

- **중증운동치료실** : 중증장애인의 전문 운동치료가 실시되는 공간이다. 운동치료의 경우 매트, 평행봉연습기, 어깨회전운동기, 전동팔다리운동기 등의 장비들이 사용되므로 이에 대한 고려가 필요하다.
- **경증운동치료실** : 중증운동치료실과는 달리 장애인의 자율적인 이용이 가능하므로 노인 및 경증장애인이 함께 이용할 수 있는 공간으로 노인복지서비스 부문과 연계하여 효과적으로 제공할 수 있도록 계획함이 바람직하다. 경증운동치료실의 경우에는 개인별 운동측정을 통해 적절한 운동방법을 지도하여 체력증진에 도움을 주기 위한 기능으로 상담기능을 갖춘 체력진단실과 진단에 따른 운동방법을 지도하는 운동지도실을 계획한다. 운동장비의 종류와 그 수가 다르기 때문에 일정한 공간규모를 제시하기가 어렵지만, 장비를 많이 설치하기 위해서 장애인의 이동공간을 협소하게 계획하는 것은 피해야 한다.
- **물리치료실** : 물리치료에는 온열 · 한냉, 전기 · 광선, 마사지 등의 여러 치료가 포괄되어 있으나 온열자극에 의한 온열치료 중심으로 계획되어야 하며, 이는 개인별 베드 중심으로 치료가 이루어지므로 베드당 $7m^2$를 기준으로 면적이 산정되어야 한다.

물리치료와 운동치료를 함께 운영하여 한 공간을 커튼이나 파티션으로 구분하여 운영하는 경우가 있으나, 치료 중 발생하는 소음으로 인하여 프로그램을 운영하는

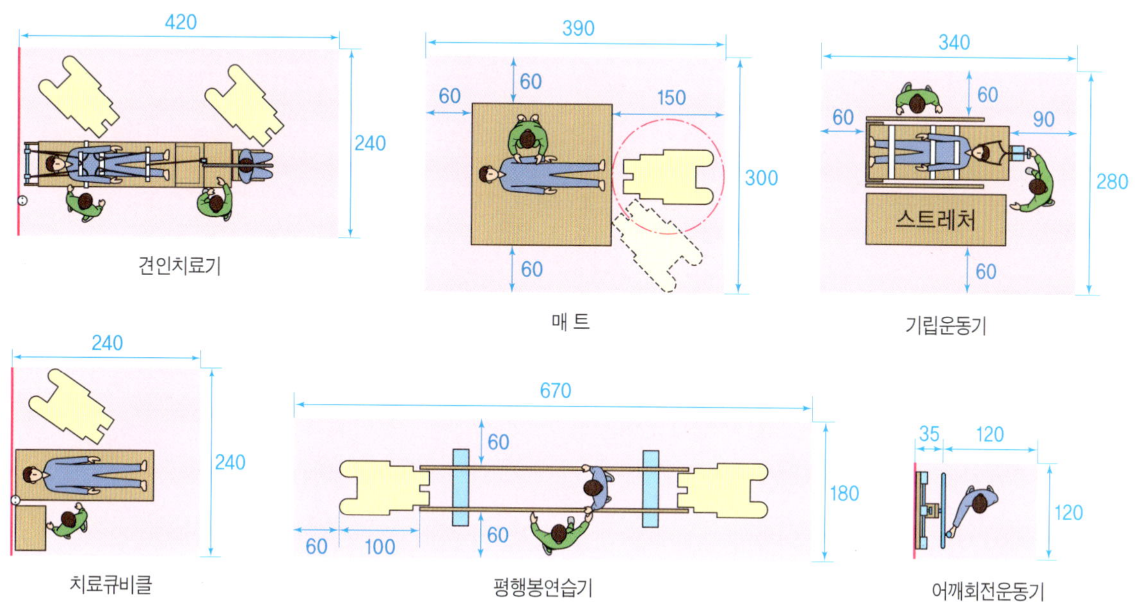

그림 3·33 운동치료 장비 기본 치수

데 방해를 줄 수 있기 때문에 공간을 따로 구분하여 설치하는 것이 바람직하다.

- **강의실, 컴퓨터교육실, 자원봉사자실** : 지역주민이 함께 이용할 수 있는 공간으로 지원서비스 부문과 연계하여 효과적인 서비스를 제공할 수 있도록 계획함이 바람직하다. 지원서비스 부문을 참고하여 계획한다.
- **일상생활동작훈련실(ADL실)** : 장애인뿐만 아니라 장애인에 대한 인식개선을 위한 지역주민의 체험공간으로 지원서비스 부문과 연계하여 계획하는 것이 바람직하다.

일반 가정집과 같은 방, 거실, 주방, 욕실 등의 형태로 재가장애인의 일상생활기술능력 향상을 위한 구조로 구성되어야 한다. 따라서 주택건설촉진법의 시행령에 의한 국민주택 규모(85m^2 이하, 일반적으로 40~85m^{2}가 국민주택 규모로 통용됨)에 준하도록 계획한다.

- **보호작업장** : 근로의욕은 있으나 장애로 직장을 쉽게 구하지 못하는 장애인이나 직업훈련을 받은 장애인들이 보호된 환경에서 실제로 일을 하면서 고정적인 급여를 제공받음으로써 경제적 자립을 위한 기반을 다지는 복지시설이다. 직업의 종

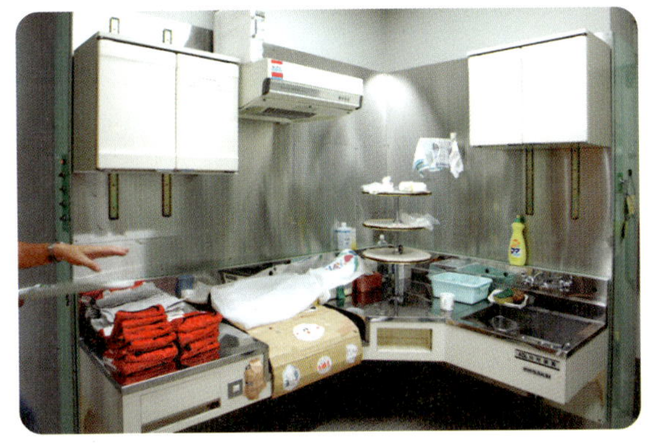
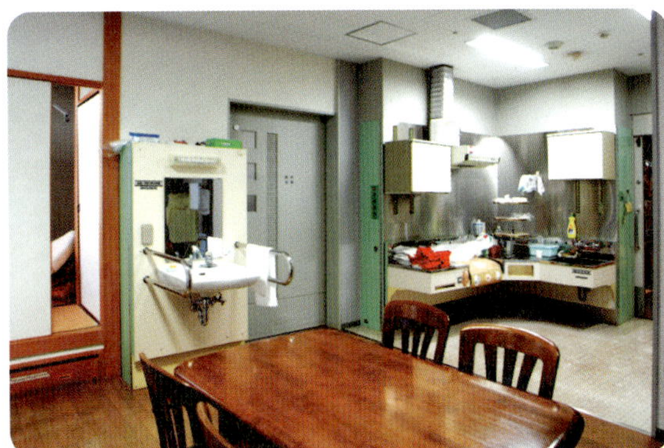

*그림 3·34 일본 가와고에 종합복지관의 일상생활동작훈련실

류에 따라 단순작업장에서 제과제빵실 등 다양한 공간이 있으며 실제로 제작한 제과나 빵, 액세서리 등을 장애인이 직접 판매하는 판매소를 두기도 한다. 장애인 보호작업장의 최소 설치기준[21]은 부대시설을 포함하여 90m² 이상이어야 하며, 작업실이나 작업활동 프로그램실의 면적은 기계설비를 제외하고 장애인 1명당 2.0m² 이상이어야 한다. 운영되는 작업의 종류에 따라 면적에 차이가 생기며, 보호작업장 운영 시 최소 3인의 인력이 필요하므로 3인의 사무공간을 고려하여 계획한다. 또한 소음과 차량진출입 및 물품운송 등에 대한 고려가 필요하므로 가급적 1층에 위치하는 것이 바람직하다. 작업장에서는 장애인의 안전을 최우선으로 해야 하므로 휠체어 이용자를 위한 충분한 이동 및 활동공간이 필요하며, 작업자재와 생산품을 정리할 수 있는 수납공간이 필요하다.

- **주간보호센터** : 타인의 도움 없이는 일상생활을 영위할 수 없는 재가장애인들을 재활장비와 전문 인력을 활용하여 주간에 보호함으로써 장애인가족의 항시 보호부담을 경감시키고 가족의 사회적 · 경제적 활동이 가능하도록 하는 복지시설이다. 주간보호센터의 최소 설치기준은 66m² 이상[22]이어야 하며, 최소 10인 이상을 기준으로 하고 있다. 세부적으로 활동실, 화장실, 주방으로 구분되며, 사무공간에 대한 고려가 있어야 한다.

21) 장애인복지법 시행규칙 제41조 및 42조 별표 5
22) 장애인복지법 시행규칙 제41조 및 42조 별표 5

＊ **그림 3·35** 일본 가와고에 종합복지관의 장애인데이케어센터

- **점자도서실** : 점자도서실의 최소 시설기준은 66m²(자료열람실 및 서고 면적의 45% 이상) 이상[23]이어야 한다. 점자도서실은 시각장애인에게 시청각자료를 제공, 대여하는 공간으로 세부적으로 녹음실과 복사실, 서가로 구분할 수 있다.

  사용자통합(integrated) 개념을 고려하여 장애인에 대한 인식개선 등을 위해 지역주민과 교류할 수 있는 열린 공간으로 지원서비스 부문과 연계하여 계획하는 것이 바람직하다.

③ 면적계획

장애인복지서비스 부문의 소요공간에 따른 규모를 산정하기 위해 유사시설의 소요공간별 면적분석을 검토해 보면 표 3-46과 같다. 소요공간별 시설의 전체규모에 따라 차이가 있어 최소면적과 최대면적의 편차가 크게 나타나고 있다.

유사시설의 면적현황과 함께, 앞서 살펴본 법적 최소 설치기준 및 유사시설의 면적 등을 참고하여, 규모를 산정해 보면 표 3-47과 같다.

복지시설이 복합되어 설치되는 것을 전제로 공간의 효율적 운영관리를 고려하여 경증운동 및 물리치료실은 노인복지서비스 부문과 연계 사용하도록 계획하고, 컴퓨터교육실, 일반강의실, 자원봉사자실은 지원서비스 부문과 연계하여 이용하도록 계획한다. 또한 지역주민과의 교류 및 장애인에 대한 인식개선을 위해 일상생활동작훈련실

23) 도서관법 시행령 별표 1

(ADL) 및 점자도서실은 열린 공간으로 지원서비스 부문에 설치하여 프로그램을 공유하도록 계획한다.

제시된 규모는 전반적인 장애인서비스를 포괄적으로 제공하기 위해 선정된 서비스를 기준으로 산정하였으며, 실제 계획 시에는 각 지역별 복지수요와 지역특성을 고려하여 규모를 산정하는 것이 바람직하다.

표 3·46 유사시설 면적 분석

소요공간		관련 법규	연구문헌 검토(m^2)[24]				연구문헌 검토(m^2)[25]			전체 평균
			최근계획 사례(m^2)	평균 면적	최대 면적	최소 면적	대형복지관 평균면적 (3,000)	중형복지관 평균면적 (2,200)	소형복지관 평균면적 (1,400)	
상담	상담실	0.33m^2/인	49.5	31.3	55.8	13.0	28.2	25.6	18.8	30.7
의료재활	물리치료	1.98m^2/인	82.5	104.9	175.2	51.9	95.9	78.1	82.7	88.8
	작업치료실	1.32m^2/인	(48.9)	48.9	70.2	17.8	15.5	30.1	-	35.9
	언어치료실	-	66	46.0	109.8	19.4	67.7	53	19.2	50.4
교육재활	조기교육실	-	82.5	87.4	132.2	20.7	61	51.1	49.5	66.3
	방과 후 교실	-	(64.9)	64.9	169.3	11.9	51.9	10.1	30.9	44.5
직업재활	직업상담실	-	20	28.3	32.5	24.0	28.3	28.3	28.3	26.6
	직업평가실	-	20	23.9	28.5	11.9	16.2	13.5	10.8	16.9
	작업장	90m^2 이상	109.5	91.7	156.0	38.4	218.2	80.1	32.1	106.3
사회심리 재활	심리치료실	-	33	25.1	33.1	11.9	48.2	25.2	25.5	31.4
	체력단련실	-	70	60.4	80.6	25.1	61.2	26.7	11.2	45.9
소 계			646.8	612.8	1,043.2	246	692.3	421.8	309	543.7
공용공간(%)			37.0	37.0	48.0	25.0	41.1	39.9	33.6	37.4

주 : ( )는 사례가 없어 평균면적 적용함

출처 : 서울복지재단(2006), 장애인종합복지관 건축모델 연구, pp. 213~214. ; 이효원(2004. 7), 장애인종합복지관의 면적배분에 관한 연구, 대한건축학회논문집(통권 189호), p. 100. 재정리함

24) 서울 및 경기지역의 장애인종합복지관 29개소를 대상으로 사례분석이 이루어짐

25) 전국적으로 13개의 장애인종합복지관을 선정하여 복지관 규모에 따라 대형, 중형, 소형으로 분류하여 면적을 분석함

✻ 표 3·47 장애인복지서비스 부문 소요면적

실 명		소요면적 (m^2)	산출근거	상근인력 (명)	비 고
재활 서비스	사무실	60	$7m^2$×6인+부속실	–	
	상담실	20	1인 사무 및 개인상담	1	유사시설 평균면적 : $30.7m^2$
	작업치료실	40	작업치료실의 기본치수	1	수납공간 포함 유사시설 평균면적 : $35.9m^2$
	언어치료실	50	$25m^2$×2개실	2	수납공간 포함 유사시설 평균면적 : $50.4m^2$
	직업상담 및 평가실	30	개인상담 및 사무	1	유사시설 평균면적 : $16.9m^2$
	중증운동	60	운동기기 기본치수	1	치료장비 고려 유사시설 평균면적 : $45.9m^2$
	경증운동 및 물리치료	100	운동기기 및 치료큐비클 기본치수	–	유사시설 평균면적 : $88.8m^2$ (공유)노인복지서비스 부문과 연계 사용
	ADL실	60	국민주택 규모	–	(공유)지원서비스 부문 이용
	컴퓨터교육실	–	–	–	
	강의실(소)	–	–	–	
	강의실(중)	–	–	–	
	자원봉사자실	–	–	–	
	소 계	420		6	
점자 도서실	열람실	60	• 대출 및 반납실 • 1인 사무공간 포함	1	기본적인 기능제공 공간 유사시설 평균면적 : $137.4m^2$ (공유)지원서비스 부문에 설치
	녹음실	10	–	–	
	복사실	15	–	–	
	점역실	15	–	–	
	소 계	100		1	
보호작업장		100	15~20명의 단순작업	3	법적 기준 최소 $90m^2$ 이상 유사시설 평균면적 : $106.3m^2$
주간보호센터		160	$6.6m^2$×24명	8	법적 기준 : $6.6m^2$/인 직원 1인당 보호대상자 3인이 적정
수화통역센터		30	$7m^2$×3인+부속실	3	최소기능의 사무공간
심부름센터		30	$7m^2$×6인+부속실	3	최소기능의 사무공간
합 계		680		24	

7. 지원서비스

지원서비스는 복합복지시설을 구성하는 각 전문복지서비스 간의 올바른 기능 및 역할을 지원하고 이와 더불어 지역 내 복지 수준을 높게 하는 복지체험기회를 제공하기 위한 서비스를 의미한다.

1) 지원서비스의 종류

복합복지시설의 지원서비스는 첫째 고유기능의 활성화 측면으로서 복합복지시설의 주요 서비스 대상(아동 · 청소년 · 노인 · 여성 · 장애인 등)을 위한 프로그램과의 연계성을 고려하여야 한다. 특히, 주요 복지서비스 활성화를 위한 지원서비스 계획이 이루어질 수 있어야 한다. 둘째, 지역 내 타 공공시설과의 차별성 확보 측면으로서 기존에 운영되고 있거나 새롭게 계획되는 관련 서비스 기능과의 차별화를 통한 전문성이 확보되어야 한다. 셋째, 지역주민의 교류와 통합 역할로서 본 시설의 주 이용자는 특정 계층을 대상으로 하는 시설이지만 일반 지역주민의 적극적인 참여를 유도하고, 일반인과 복지대상자 간의 이해와 교류를 촉진함으로써 다 함께 사는 통합의 역할을 수행할 수 있도록 계획되어야 한다. 넷째, 시대적 흐름과 다양한 수요층을 고려하여 성장 및 변화에 유연하게 대응할 수 있어야 한다.

이를 고려한 지원서비스는 크게 복합시설 이용자들의 문화적 소양을 증진시키는 방향과 다양한 건강 지원적 측면으로 이루어질 수 있다. 이와 함께 시설을 전반적으로 운영하고 관리하는 부분도 복합복지시설의 지원서비스 부문에서 이루어져야 한다.

2) 지원서비스의 선정

(1) 선정 원칙

복합복지시설 내 각 전문복지서비스를 지원하는 서비스를 선정할 때는 무엇보다 타 복지시설과의 차별성을 두어야 한다. 또한 전문복지서비스 간의 연계를 통한 시너지 효과를 얻을 수 있도록 해야 한다. 특히, 공청회, 주민의견조사 등을 통하여 실제 이용

그림 3·36 지원서비스 선정 원칙

객의 의견을 적극 수용하여 지역 내 복지 거점시설로서의 역할을 담당할 수 있도록 하는 것이 중요하다.

① 복지서비스 간의 연계성

노인 · 아동청소년 · 여성가족 · 장애인 등의 주요 복지서비스 검토에 따르면 일부 서비스 및 공간을 공유할 경우 세대 간 교류 활성화 및 공간의 효율적 활용이 용이할 뿐만 아니라 복지체험공간으로서의 기능을 담당할 수 있다.

노인복지서비스의 경우 노인들의 취미활동, 건강복지 프로그램을 운영하는 강의실을 타 복지서비스와 연계하여 활용이 가능하며 아동복지서비스의 경우 영유아 및 아동의 특성상 프로그램상의 교류보다는 주요 목적으로 상시 이용하지 않는 강당 등의 공간을 공유하는 것이 가능하다.

표 3·48 복지서비스 기능실과의 연계성 검토

구 분	주요 서비스	서비스 교류공간
노 인	방문요양 및 목욕서비스, 방문간호서비스, 주 · 야간 보호서비스, 목욕용구대여, 이미용서비스, 전문상담서비스(치매, 노인보호전문기관 등), 일반노인서비스(실버나눔일터), 일반강의실	일반강의실, 다목적체육실, 미용실, 음악감상실 및 영화감상실
아 동	• 영유아플라자 : 영유아자료실, 육아카페, 실내놀이실, 장난감 대여실, 시간제 보육 • 아동복지관 : 아동상담실, 집단지도실, 아동오락실, 아동자료실, 사무실 및 강당(놀이실)	강당
청소년	상담지도, 지역사회참여활동(청소년활동센터), 의견소통의장(세미나실), 세대교류의장(북카페, 체력단련장, 프로그램실 등)	일반강의실, 체력단련장, 북카페
여성가족	건강여성지원서비스, 가족복지지원서비스, 여성인력개발서비스, 건강가정지원서비스	일반강의실, 실습강의실, 자원봉사자실
장애인	상담지도, 의료 · 교육 · 사회심리 재활사업, 주간보호센터, 스포츠 및 여가활동, 점자도서관 및 수화통역센터, 심부름센터	일반강의실, 실습강의실, 체력단련장

주 : 주요 복지서비스 기능에 따라 다소 변경될 수 있음

여성가족 · 장애인 · 청소년 복지서비스의 경우, 스포츠 및 여가활동 프로그램 교육공간을 공유함으로써 효율적 공간 활용이 가능하며 장애인과의 자연스러운 교류가 이루어질 수 있는 기회가 제공될 수 있다.

② 지원서비스 경향

주요 복지서비스를 지원하는 서비스 종류가 교육 · 문화 및 생활 · 체육 프로그램으로 조사됨에 따라 이러한 지원서비스가 운영되고 있는 복지시설 및 지역문화복지시설[26]의 서비스 기능 검토를 통하여 최근 경향을 파악하고 선진화 방안을 모색하여 연구에 반영하고자 한다.

- **주요 복지서비스 지원을 위한 서비스 지원계획** : 종합복지시설, 복합복지시설, 지역문화복지시설에서 제공하는 주요 서비스 내용 검토에 따르면 주요 복지서비스 기

26) 문화예술진흥법 시행령 별표 1

능과 부속하여 시설의 입지특성, 주민구성 특성, 복지시설의 지향점을 고려하여 지원서비스를 제공하고 있다.

- **주 기능과 지원 기능 영역 분리** : 복지서비스 대상을 중심으로 하는 서비스공간과 교류기능을 담당하는 문화 · 체육기능의 경우 그 영역을 구분하여 복지서비스 대상에게 전문적인 서비스를 제공하고 있다.

시설별 전문 서비스 분야에 따라 그 기능실 구성이 다르지만 복지서비스 활성화 및 지역주민의 적극적인 참여를 고려하여 교육문화, 생활체육 기능실을 운영하고 있다. 교육문화 부문에 있어서는 일반강의식 교실과 실습교실 그리고 다목적 강당에서 복지서비스 대상과 지역주민을 위한 다양한 프로그램을 운영하고 있다.

표 3·49 전문복지시설 내 지원서비스 현황

구 분			주요 사업
종합복지	동대문 종합사회복지관		가족기능강화사업, 지역사회보호사업, 지역사회조직사업, 교육 · 문화사업, 동대문치매주간보호센터
	영통종합사회복지관		가족복지사업, 지역보호사업, 지역조직사업, 특화사업, 노인주간보호센터
복합복지	광명종합 사회 복지관 및 스포츠센터	복지관	가족복지사업, 지역사회조직사업, 지역사회보호사업, 교육 · 문화사업, 자활사업, 부설 재가복지봉사센터, 부설 광명시실버인력뱅크, 부설 어르신주간보호센터, 부설 광명시지역아동센터
		스포츠 센터	생활 · 체육시설을 운영할 수 있도록 수영장, 헬스장, 체육관, 스쿼시장 등을 구비
	동대문 노인 종합 복지관 및 청소년 수련관	노인 복지관	상담사업, 건강증진사업, 조사 · 홍보사업, 복리후생사업, 자원봉사사업, 한국노인인권센터, 사회교육사업, 가정봉사원파견사업, 주간보호사업(치매, 중풍), 특화사업, 지역복지협동사업, 경로당활성화사업, 독거노인생활지도사파견사업, 치매도우미파견사업, 고령자취업알선센터, 노인일자리사업, 사랑나눔 희망가게 · 카페
		청소년 수련관	청소년을 위한 수련시설 청소년동아리지원, 학교연계사업, 청소년체험활동과 방과 후 아카데미, 유아재능단 등
지역문화복지	광진구 문화예술회관		구민의 문화예술참여활동 문화시설(강의실, 대공연장 등) 체육시설(수영장, 소체육관 등)
	종로구 문화체육센터		종로 구민 생활의 편익과 건강, 복리증진

주 : 2000년 이후에 건립된 약 6,000m^2 규모 이상의 종합복지, 복합복지, 지역문화복지 시설을 대상으로 검토하였음(2008년 기준)

표 3·50 주요 복지서비스 및 지원서비스 제공을 위한 주요 공간 조사 · 분석

구분	연면적 (m^2)	주요 복지서비스																		지원서비스																			
		아동			청소년				노인			장애인				여성	지역 복지 및 기타			교육·문화										생활·체육				운영					
		방과후교실	어린이집	탁아시설	음악감상실(실습실)	동아리실	컴퓨터실	외국어교실	치매주간보호소	노인정	물리치료실	장애인자립생활센터	실내놀이실	다목적실	개별지도실	여성의집	직업훈련실	재가복지	이미용실	일반교육실	프로그램실	미술교실	요리실	음악교실	도서실	대강당(체육관)	준비실	영사실	소강당	수영장	헬스장	유아체능단	체육실	사무실	자원봉사실	식당	상담실	휴게실	주차장
동대문종합 사회복지관	7,449	●	●						●	●		●					●	●		●			●		●	●	●	●	●	●	●	●	●	●	●	●	●	●	●
영통종합 사회복지관	14,890	●			●		●		●		●		●	●	●	●			●	●	●		●	●	●	●	●	●	●	●	●	●	●	●	●	●	●	●	●
광명종합 사회복지관	9,960	●	●				●		●		●						●			●	●		●	●						●	●		●	●	●	●		●	●
동대문노인 복지관 및 청소년수련관	7,284				●	●	●		●								●		●	●	●					●	●	●	●	●	●	●	●	●	●	●	●	●	●
광진구문화 예술회관	18,860				●		●													●	●			●		●	●	●	●	●	●		●	●	●	●	●	●	●
종로구문화 체육센터	7,029																			●	●	●		●		●	●	●	●	●	●		●	●	●	●	●	●	●

생활체육 부문에서는 수영장, 헬스장, 다목적체육실 등을 통하여 관련 프로그램을 운영하고 있다.

- **시설 이용자 간 교류 활성화를 위한 프로그램 개발 및 특성화 방안 마련** : 시설 이용자 및 지역주민의 교류 활성화를 위하여 카페테리아, 레스토랑, 커피숍 등을 운영하고 있다. 특히, 이러한 프로그램은 시대적 변화 및 이용자 변화에 유연하게 대응할 수 있도록 계획이 전제되어야 한다.

③ 지원서비스 선호도

복합복지시설 건립과 관련한 전문가 의견조사에 따르면[27] 주요 복지서비스와 연계하여 설치되는 교육문화 프로그램 선호도 조사에서 인터넷 활용, OA 등의 IT교육의 선호도

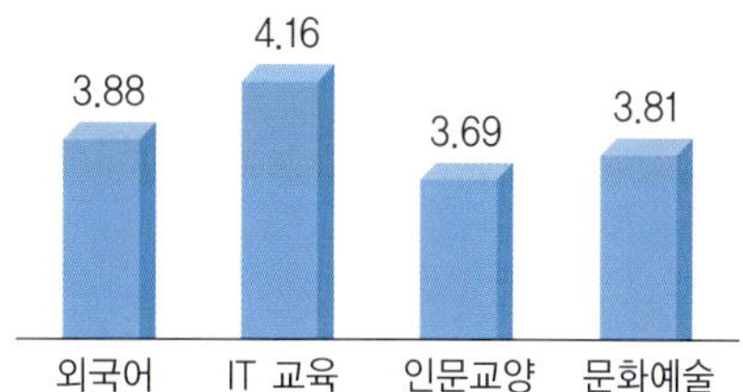

* **그림 3·37** 교육 · 문화프로그램 선호도

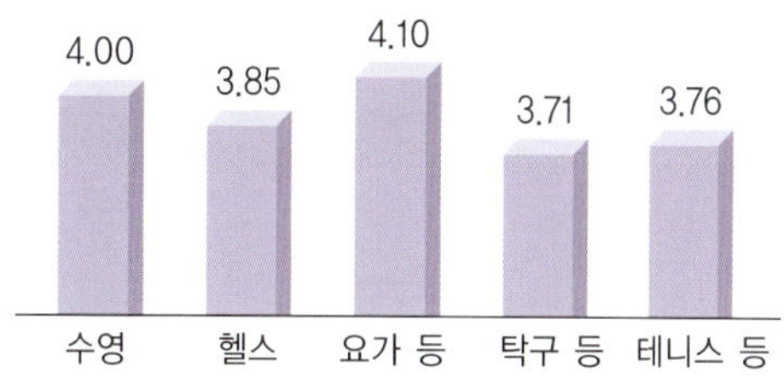

* **그림 3·38** 생활 · 체육프로그램 선호도

가 가장 높았으며 외국어교육, 가요교실, 종이공예 등의 문화예술순으로 조사되었다.

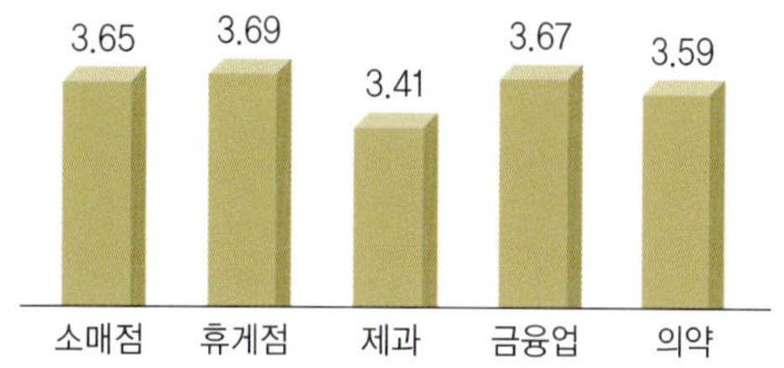

* **그림 3·39** 편의시설 선호도

생활체육 관련 선호도 조사에서는 요가, 에어로빅 등의 체육활동 선호도가 가장 높게 조사되었으며 그 다음으로 수영, 헬스(체력단련)순으로 조사되었으며 또한 지역 복합복지시설 내 편의시설 선호도 조사에서는 휴게점(커피점 등)이나 소매점(사진현상소, 서점, 슈퍼마켓), 금융 등의 편의시설을 비교적 높게 선호하는 것으로 조사되었다.

문화관광부에서 2007년도에 조사한 국민 여가활동 참여비율에 따르면 문화예술참여활동에서 사진촬영(30.4%), 악기연주 및 노래교실(8.2%), 미술활동(7.1%(그림, 조각, 도예, 만화, 디자인))순으로 많은 참여율을 보인 것으로 조사되었다.[28] 또한 공공체육시설 종목별 참여율 조사에 따르면 헬스/에어로빅, 수영 등의 생활 · 체육프로그램의 참여율 및 선호도가 높게 조사되었다.

- 스포츠 참여활동 조사에서는 축구(19.6%), 맨손체조/줄넘기(17%), 배드민턴(15.8%), 당구/포켓볼(16%), 헬스/에어로빅(14.5%), 수영(14.2%)순으로 참여도가 높았던 것으로 조사되었다.

27) 행정중심복합도시건설청(2008.12), 행정중심복합도시 지역복합복지시설 건립 기본계획수립 및 설계지침에 관한 연구

28) 문화관광부(2007), 여가백서

✻ 표 3·51 종목별 참여율 변화 추정

구 분	1994년	2000년	2005년	2010년	2020년
수 영	3.1%	8.0%	8.9%	9.9%	11.3%
테니스	5.9%	2.1%	1.5%	1.2%	0.9%
골 프	–	1.9%	2.0%	2.1%	2.2%
헬 스	4.7%	8.3%	6.8%	7.3%	7.9%
에어로빅	4.3%	4.0%	3.5%	3.4%	3.2%
배드민턴	4.4%	4.2%	4.1%	4.1%	4.0%
축 구	5.6%	8.6%	7.9%	8.4%	9.0%
농 구	8.8%	9.0%	10.8%	11.1%	11.5%

출처 : 문화관광부(2006), 공공체육시설 균형배치 중장기계획

• 특히, 공공체육시설 종목별 참여율에 변화 조사에 따르면 2010년 기준 농구, 수영, 축구, 헬스순으로 높은 참여도를 보이고 있다.

(2) 서비스 선정

앞서 제시한 계획 방향을 기본으로 지원서비스는 지역 내 복지수요계층을 위한 전문시설로 타 복지서비스와의 유기적 연계 및 상호 교류를 통하여 지역을 대표하는 복합복지시설을 지원하기 위한 서비스를 제안하였다. 이와 함께 주요 복지서비스 대상과 주민의 적극적인 교류 및 이용활성화를 위한 카페테리아, 소매점 등도 함께 제시하였다.

주요 기능은 서비스 지원 부문(문화복지, 건강복지)과 운영 지원 부문으로 구분하고 세부 기능실을 표 3-52와 같이 제안한다.

3) 지원서비스 공간디자인

각 복지서비스 간 연계 활용 가능한 공간을 복합화하고 지역주민과의 교류 활성화를 위한 지원서비스공간은 문화복지 부문, 건강복지 부문, 운영지원 부문으로 구성된다.

다양한 서비스 지원과 다중이 활용하는 공용공간으로 각 복지서비스와의 유기적 연계를 고려하여 접근이 용이한 곳에 배치되는 것이 바람직하다.

표 3·52 지원서비스의 선정

<table>
<tr><th colspan="2">서비스 구분</th><th colspan="2">서비스 내용</th><th>전용 · 공용 여부</th></tr>
<tr><td rowspan="7">서비스 지원</td><td rowspan="5">문화복지
(교육문화)</td><td>자기개발</td><td>직업재활/외국어교육/IT교육자격증, 커리어 개발</td><td rowspan="7">공용</td></tr>
<tr><td rowspan="2">취미 · 교양</td><td>만들기, 수지침 등</td></tr>
<tr><td>영화 · 음악 감상</td></tr>
<tr><td rowspan="2">교류활동</td><td>복지체험센터(복지체험공간 역할)</td></tr>
<tr><td>다목적 공연(체육활동 포함)</td></tr>
<tr><td rowspan="2">건강복지
(생활체육)</td><td rowspan="2">건강증진</td><td>다목적 체육활동(요가, 발레, 탁구 등)</td></tr>
<tr><td>체력단련</td></tr>
<tr><td colspan="2" rowspan="2">운영 지원</td><td colspan="2">운영관리</td><td rowspan="2">전용</td></tr>
<tr><td colspan="2">이용편의</td></tr>
</table>

주 : 제안된 기능은 세부계획 변화에 따라 다소 변경될 수 있음

(1) 문화복지 부문

① 계획 시 고려사항

문화복지서비스를 구성하는 교육실, 복지체험관, 다목적 강당은 다중이 이용하는 공간으로 전문서비스 영역과 구분하여 접근성이 용이한 곳에 배치한다.

복지체험관은 관람 · 체험 · 교육 등의 참여를 통하여 상호 이해와 교류를 지원하는 특화된 공간으로 전문복지서비스 이용객 및 일반인이 인지하기 쉽고 접근하기 용이한 주 출입구 및 홀과 연계하여 계획하도록 하며 외부공간과 적극 연계한다.

다목적 강당은 다중이 이용하는 공간으로 별도의 출입구를 구성하고 실내 · 외를 활용한 공연, 집회 등이 가능하도록 구성한다. 노인 및 장애인의 이용편의를 고려하여 별도 관람공간이 마련될 수 있도록 한다.

② 소요공간

강의실은 일반 강의식 교육 및 여가활동이 이루어지는 강의실(소형 · 중형)과 체험 및 실습 위주의 실습강의실 · 컴퓨터교육실 · 요리실습실 등으로 구성한다.

✻ 표 3·53 서비스 소요공간 및 주요 기능

구 분	소요공간		주요 업무	주요 기기
문화 복지	교육실	강의실(소 · 중)	외국어, 직업교육 등의 강의식 교육	빔프로젝터, 책상, 의자, 스크린
		실습강의실 (공작실)	종이 접기, 토피어리, 수지침 등의 실습 교육	4인용 작업테이블 및 의자 세면대
		컴퓨터교육실	컴퓨터 일반 및 전문교육	컴퓨터 및 주변기기, 영상장비
		요리실습실	취미 여가 및 직업교육 등을 위한 요리실습	요리실습용 테이블 및 싱크대(6개), 조리기구, 진열장, 오븐, 냉장고
	복지 체험관	체험실	노인, 장애인 등의 일상생활 및 직업체험	일상생활(주방 및 부엌, 거실, 방, 화장실, 출입구, 베란다 등) 가구 및 설비
		점자도서관	장애인 부문	장애인 부문
		토의실	분임토의 및 회의	A/V기기
		자원봉사자실	자원봉사자 상담, 갱의 및 휴식	탕비용 싱크대, 회의용 가구, 사물함(30개)
		북카페	정보수집 및 교류, 휴게	책, 도서비치 가구
		영화음악감상실	영화 및 음악 감상	영화 및 음악 감상을 위한 영상기기
	다목적 강당		공연, 영화상영, 집회, 체육활동 등 (강당, 준비실, 영사실 등으로 구성)	무대설치, 음향 및 조명, 방음설비, 빔프로젝트 등
건강 복지	체력단련장		노인 및 장애인 그리고 주민건강증진센터 이용자를 위한 체력측정과 체력증진을 위한 기기운동(체력단련실, 강사실)	체력단련 기기, 운동기기 목록표 참조
	다목적 체육실	체육실	요가, 댄스, 발레, 체조 등의 체육활동	전신거울, A/V기기
		탁구장 및 당구장	탁구 및 당구	탁구장비, 당구장비
운영 지원	관리사무실		복합복지시설 관리 운영 업무(관장실, 사무실, 탕비실 및 OA실, 문서보관창고, 회의실 등)	업무용 가구, 사무기기(컴퓨터, 프린터, 복사기 등)
	이미용실		헤어 커트, 면도, 파마 등	이미용 기기 장비, 가구 등
	소매점		세대교류 및 이용활성화를 위한 편의시설	
	식당 및 부속실		직원 및 이용객 식사준비 및 배식 도시락서비스 지원	조리용 기기 및 가구

- **강의실** : 강의실은 일반인 및 시설이용자의 이용편의성을 고려하여 계획하며 다양한 교육 프로그램 진행이 가능하도록 가변성을 고려하고 멀티미디어 교육장비가 구축될 수 있도록 한다. 각 강의실 내에 창고를 두어 다양한 장비 및 재료를 보관하고, 특히 벽과 바닥은 흡음 및 배수를 고려하여 계획한다.
- **실습강의실(공작교실 및 컴퓨터교실)** : 실습강의실(공작실)은 다양한 재료 및 장비를 이용한 프로그램 운영을 고려하여 개수대를 2개 이상 설치하며 4~6인이 함께

구성 사례 : 노인생애체험관

- 설립목적 : 노인 이전의 세대가 노인이 된 이후의 일상생활을 가상으로 체험함으로써 노인에 대한 올바른 인식 증진 및 세대 간의 이해의 폭 확대, 세대통합을 위한 체험의 장 마련
- 개관 : 2006년
- 규모 : 약 200m^2
- 체험 프로그램 : 주요 이용 대상은 직장인, 전문가, 학생, 자원봉사자 등 다양하며 그 대상에 따라 체험 프로그램을 달리하여 프로그램 운영(체험 소요시간 : 2~3시간)

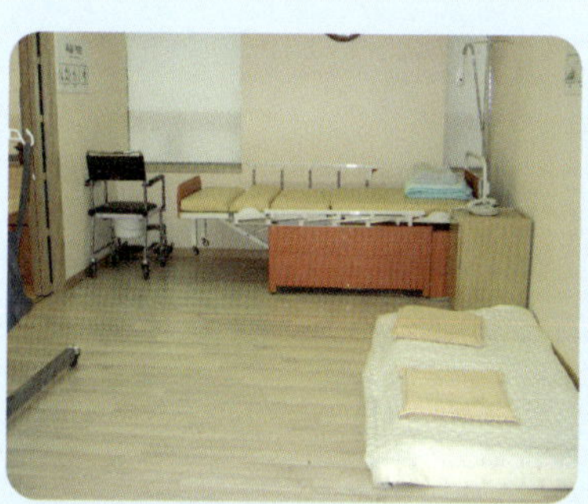

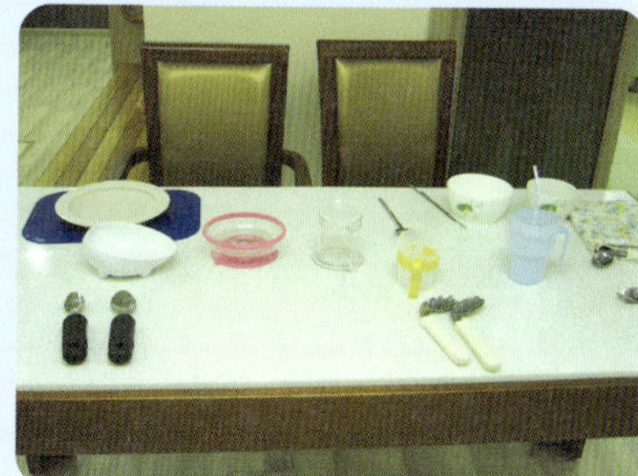

작업할 수 있는 테이블 및 좌석배치가 가능하도록 한다.

컴퓨터교육실은 컴퓨터 및 주변기기가 설치된 강의실로서 교육 시 실내 · 외의 빛에 영향을 받지 않도록 배치하고, 또한 보행보조기구(휠체어, 목발 등)를 이용하는 교육생을 고려하여 공간계획 및 가구배치를 계획한다.

- **요리실습실(실습강의실)** : 요리실습실은 여가활동 및 전문교육이 가능한 실습 장비 및 설비를 갖추도록 하며 화재(불연재사용), 배수를 고려하여 계획하고 실습 시 발생하는 냄새가 타 기능실에 영향을 미치지 않도록 계획한다.
- **복지체험센터** : 복지체험센터는 복지서비스 대상 가족, 자원봉사자, 학생 등을 포함한 일반인들이 노인 · 장애인 등의 일상생활 및 직업활동을 체험함으로써 자연스러운 교류 및 이해의 장이 마련될 수 있도록 계획한다. 특히, 체험센터를 구성하는 체험실, 점자도서관, 토의실, 자원봉사자실, 북카페, 영화감상실 · 음악감상실 등은 각각의 성능이 발휘할 수 있도록 전문 설비 및 기능을 갖출 수 있도록 하며 체험실은 체험과 관람을 연계하여 구성하고 다양한 프로그램 운영이 가능하도록 계획한다.

> 세부적으로 토의실은 체험관이용객 및 자원봉사자의 교육 및 분임토의가 가능하도록 하며 북카페는 시설이용객의 정보수집 및 교류 그리고 휴게공간으로서 교류가 활성화 될 수 있도록 계획한다.
> - 정보수집공간(도서, 컴퓨터, A/V시설), 휴게공간(탕비 포함) 등으로 구성됨
> - 이용객 특성을 고려하여 좌식활동(바닥난방)과 입식활동이 가능하도록 계획

- 영화 · 음악감상실은 장애인 및 노인을 포함한 이용객이 사용하기 편리하도록 계획하며 개실과 그룹실로 구분하며 계획한다.
- 자원봉사자실은 본 시설 전체 자원봉사자 관리 및 교육을 담당하는 곳으로 자원봉사자 상담, 갱의, 휴게공간으로 계획한다.

- **다목적강당** : 다목적강당은 공연, 세미나, 집회 등과 더불어 다목적 체육활동이 이루어지는 곳으로 좌석은 이동식(수납식 관람석)으로 설치하며 쾌적한 실내환경 마련을 위하여 충분한 자연광도입이 가능하도록 계획한다.

* **그림 3·40** 일본 후지노미야시복지관 다목적 강당

* **그림 3·41** 일본 이키이키플라자 다목적 강당 좌석

- 노인, 장애인 등의 이용 편의성을 고려하여 통로 폭을 180cm 이상 확보
- 강당 폭은 최소 28×15m 이상, 높이는 바닥으로부터 천장 사이의 가장 낮은 장애물까지의 사이는 7m 이상 확보될 수 있도록 계획
- 바닥재는 탄력성, 강도(내구성, 견고성), 평활성 등이 우수한 자재로 계획
- 운동경기에 지장이 없도록 눈부심, 반사 등이 없도록 계획

③ 면적계획

문화복지 부문에서 제시하는 규모는 각 서비스별 프로그램 성격에 따라 유사 사례 및 관련 규정을 고려하여 추정하였다. 따라서 실제 계획 시에는 입지적 특징, 제공서비스 프로그램, 특화방안 등을 고려하여 규모를 산정하는 것이 바람직하다.

(2) 건강복지 부문

① 계획 시 고려사항

건강복지 부문은 체력단련장, 다목적 체육실 등으로 구성되며 공용 샤워실 및 탈의실이 직접 연계될 수 있도록 계획한다.

② 소요공간

- **체력단련장** : 노인 및 장애인의 여가활동 및 재활기능 그리고 비만 아동 및 청소년을 위한 체력단련공간으로서 40인 이상이 동시에 사용할 수 있도록 하되 신체활

✻ 표 3·54 문화복지 부문 서비스(시설) 면적계획

실 명		면적(m^2)	산출근거(m^2)	상근인력	비 고
교육실	강의실(중)	80	($2.4m^2$×30명+α)×6개소	–	α : 부속실 $8m^2$ 고려
	강의실(소)	480	($2.4m^2$×20명+α)×2개소	–	α : 물품보관공간 고려
	공작실	200	$4m^2$×20명+α	–	α : 장비대/준비대 고려
	컴퓨터교육실	120	$4m^2$×20명+α	–	α : 장비대/준비대 고려
	요리실습실		$6m^2$×16명+α	–	α : 장비대/준비대 고려
복지 체험관	체험실	180	$5.4m^2$×30인+α	2	사례조사 일상생활동작훈련실 포함 α : 부속실
	점자도서관	100	–	장애인 부문 참조	도서관, 녹음실, 복사실, 점역실 포함
	토의실	30	$2.4m^2$× 2인	–	1개소
	자원봉사자실	30	$2m^2$×10인+α	–	사례조사 α : 부속실
	북카페	100	청소년복지 부문 참조	청소년 부문 참조	PC공간, 보드게임공간, 휴게공간 포함
	영화/음악감상실	60	$12m^2$× 5개소	–	유사 사례 기준
다목적 강당		570	$1.65m^2$×300석+부속실($70m^2$)	–	국제농구장규격 사이즈인 28m×15m 감안

동이 불편한 노인 및 장애인 이용편의를 고려하여 운동기구 사이, 통로 폭(180cm 이상) 등을 충분히 확보할 수 있도록 계획한다.

특히, 휠체어, 목발 등의 보행보조기구 보관 장소를 별도로 구획하도록 하며 강사실은 신체계측, 강사 업무 및 휴게가 이루어지는 공간으로 계획한다. 체력단련장의 바닥 마감재는 탄력성 있는 자재 등을 사용하여야 하며 시설 내 음향을 고려한다.

- **다목적 체육실** : 다목적 체육실은 요가, 발레, 댄스 등의 체육활동을 위한 체육실과 당구장 및 탁구장으로 구성된다. 체육실은 기구를 사용하기보다는 신체활동으로

체력을 증진시키고 여가활동을 하는 공간으로 기둥이나 보 등이 없는 무주공간으로 계획하되 4면의 벽면 중 1면은 전신거울을 설치하고 실의 벽과 바닥은 충격을 흡수할 수 있는 재료를 사용한다.

- **탁구장 및 당구장** : 탁구장 및 당구장 내에서 발생하는 소음으로 인하여 타 프로그램 공간에 피해가 가지 않도록 흡음시설을 설치하도록 한다. 또한 운동 중에 휴식이 가능하도록 간이 휴게공간을 연계하여 설치하도록 하는 것이 바람직하다.
- **샤워실 및 탈의실(사우나 포함)** : 체력단련장, 다목적 체육실 등의 이용객 샤워 및 탈의공간으로 노인 · 장애인을 포함한 일반인의 사용이 용이하도록 계획한다. 특히, 샤워 및 탈의실은 남녀를 구분하고 보행보조용구를 이용하는 노인 및 장애인을 위한 별도의 샤워 및 탈의공간을 마련한다. 탈의실에는 남녀 각각 사물함을 50개 이상 설치할 수 있도록 공간을 확보하며 휴게공간을 여유 있게 계획한다.

③ 면적계획

건강복지 부문은 체력단련장, 다목적 체육실, 탁구장 및 당구장의 필수 지원시설인 샤워실 및 탈의실을 공유하는 것을 전제로 면적을 추정하였다.

✻ **표 3·55** 건강복지 부문 서비스(시설) 면적계획

실 명		면적(m^2)	산출근거	상근인력(인)	비 고
체력 단련장	체력단련실	260	$6.6m^2 \times 40$인	–	1인당 면적 $6.6m^2$
	강사실	20	유사시설 면적	2	
다목적 체육실		160	$6m^2 \times 20$명$+\alpha$	–	α : 부속실 고려
탁구장 및 당구장		120	$20m^2 \times 4$대$+\alpha$	–	α : 부속장비 및 휴게 고려
샤워실 및 탈의실	샤워실(1)	40	유사시설 면적	–	거동이 불편한 이용객 전용
	샤워실(2)	180	$3m^2 \times 60$인	–	화장실 포함, 남녀구분, 사우나 포함
	로커/탈의실	160	$2m^2 \times 80$인	–	휴게공간 포함
	사무실	20	$7m^2 \times 2$인$+\alpha$	2	정부청사관리규정 관리영역

체력단련장은 운동기구 이용범위를 고려하고, 탁구장 및 당구장의 경우 탁구대 1대당 20m²를 기준으로 제시하였다(체육시설의 설치 · 이용에 관한 법률 시행령 시행규칙 제8조에 의한 별표 4가 개정(2000. 3. 28)되기 이전 법적 최소기준으로 현재는 제한 규정이 없음).

(3) 운영지원 부문

① 계획 시 고려사항

운영지원공간은 복합복지시설을 구성하는 모든 서비스공간의 관리운영을 지원하는 공용공간으로서 접근의 편의성이 확보될 수 있도록 계획되어야 한다. 또한 필요에 따라 각 부문별로 분산 배치하도록 하며 운영계획의 변화 및 운영자의 창의적 관리방식을 고려하여 융통성 있는 공간계획이 가능하도록 계획한다.

② 소요공간

- **운영사무실** : 복합복지시설 운영관리를 위한 업무공간은 기관장실, 사무실 및 기타 부속실로 구성된다.

  관장실은 시설을 대표하는 장의 통상적인 업무공간으로서 집무공간 및 간단한 회의 또는 내방객을 응접할 수 있는 공간계획이 요구된다.

* **그림 3·42** 일본 센본플라자 내 휴게식당

MEMO

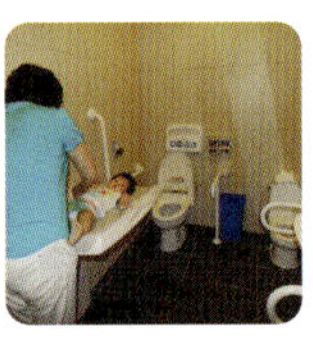

04
복합복지시설 공간디자인

04 복합복지시설 공간디자인

복합복지시설은 특정한 대상(노인, 장애인, 여성가족, 아동 등)이 주로 이용하며 다양한 공간이 복합되어 있는 특징을 갖고 있기 때문에 공간을 계획할 때 일반 건축물과는 다른 계획적 접근이 필요하다.

이 장에서는 이러한 복합복지시설의 공간을 계획함에 있어 고려해야 할 사항을 복지기능별 복합화, 외부공간, 무장애공간, 양성평등 등으로 나누어 제시한다. 복지기능별 복합화는 다양한 복지기능 중 복합화에 포함될 복지기능의 선정과 복합방식에 대한 사항으로 전문가 설문분석을 토대로 복합복지시설의 복합화 방안을 찾는다. 시설의 외부공간기법과 관련해서는 최근의 사례를 바탕으로 외부공간의 계획 중 복지시설과 연계가 가능한 치유정원의 디자인 방향을 제시한다. 또한 건축계획에 있어 최근 중요한 이슈가 되고 있으며, 복지시설에 그 필요성이 우선시되는 무장애공간과 양성평등의 적용방안을 모색한다.

1. 공간디자인의 전제

1) 합리적 복지 프로그램의 작성

우선적으로 건립될 지역에 적합한 복합복지서비스를 효과적으로 수행할 수 있는 합리적인 복지 프로그램을 작성하는 것이 중요하다. 여기에는 노인, 아동, 청소년, 여성, 장애인 그리고 지역의 일반주민에 이르기까지 전문적인 복지서비스는 물론 일반적인 공공서비스가 포함되며 전문성과 보편성을 갖춘 기관으로서의 역할을 수행할 수 있도록 해야 한다. 프로그램에는 제공할 복지서비스의 종류와 양, 그리고 서비스의 수준 등이 기본적으로 포함되어야 한다. 이러한 프로그램은 복합복지시설이 건립될 지역에 따라 다르므로 일률적인 프로그램을 적용하기 어려우며, 해당 지역에 적합한 맞춤형 프로그램을 작성하는 것이 무엇보다도 중요하다.

복합복지시설에 포함될 복지서비스가 선정된 후에는 이를 효과적으로 제공하기 위한 조직 및 인력계획, 업무수행방법의 설정, 소요공간의 선정, 주요 공간의 연계방식, 주요장비계획, 경영수지계획, 시설의 운영 및 관리방안 그리고 시설의 장 · 단기발전계획 등을 수립한다.

2) 기능적 합목적성의 성취

설정된 복지 프로그램에 부합되는 건축설계 및 건설이 이루어져야 한다. 프로그램 또는 건축설계지침에서 제시하고 있는 주어진 기능을 효과적으로 수행할 수 있는 건물이 되기 위해서는 건축물의 배치, 내부공간의 계획, 세부적인 마감에 이르기까지 세심한 배려가 필요하다.

복지시설은 노인, 아동, 여성, 장애인 등의 실질적인 복지증진과 사회참여 기회확대 등을 위한 교육, 재활훈련, 보호 등의 공간을 제공하며, 시민 모두에게 서비스가 제공되는 친밀성과 편의성을 갖추고 모든 이용자를 위한 안전성을 확보해야 한다. 복지시설은 단순히 기술적 측면을 중시하는 것에 그치지 않고 복지시설을 둘러싼 사회적 요청의 변화 등을 정확히 파악하여 계획되어야 한다.

복지시설은 기본적으로 시설 이용자의 신체적 · 정신적 특성과 서비스제공자의 업무환경을 동시에 고려한 공간이 되어야 한다. 아울러 복지시설로서의 기능은 물론 시민에 대한 서비스 공간으로서의 의미와 상징성을 갖도록 계획한다.

3) 주변환경의 고려

복합복지시설 부지 인근의 역사, 문화, 인구 등의 인문환경, 지형, 기후, 식생 등의 자연환경 그리고 교통, 도시 및 건축 등의 건조환경 등을 종합적으로 고려하여 대상건물의 기능, 형태 및 공간 등을 구상한다. 이때 부지를 둘러싸고 있는 현재의 환경뿐만 아니라 미래의 변화를 고려한 계획을 수립함으로써 보다 지속가능한 계획이 되도록 한다.

4) 여성에 대한 배려

여성들이 편안하고 안전하게 이용할 수 있도록 기능을 선정하고, 내 · 외부 공간의 시설계획 시 이를 세심하게 반영한다. 예를 들면, 여성의 이용비율 및 이용행태를 고려하여 화장실 수를 계획하고, 유아를 동반한 여성 이용자를 고려하여 칸막이 내부 면적을 넓게 하거나, 소지품 보관을 위한 선반의 설치, 기저귀 교환대 등을 계획한다.

전체적으로 밝고 명랑한 분위기가 되도록 하며, 치안 및 안전에 유의하고 지하주차장을 설치할 경우 사각지대를 최소화하며, 조명계획 및 방범설비계획에 유의한다. 노약자와 장애인은 물론 유모차 등도 안전하고 편리하게 이동할 수 있도록 바닥, 출입구, 창문 등을 계획한다.

5) 유니버설디자인의 실현

복합복지시설에는 기본적으로 유니버설디자인을 적용한다. 이 개념은 접근 가능한 디자인(accessible design), 무장애디자인(barrier free design)을 포함하는 내용으로 노약자 및 장애인뿐만 아니라 일반인들에게도 적합한 환경디자인이며, 모든 사람을 위한 평생디자인의 개념이다. 유니버설디자인이 되기 위해서는 연령이나 성별, 국적, 문화적 배경, 장애의 유무에 관계없이 누구나 내 · 외부 공간 및 시설을 쾌적하고 편리하게 이용할 수 있도록 해야 한다. 이것은 안전성, 쾌적성, 편리성, 적응성, 접근성, 심미성은 물론 공공성까지도 포함하는 디자인 개념을 갖는다.

특히, 안정성과 관련해서는 복도, 계단, 화장실, 창호, 가구, 엘리베이터, 출입문 등에 대한 세밀한 계획이 요구된다. 쾌적성을 확보하기 위해서는 일조, 통풍, 환기, 실내온도, 습도, 공기의 질 등을 적정하게 유지할 수 있는 있는 기초 환경 조성에 유의하여야 한다. 유니버설디자인을 위해서는 기본적으로 '장애인 · 노인 · 임산부 등의 편의증진 보장에 관한 법률' 을 적용할 필요가 있다.

6) 융통성의 확보

장래 도시의 성장과 변화 또는 축소까지도 모두 수용할 수 있는 기능체로서의 복합복지시설에 대한 융통성 있는 계획이 필요하다. 이를 위해서는 내부의 변화에 대한 융통성은 물론, 장래의 새로운 수요를 수용할 수 있는 확장성에 대한 배려가 동시에 요구된다.

구체적으로는 내부기능의 변화, 복지 및 건강수요에 대한 변화, 새로운 기능의 요구 등에 대하여 유기적으로 대응할 수 있는 건축 계획안이 요구된다. 그리고 건축 계획적 측면 이외에도 구조, 설비, 토목 등 다양한 분야를 포괄하는 총체적인 계획으로 구상될 필요가 있다.

7) 경제적인 건물의 실현

경제적인 건물이 될 수 있도록 초기투자비 및 건물운영비를 함께 고려한 생애비용(LCC)이 최소화되는 방안을 강구한다. 특히, 건물의 운영비에는 건축물을 작동하기 위한 기계적인 비용 외에, 기능의 합리적인 배치에 따른 인력의 절감 등도 포함된다. 다만, 비용절감에 있어서 서비스의 질을 확보하는 것이 전제가 되어야 하며 경제성만을 추구한 계획은 의미가 없다.

업무의 효율적 측면을 고려한 시설의 기능적 배치 및 업무환경의 쾌적성 확보로 업무능률을 향상시킴으로써 경제적 건물이 되도록 한다. 업무환경개선에는 사무자동화 및 네트워크화, 적절한 조명계획(자연채광 및 인공조명), 색채 및 음향계획, 마감계획, 위생설비, 공조설비 등을 포함하며 직원의 건강까지도 배려함을 의미한다. 이러한 설비는 향후 보수 및 교체를 고려하여 유지관리가 용이하도록 해야 한다.

경제성을 확보한다는 것은 1차적으로 비용의 지출을 줄이는 것을 의미하지만 이와 동시에 수익사업을 통해 시설의 수익성을 증대하는 것 또한 포함한다. 수익성을 높이기 위해서는 복합복지시설 본래의 기능인 복지서비스의 질적 수준을 확보하는 것이 전제가 되어야 하며 적정한 수익시설의 선정과 배치, 운영 등을 감안한 계획안을 수립할 필요가 있다.

8) 저에너지 소비 및 환경 친화적인 접근

지속가능하며 건강한 도시의 이미지에 부합하는 환경친화적 계획방식을 적극 반영하여 장기적으로 경제성을 추구함과 동시에 쾌적함을 극대화할 수 있도록 한다. 이를 위해서는 건축설계 시 환경친화적인 방안을 구체적인 건축계획의 요소로 적극 활용하여야 한다. 이때 이러한 요소가 앞서 언급한 기능적 합목적성, 공공성, 융통성, 경제성, 유니버설디자인 등의 원칙과 상충되지 않도록 유의한다. 환경친화적 건축계획의 고려사항으로는 다음과 같은 것이 있다.

- 건축계획 시에는 부지의 환경조건, 복지시설의 용도 및 규모 등을 종합적으로 판단하여 저에너지 친환경계획을 수립한다.
- 자연채광과 통풍을 고려한 배치계획 및 입면디자인으로 불필요한 에너지 사용을 감축할 수 있도록 하며, 미기후 등을 이용한 자연적 냉·난방설계기법을 적극 활용한다.
- 공기조화설비로부터 공급되는 에너지의 효율적인 이용을 고려하여 건축물 관련 에너지 사용의 합리화를 도모한다.
- 신재생 에너지를 활용한 에너지 저소비형 건축물을 계획한다.

- 건물 외피를 통한 열손실을 최소화할 수 있도록 계획한다.
- 건물에너지 소비 중 많은 부분을 차지하는 난방에너지를 절약할 수 있는 패시브 태양열 및 태양광 이용 시스템을 적극 고려한다. 이를 위해 건물의 방향은 태양에너지를 많이 받아들일 수 있도록 남향으로 배치하되 남향으로 배치할 수 없을 경우 최소한 남서 또는 남동향으로 계획할 수 있도록 한다.
- 이용이 빈번하지 않은 곳에는 태양전지를 이용한 가로등을 설치하여 일조량이 많은 여름철에 태양전지로 전원을 공급할 수 있도록 고려한다.
- 벽면 및 지붕녹화 등의 방법을 활용하여 친환경 이미지를 극대화함은 물론 에너지 절감효과를 최대한 이끌어 낼 수 있는 입체녹화개념을 적극 개발한다.
- 국외의 저탄소녹색성장을 위한 환경친화적 사례에 대한 분석 및 유용한 방식의 적용을 검토한다. 해외 사례를 국내에 적용할 경우 어떠한 기대이익이 예상되는지에 대한 구체적인 분석 후 적정한 방식을 선택하거나 기본 방식을 변형하는 것이 필요하다.

2. 복지 부문별 복합화 디자인

본 절에서는 복합복지시설의 각 서비스를 어떻게 복합화하는 것이 적절한지를 제시한다. 이를 위해 종합복지관에 근무하는 사회복지전문가를 대상으로 한 설문조사를 통해 복합화를 위한 기능을 선정하고 각 서비스별로 어떠한 서비스가 복합화하는 것이 적절한지 제시한다.

설문조사는 전국의 종합사회복지관(연면적 2,000m^2 이상)에 근무하는 사회복지전문가를 대상으로 하였다(총 225부).

1) 복합화의 복지서비스 대상 선정

복합화에 적합한 복지시설 선정은 영유아, 아동, 청소년, 장애인, 노인 등 대상자별 개별 법률에 제시되어 있는 것을 기본으로 전문가 설문조사 및 시설 기능 검토를 통하여

✻ 표 4·1 복지서비스 대상

구 분	빈도수(명)	구성비(%)
노인시설	151	14
보육시설	148	14
아동시설	144	13
보건의료시설	139	13
공용시설	130	12
장애인시설	127	12
청소년시설	126	12
여성시설	112	10
합 계	1,077	100

제시한다. 설문조사 결과 가장 수요가 높은 복지서비스 대상은 노인시설, 보육시설, 아동, 보건의료시설 등이며 근소한 차이로 일반인 공동이용 공간(지원기능) 및 장애인시설, 청소년시설에 대한 수요가 그 뒤를 잇고 있다. 여성시설에 대한 수요는 상대적으로 적으나 근소한 차이를 보이고 있어 복합복지시설에서 특정한 복지서비스를 배제하기는 어려울 것으로 보인다.

2) 시설 복합화 방안

복지시설의 복합화 방안은 개별 복지시설 간 친화도를 분석하여 제시한다. 즉, 각각의 복지시설과 복합화가 바람직한 타 복지시설의 선호도를 설문조사를 통해 선정한다.

(1) 노인시설

노인시설과 복합화하는 데 가장 바람직한 시설로는 보건의료시설이 75%로 가장 높게 나타났으며, 다음으로는 장애인시설이 10%로 보건의료시설과는 차이가 있는 것으로 나타났다. 반면, 노인시설과 복합화하는 데 가장 바람직하지 않은 시설은 없다는 의견이 45%로 가장 높았고, 그 다음으로는 보육시설(17%), 청소년시설(15%)순으로 나타났다.

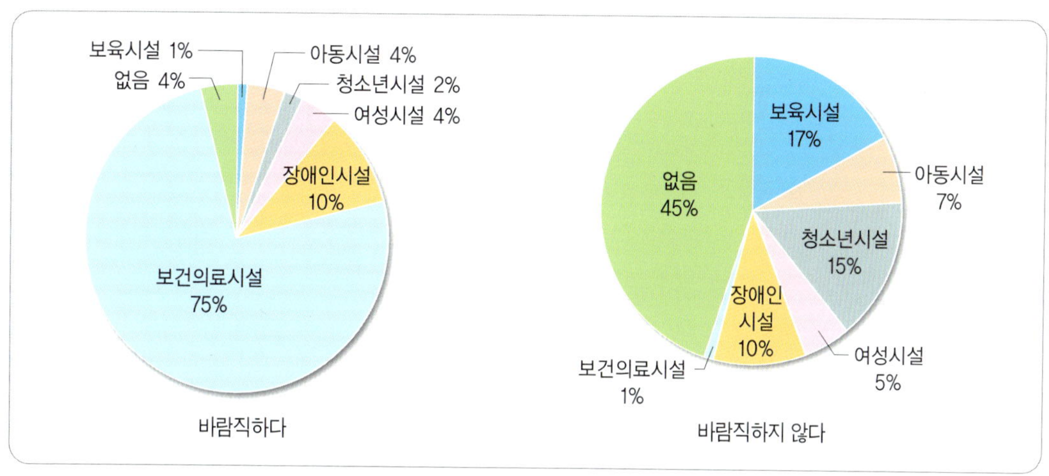

✻ **그림 4·1** 노인시설과 복합화하기 좋은 복지시설 선호도

✻ **표 4·2** 노인시설과 복합화하기 좋은 복지시설

구 분	바람직하다		바람직하지 않다	
	빈도수(명)	구성비(%)	빈도수(명)	구성비(%)
보육시설	2	1	38	17
아동시설	10	4	15	7
청소년시설	4	2	33	15
여성시설	9	4	11	5
장애인시설	23	10	23	10
보건의료시설	168	75	3	1
없 음	9	4	101	45
합 계	225	100	224	100

조사결과는 노인시설의 경우 보건 및 의료기능과의 복합화를 가장 선호하는 것으로 나타나 계획 시 보건 및 의료서비스를 강화할 필요성이 가장 높을 것으로 판단된다.

(2) 아동시설

아동시설의 복합화 선호도를 보면, 아동시설과 보육시설을 복합화하는 것이 가장 바람직하다는 의견이 50%로 가장 높았고, 다음으로는 청소년시설(19%)과 여성시설(19%)인 것으로 나타났다. 아동시설과 복합화하는 데 바람직하지 않은 시설은 없다는 의견이 38%로 가장 높았고, 그 다음으로는 노인시설(26%), 장애인시설(15%)순으로 나타나고 있다.

즉, 아동시설은 아동과 직접적 관계가 높은 보육, 여성 등의 서비스와 복합화를 유도하는 것이 바람직할 것으로 보인다.

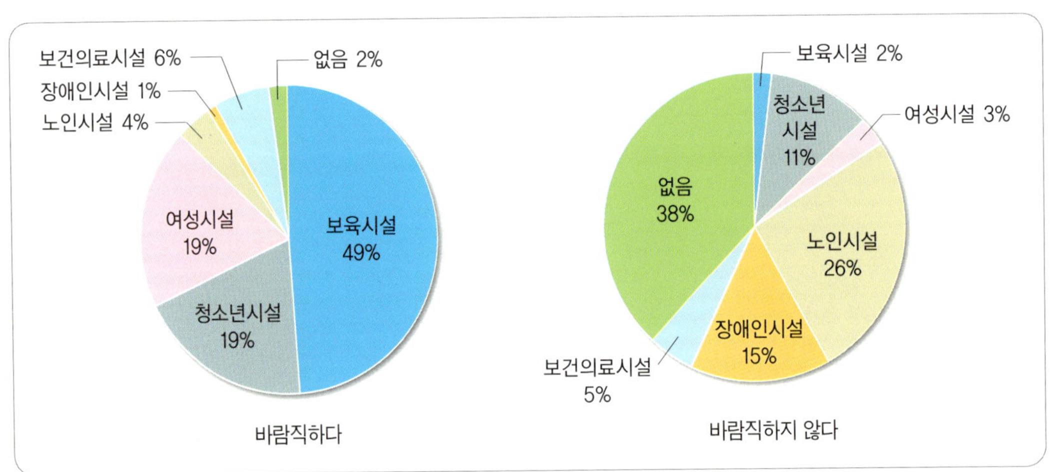

* **그림 4·2** 아동시설과 복합화하기 좋은 복지시설 선호도

* **표 4·3** 아동시설과 복합화하기 좋은 복지시설

구 분	바람직하다		바람직하지 않다	
	빈도수(명)	구성비(%)	빈도수(명)	구성비(%)
보육시설	111	49	5	2
청소년시설	43	19	24	11
여성시설	42	19	6	3
노인시설	9	4	58	26
장애인시설	2	1	34	15
보건의료시설	13	6	11	5
없 음	4	2	86	38
합 계	224	100	224	100

(3) 청소년시설

청소년시설과 복합화하는 데 가장 바람직한 시설로는 아동시설이 50%로 가장 높았으며, 복합화하는 데 가장 바람직하지 않은 시설은 없다는 의견이 43%로 가장 높게 나타나 타 시설과의 복합화에 대한 거부감이 적은 것으로 보인다. 그러나 노인시설의 경우 바람직하지 않다는 의견이 26%를 차지하고 있어 노인시설과의 적극적 복합화는 바람직하지 않을 것으로 판단된다.

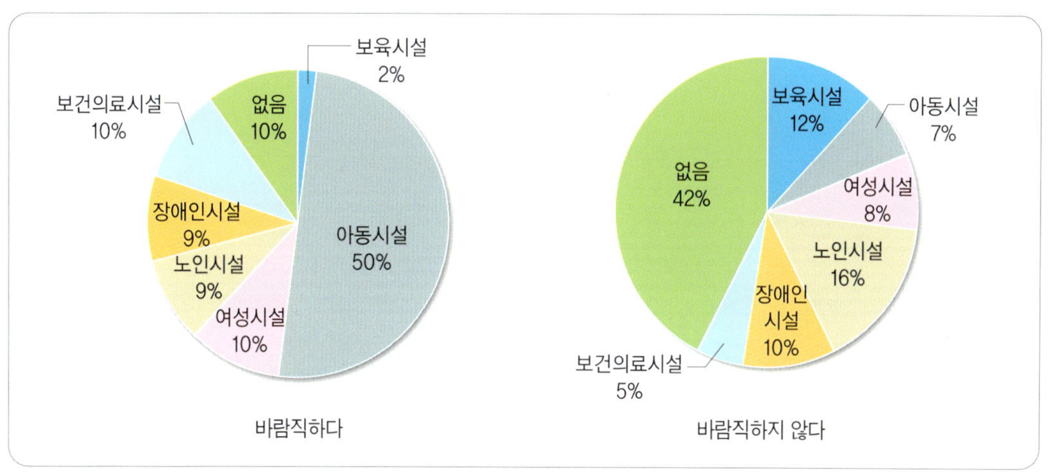

* **그림 4·3** 청소년시설과 복합화하기 좋은 복지시설 선호도

* **표 4·4** 청소년시설과 복합화하기 좋은 복지시설

구 분	바람직하다		바람직하지 않다	
	빈도수(명)	구성비(%)	빈도수(명)	구성비(%)
보육시설	5	2	26	12
아동시설	110	50	15	7
여성시설	23	10	17	8
노인시설	19	9	35	16
장애인시설	19	9	22	10
보건의료시설	22	10	11	5
없 음	23	10	97	42
합 계	221	100	223	100

(4) 여성시설

여성시설과 복합화하는 데 가장 바람직한 시설은 보육시설(48%), 아동시설(20%), 보건의료시설(16%)순으로 나타났다. 복합화하는 데 가장 바람직하지 않은 시설이 없다는 의견이 과반수(58%)로 나타났다. 그러나 노인시설과 장애인시설과의 복합화를 반대하는 의견이 각각 16%, 12%를 차지하고 있어 타 시설에 비해 선호도는 낮은 것으로 판단된다.

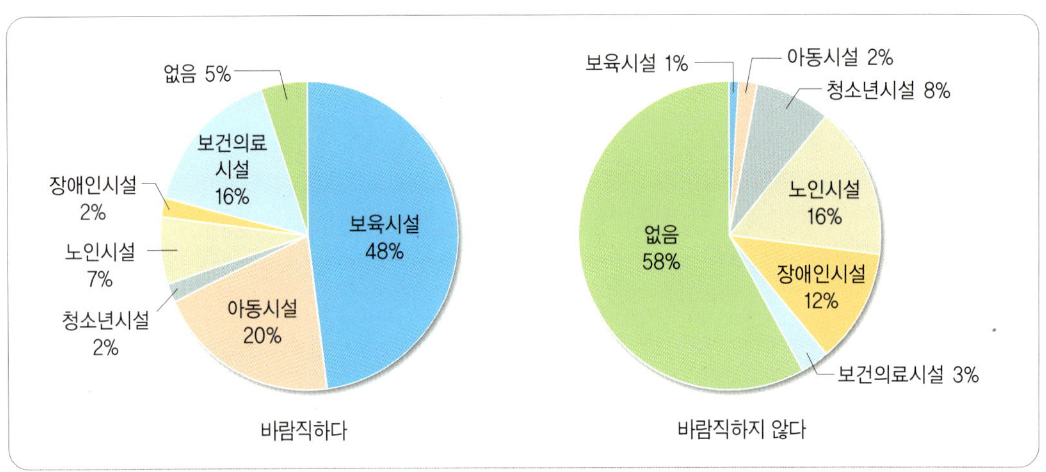

* **그림 4·4** 여성시설과 복합화하기 좋은 복지시설 선호도

* **표 4·5** 여성시설과 복합화하기 좋은 복지시설

구 분	바람직하다		바람직하지 않다	
	빈도수(명)	구성비(%)	빈도수(명)	구성비(%)
보육시설	107	48	3	1
아동시설	44	20	4	2
청소년시설	5	2	19	8
노인시설	16	7	35	16
장애인시설	5	2	26	12
보건의료시설	35	16	7	3
없 음	10	5	129	58
합 계	222	100	223	100

(5) 장애인시설

장애인시설과 복합화하는 데 가장 바람직한 시설로는 보건의료시설이 70%로 가장 높게 나타났고 다음으로 노인시설(13%)이 뒤를 잇고 있다. 장애인시설과 복합화하는 데 가장 바람직하지 않은 시설은 없다는 의견이 과반수(50%)로 나타났지만 보육시설의 경우 반대하는 의견이 16%로 나타나 타 시설에 비해 선호도가 낮은 것으로 나타났다.

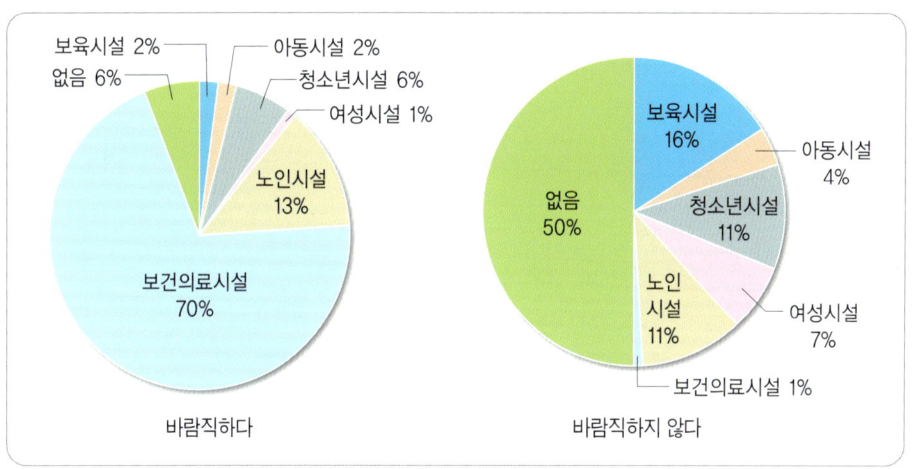

✻ **그림 4·5** 장애인시설과 복합화하기 좋은 복지시설 선호도

✻ **표 4·6** 장애인시설과 복합화하기 좋은 복지시설

구 분	바람직하다		바람직하지 않다	
	빈도수(명)	구성비(%)	빈도수(명)	구성비(%)
보육시설	5	2	35	16
아동시설	5	2	10	4
청소년시설	14	6	25	11
여성시설	3	1	15	7
노인시설	28	13	25	11
보건의료시설	156	70	3	1
없 음	13	6	112	50
합 계	224	100	225	100

3) 기능별 복합화 방안

(1) 복합화의 기본 방향

복합복지시설에 포함될 6개 복지시설에 대하여 상호 근접배치할 기능과 거리를 둘 기능을 선별하여 건축계획 시 시설 내 조닝계획에 반영하도록 한다. 앞서 분석된 전문가 설문조사 내용을 토대로 복지시설 간 조닝계획을 한 후, 각 시설별로 필요한 공간은 전용공간으로 사용하고 휴게실이나 출입구, 옥외휴식공간과 같이 공동으로 사용할 수 있거나 중복되는 공간은 함께 사용하도록 유도하는 것이 바람직하다. 또한 서로 다른 서비스 이용 대상 간 원활한 교류 프로그램 진행이 가능하도록 공용공간을 계획한다.

그 밖에 운영주체가 달라질 경우를 고려하여 별도 건물로 하거나 별도 구획이 가능하도록 계획하여 운영의 효율성을 높일 수 있도록 한다.

(2) 기능별 조닝계획(zoning plan)

설문조사를 분석한 결과를 기본으로 복합복지시설의 복합화 계획을 기본적으로 3개의 영역으로 나누고 경우에 따라 보건의료 부분을 별도로 계획한다.

기본적인 3개 영역 중 첫 번째는 청소년, 아동, 여성가족, 두 번째는 노인과 장애인,

✻ 표 4·7 복합복지시설의 조닝

<table>
<tr><th>서비스 유형</th><th colspan="2">청소년, 아동, 여성가족
(지역 1)</th><th colspan="2">노인, 장애인
(지역 2)</th><th>지원기능(공용공간 포함)
(지역 3)</th><th>보건의료</th></tr>
<tr><td rowspan="3">기능 및 공간</td><td>청소년</td><td>상담, 심리검사, 동아리활동, 청소년활동센터</td><td rowspan="2">노인</td><td rowspan="2">방문요양, 방문목욕, 노인주야간보호, 복지용구 대여, 전문상담, 시니어클럽, 실버나눔일터, 세대교류 라운지</td><td rowspan="3">헬스장, 다목적강당, 다목적체육실, 북카페(세대공감), 복지체험공간, 이미용실, 영화/음악감상실, 포켓볼/당구장, 식당, 컴퓨터교실, 취미교실, 옥외광장, 행정지원공간</td><td rowspan="3">재활치료, 전문상담, 진료</td></tr>
<tr><td>아동</td><td>영유아플라자, 아동복지관</td></tr>
<tr><td>여성 가족</td><td>전문상담센터, 건강가정지원센터</td><td>장애인</td><td>상담, 재활서비스, 주간보호, 보호작업장, 점자도서관, 수화통역센터, 심부름센터</td></tr>
</table>

세 번째는 모든 부분에서 이용할 수 있는 지원기능이다. 각각의 복지서비스 중 의료 및 보건 관련 부분은 시설의 건립 여건에 따라 재활서비스와 전문 진료 기능을 통합하여 운영할 수 있다.

이러한 내용을 종합하여 복합복지시설의 기능별 조합(조닝)을 표 4-7과 같이 구성하였다. 다만, 조닝 간에도 교류공간을 적절히 계획하여 복합화의 장점을 활용할 수 있도록 건축계획을 유도할 필요가 있다.

(3) 각 기능별 복합화 계획

복합복지시설의 복합화 수준은 일부 시설과 옥외공간을 공유하며 개별 복지서비스 공간의 프라이버시를 높이는 중간 수준의 복합화 방식이 바람직하다. 각 서비스 지역(zone)별 출입구를 두어 이용자들의 혼란을 방지하되, 공용 부분에서 각 건물이 연결될 수 있도록 하여 기후가 좋지 않은 날에도 노약자들이 편리하게 이동할 수 있도록 계획한다.

각 서비스 지역은 전문적인 복지서비스공간으로 구성하여 이용자들이 효율적이고 이용자의 상태에 맞는 개별적인 복지서비스를 제공받을 수 있도록 한다. 또한 옥외공간으로부터의 진입을 적극적으로 유도하여 일반인의 시설 이용을 높이고 건강관리 및 복지서비스의 체험공간을 적극적으로 도입한다.

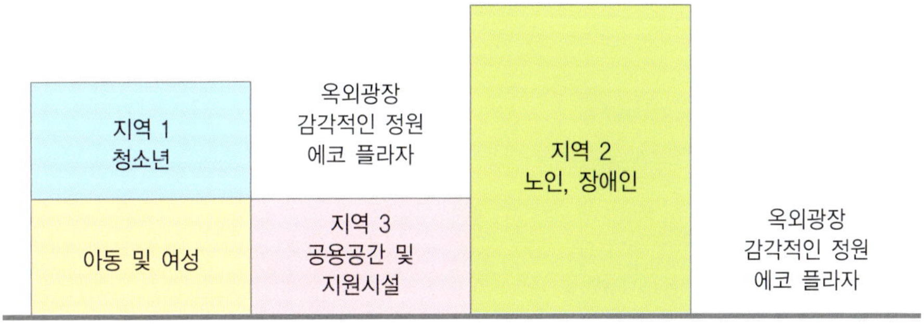

그림 4·6 복합복지시설 기능별 배치의 예

3. 치유정원 디자인

치유정원은 신체적 · 정신적으로 취약한 사람을 위해 치유의 개념을 적극적으로 도입한 정원으로 환경적 쾌적성뿐만 아니라 원예치료 등에 활용할 수 있는 계획된 정원을 의미한다. 복합복지시설에 도입되는 치유정원은 노인 및 장애인을 1차적 대상으로 개개인의 다양한 감각을 자극하고, 이용자들의 사회적 교류를 촉진시켜 서로를 이해할 수 있는 공간이 될 수 있도록 계획한다. 이를 위해 치유정원은 원예치료사, 조경전문가 등 관련 전문가들의 참여를 통해 운영 프로그램과 연계하여 계획하는 것이 바람직하다. 본 절에서는 일반적인 치유정원의 구성과 그 특징을 살펴보고자 한다.

치유정원의 구성은 미각(味覺), 후각(嗅覺), 촉각(觸覺), 시각(視覺), 청각(聽覺) 등 총 5개 부분으로 구성되며 각 부분은 각각의 감각에 적합하도록 계획한다.

1) 치유정원 계획 방향

치유정원은 노인 및 장애인 등 모든 이용자의 접근이 용이하도록 계획하며, 정원 관리에 필요한 설비 및 창고 등을 갖춘다. 또한 정원 내에 일광을 피할 수 있는 휴게공간을 마련한다. 정원의 각 이동 경로는 노인 및 장애인과 이들을 도와주는 직원과 가족이 함께 할 수 있는 적절한 폭을 확보한다. 또한 각 정원은 휠체어 사용자가 앉아서 식물을 체험할 수 있는 공간을 함께 제공한다.

치유정원의 계획 시 다음과 같은 사항을 고려한다.

* 그림 4·7 고령자, 장애인을 위한 치유정원은 일반 정원과 다른 특징을 갖고 있다.

(1) 안전한 환경

치유정원의 모든 이동공간을 무장애공간(barrier free)으로 계획하고 무독성 자재 및 식재를 사용한다. 또한 이용자의 안전을 위해 관리자의 관찰이 용이하도록 계획한다.

(2) 치유 특성 고려

원예치료의 효과를 고려하여 인간의 오감을 자극할 수 있도록 하고 직접 체험이 용이한 식재를 선택한다. 이와 함께 자연스러운 산책로로 활용할 수 있도록 계획한다.

(3) 쾌적성

정원을 구성할 때 다양한 장소에서 쉴 수 있도록 하고 그 공간은 그늘을 만들어 비, 햇빛 등을 피할 수 있도록 계획한다.

(4) 이용의 편리성

노인 및 장애인이 지지할 수 있는 다양한 보조기구를 설치하고, 휠체어 등의 보조기구 사용자와 같은 다양한 이용자층의 접근과 체험이 가능하도록 계획한다.

(5) 사회적 교류

가족 및 직원 등 그룹이 함께 정원을 체험할 수 있도록 계획한다. 또한 전문가에 의한 다양한 원예치료 프로그램이 가능하도록 하고 지역주민과 시설 이용자와의 교류를 촉진할 수 있도록 계획한다.

(6) 관리의 용이성

관리와 비용을 고려한 식재계획, 식재 관리를 위한 설비 및 물품을 수납할 수 있는 창고 계획 등 시설 관리의 편의성을 충분히 고려한다.

2) 치유정원 사례 : 일본 유카리유토피아(ユーカリ優都ぴあ) 케어가든

고령자시설에 도입한 치유정원 사례로 일본의 유카리유토피아(ユーカリ優都ぴあ) 케어가든을 소개한다. 이 치유정원은 오감을 주제로 5개의 소정원으로 나뉘어 계획되었으며, 이 소정원은 상호 연계되고 있다. 유카리유토피아는 다양한 고령자시설이 복합단지로 구성되어 있는 복지마을로 지역과 복지시설이 하나로 통합되도록 하고 있으며 이 케어가든은 지역과 고령자시설이 하나가 되는 데 중요한 역할을 하고 있다.

* **그림 4·8** 유카리유토피아 케어가든의 배치도

유카리유토피아 케어가든(치유정원)을 세부적으로 살펴보면 다음과 같다.

(1) 미각정원

미각(味覺)은 식물을 직접 기르고 수확하여 이를 직원과 함께 음식으로 만들어 먹을 수 있는 일련의 과정을 체험하도록 하는 정원이다. 식물을 수확하는 시점은 복합복지시설의 이벤트로 계획하여 다양한 사람들이 모여 함께할 수 있도록 여유공간이 정원 인근에 함께 계획되어 있다.

(2) 후각정원

허브 등 후각(嗅覺)을 자극할 수 있는 식물을 체험할 수 있는 정원으로 식물 등을 직접 채취하여 차 등을 만들어 마실 수 있도록 하고 있다. 후각적인 체험은 체험을 통해 과거를 회상할 수 있도록 식재를 계획하였으며 가족 및 직원과의 커뮤니케이션을 할 수 있는 공간이 되도록 하였다.

* **그림 4·9** 미각을 중심으로 한 정원

* **그림 4·10** 후각을 중심으로 한 정원

(3) 시각정원

시각정원의 각 식물은 계절의 변화를 시각(視覺)적으로 체험할 수 있도록 하는 것이 중요한 목표 중에 하나이다. 시각적 감각은 사계절을 대표할 수 있는 식물을 계획함으로써 계절의 변화를 시각적으로 느낄 수 있도록 계획하였다. 이 시각의 정원에서 기르는 각종 꽃은 채취할 수 있도록 하고 이를 실내 원예치료요법에 적극적으로 활용하고 있다.

(4) 촉각정원

각종 식물을 직접 손으로 만질 수 있도록 하는 정원으로 식물을 직접 기르고 채취할

* **그림 4·11** 시각을 중심으로 한 정원

* **그림 4·12** 촉각을 중심으로 한 정원

* **그림 4·13** 청각을 중심으로 한 정원

수 있도록 한다. 식물의 종류는 우리에게 익숙한 것으로 계획함으로써 직원 및 가족과 이를 주제로 다양한 대화를 할 수 있도록 유도한다. 손으로 직접 체험할 수 있도록 각 식물의 배치를 이에 적합하도록 계획하고 있다.

(5) 청각정원

청각(聽覺)의 정원은 교류의 장으로서 다양한 사람들이 교류를 촉진하는 정원으로 장애인 및 노인을 위한 잔디, 앉을 수 있는 장소 등으로 구성되어 있다. 큰 나무를 주변에 배치하여 그늘이 자연스럽게 만들어지게 하였다.

이 청각정원은 복합복지시설의 야외 행사 등을 위한 공간으로 활용하고 있으며, 지역주민에게 개방하여 시설 이용자와 지역주민과의 자연스러운 교류를 촉진시키고 있다.

4. 무장애공간 디자인

기본적으로 '장애인 · 노인 · 임산부 등의 편의증진 보장에 관한 법률' 을 준수하고, 그 밖에 관련 법령을 고려하여 계획한다.

1) 접근로

모든 사람이 안전하고 편리하게 이용할 수 있도록 하기 위하여 보행공간에는 이동에 장애가 되는 어떠한 장애물도 없어야 한다. 시각 · 청각장애인 등이 안전하게 이동할 수 있도록 유도하고, 휠체어 등이 통행할 수 있는 보행로의 폭과 기울기로 계획한다.

접근로는 보행안전구역(barrier free zone)[1]과 장애물 구역(barrier zone)[2]으로 구분하여 계획하고 보도에서 건축물로 접근 시, 수평이동이 가능하도록 무장애 연결통로를

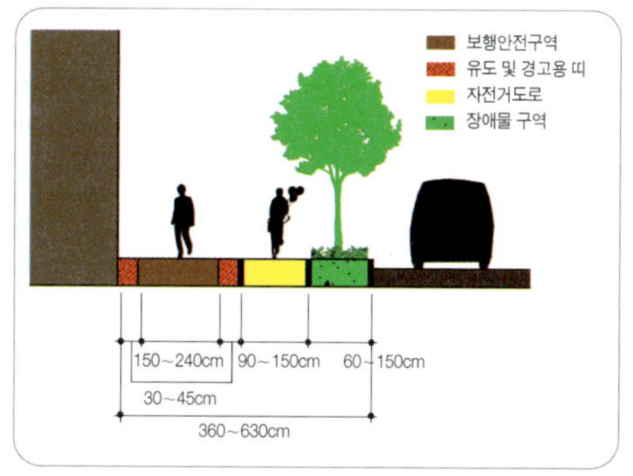

이동동선의 보행공간 내에는 벤치나 가로수, 가로등을 두지 말고 보행공간 밖에 설치하여(장애물 구역을 확보하여 계획) 모든 사람이 안전하고 편리하게 이동할 수 있도록 계획한다.

* **그림 4·14** 접근로
출처 : 한국토지공사 · 건국대학교(2007), 장애물 없는 도시 · 건축설계 매뉴얼

확보한다. 접근 보행로를 계획할 경우에는 단차는 없어야 하나, 지형상 불가피하게 경사로가 설치되는 경우 유효폭은 120cm 이상으로 하고 기울기는 1/18 이하로 설치한다(그림 4-14).

2) 주차장

주차 후 보행안전구역이나 건물의 주 출입구로 접근할 때 휠체어 사용자가 무리 없이 접근할 수 있는 보행로를 확보해 주며, 심리적으로 장애가 되지 않고 이동할 수 있도록 배려하여 계획한다(그림 4-15).

3) 건축물 주 출입구

주 출입구는 단차 없이 장애인 및 노약자 등이 접근 가능한 구조로 설치한다. 자동문이 가장 이상적이며, 여닫이문의 경우 문이 완전히 열리고 나서 휠체어가 머물 수 있

1) 보행안전구역(barrier free zone)은 장애물 없는 구역으로 설정된 무장애공간을 말함
2) 장애물 구역(barrier zone)은 기존의 보행로에 설치된 여러 도로시설물을 한곳에 집중적으로 설치한 구역을 말함

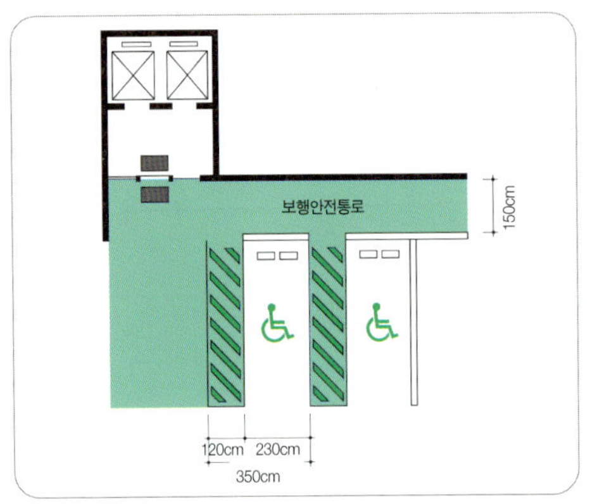

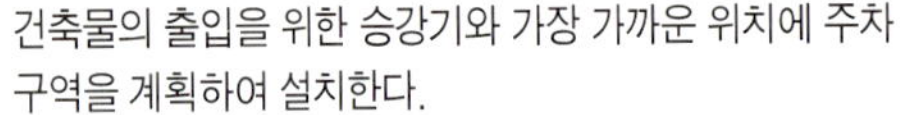

건축물의 출입을 위한 승강기와 가장 가까운 위치에 주차구역을 계획하여 설치한다.

주차구역 측면에 노면을 표시하여 휠체어 통행폭을 확보할 수 있도록 계획한다.

*** 그림 4·15** 주차장

출처 : 한국토지공사 · 건국대학교(2007), 장애물 없는 도시 · 건축설계 매뉴얼

도록 1.2m의 전면유효거리가 마련되어야 한다. 출입문이 완전히 투명한 유리로 되어 있을 경우 저시력 장애인을 위하여 1.2~1.4m 위치에 수평 띠를 부착하여 충돌을 방지하는 것이 바람직하다(그림 4-16).

기울기 1/18 이하로 평탄하고 미끄럽지 않은 재질을 사용하여 건축물로의 접근이 가능하도록 계획한다.

문턱 및 단차 없이 출입구를 계획한다.

*** 그림 4·16** 건축물 주 출입구

출처 : 한국토지공사 · 건국대학교(2007), 장애물 없는 도시 · 건축설계 매뉴얼

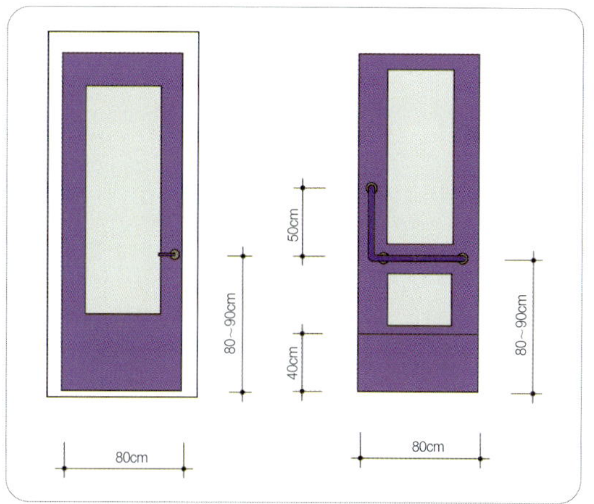

출입문의 유효폭은 80cm 이상, 손잡이는 레버형 또는 수직 및 수평막대 형태로 80~90cm 높이에 설치하도록 계획한다.

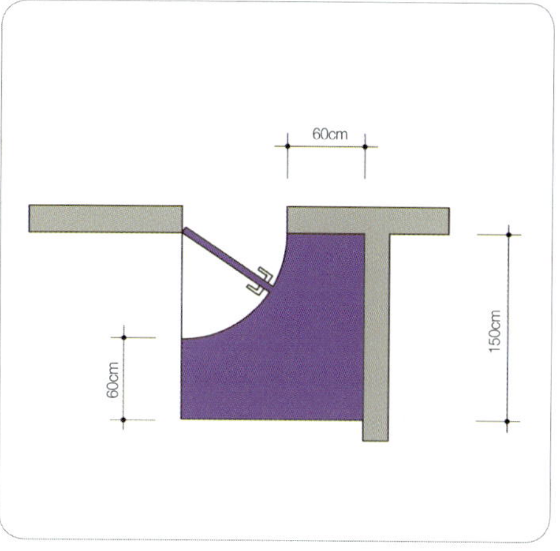

출입문 손잡이 측면에는 60cm 이상의 날개벽이 확보되도록 계획한다.

✻ **그림 4·17** 출입문
출처 : 서울시(2006), 장애인 편의시설 설치 매뉴얼

4) 출입문

출입문을 계획할 때는 열린 출입문이 통로를 차단하거나 시각장애인 등에게 장애물이 되지 않도록 하고 각 실의 출입문은 문턱이나 바닥면의 높이차를 두지 않도록 한다. 출입문의 손잡이는 레버형과 같이 누구나 사용이 쉬운 제품을 설치한다(그림 4-17).

5) 복 도

복도는 휠체어의 교행이 가능하도록 충분한 폭을 확보하고, 바닥면의 높이차를 두지 않도록 하며, 시각장애인이 방향을 인지하기에 용이한 구조로 계획한다. 바닥마감재는 평탄하고 미끄럽지 않도록 하고 통로 안쪽으로 돌출물이나 기타 보행 장애물이 없도록 고려한다.

시각장애인의 길찾기를 고려하여 국부조명이나 간접조명 등의 방법을 고려하여 조명을 설치한다(그림 4-18).

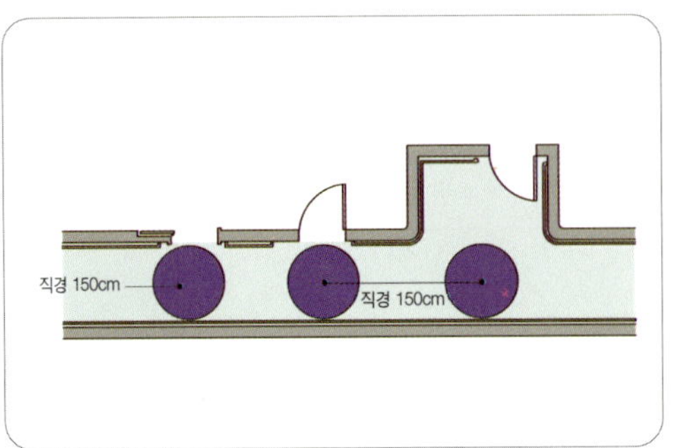

복도에서의 휠체어 활동공간을 고려하여 출입문 형태를 계획한다.

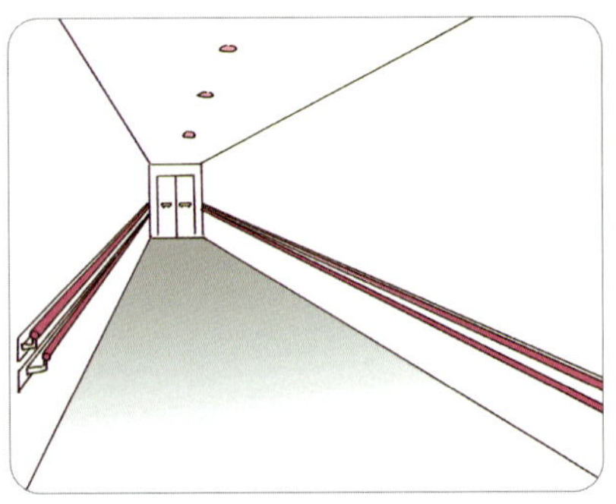

통로의 양측면에는 연속적인 손잡이를 설치하고, 바닥면으로부터 높이 60~210cm 이내에는 돌출물이 없도록 계획하는 것이 바람직하며, 돌출 폭은 10cm 이하로 설치한다.

*** 그림 4·18** 복 도

출처 : 서울시(2006), 장애인 편의시설 설치 매뉴얼

6) 계 단

계단참을 기준으로 상하 계단 수를 동일하게 설치하여 시각장애인의 안전에 최우선적으로 배려한다. 또한 노인을 포함한 시각장애인이 디딤판의 경계를 정확하게 인지할 수 있도록 계단코의 색상을 달리하여 계획하고 계단 양측면에 차갑지 않은 재질의 손잡이를 연속적으로 설치한다(그림 4-19).

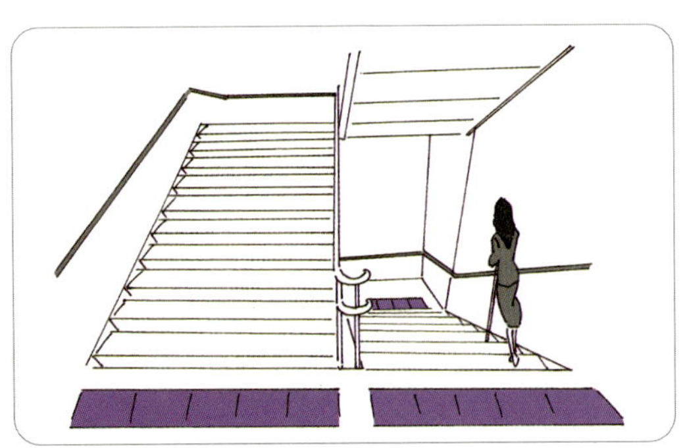

계단의 시작과 끝 30cm 전면에는 주위환기용 점형블록을 설치한다.

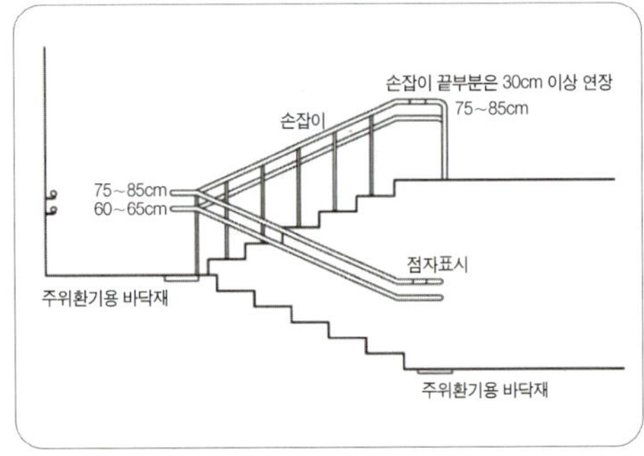

계단의 양측면에 연속적인 손잡이를 설치한다.

*** 그림 4·19** 계 단

출처 : (좌) 한국토지공사 · 건국대학교(2007), 장애물 없는 도시 · 건축설계 매뉴얼
(우) 국토해양부(2007), 교통약자이동편의시설 설치관리 매뉴얼

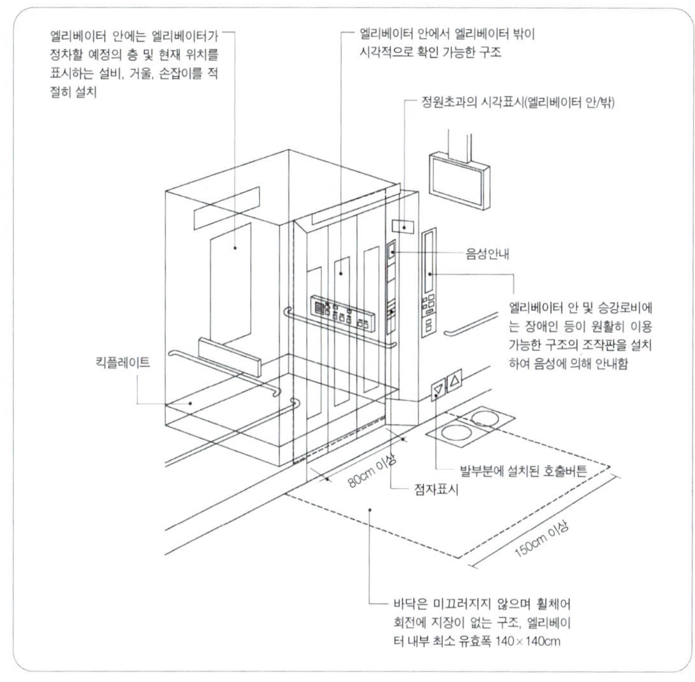

누구나 이용이 쉽고 편리한 승강기 설치

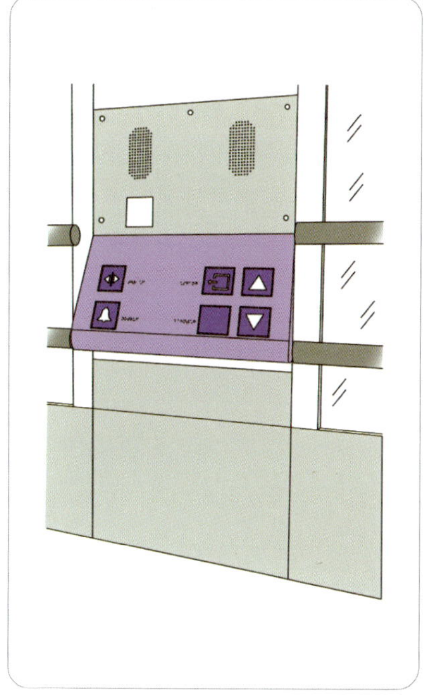
휠체어 사용자를 고려하여 설치한 가로조작반

그림 4·20 승강기
출처 : 서울시(2006), 장애인 편의시설 설치 매뉴얼

7) 승강기

승강기는 주 출입구 및 통로에서 인지와 접근이 용이한 위치를 고려하여 설치한다. 승강기 내 · 외부의 호출버튼, 조작반, 통화장치 등은 누구나 이용이 쉽고 편리하도록 한다. 또한 승강기의 진행 방향과 정지예정층, 현재의 위치 등에 대한 문자안내 표시장치 및 음성안내를 설치하고 휠체어 이용자의 사용이 가능하도록 충분한 내부공간을 확보한다(그림 4-20).

8) 위생시설

위생시설은 임산부, 노인, 어린이 등의 다양한 사용자를 고려하여 다기능공간이 될 수

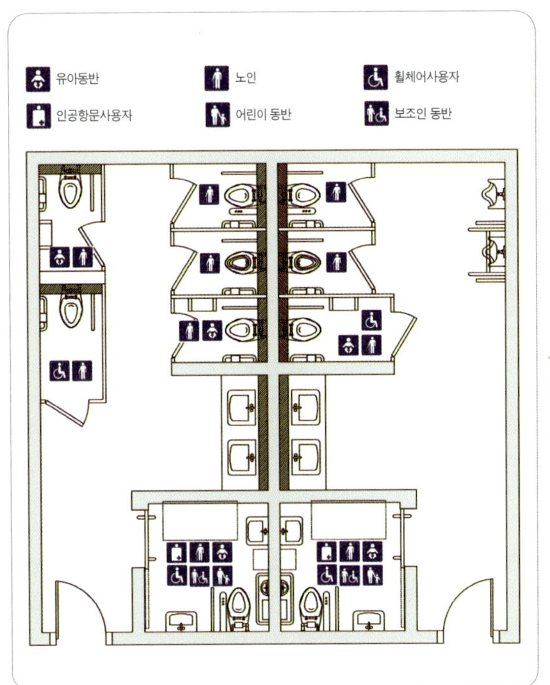

장애인뿐만 아니라 노인, 임산부, 유아를 동반한 가족들이 사용하기 편리하도록 계획된 다목적 화장실

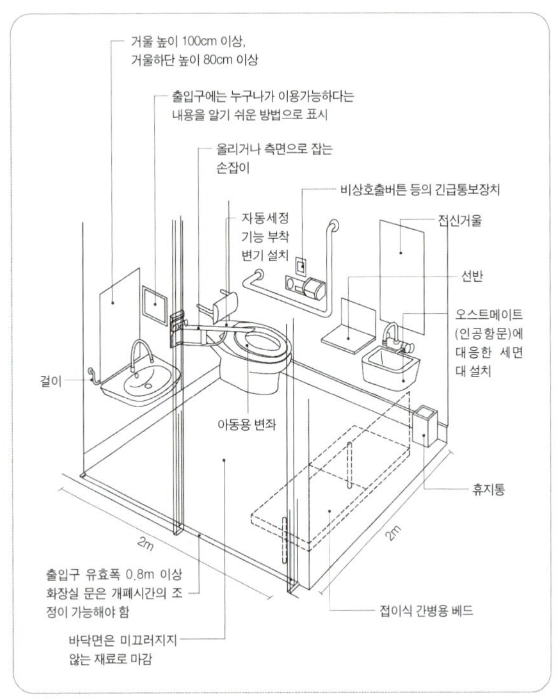

휠체어의 회전이 가능하고, 대변기 측면에서의 접근이 가능하도록 계획된 화장실

그림 4·21 위생시설
출처 : 한국토지공사 · 건국대학교(2007), 장애물 없는 도시 · 건축설계 매뉴얼

있도록 하고 누구나 원활히 이용 가능하도록 충분한 바닥면적을 확보하며, 양변기, 소변기, 세면대 등은 편리하고 안전하게 사용할 수 있는 구조로 계획한다. 바닥면은 높이 차이를 두지 않으며, 바닥표면은 물에 젖어도 미끄러지지 않는 재질을 사용한다. 세정장치, 수도꼭지 등은 누구나 사용하기 쉬운 형태로 설치한다(그림 4-21).

9) 접수대

접수대는 휠체어의 접근이 가능한 높이와 하부공간이 확보된 구조로 설치한다(그림 4-22).

90cm 이하의 높이로, 무릎 및 휠체어의 발판이 들어갈 수 있도록 높이 65cm 이상, 깊이 45cm 이상의 하부공간을 확보하여 계획된 접수대

그림 4·22 접수대
출처 : 한국토지공사 · 건국대학교(2007), 장애물 없는 도시 · 건축설계 매뉴얼

10) 사인계획

사인은 명시성이 높게 계획하고, 충격에 강한 재료를 사용한다. 또한 반사음을 느낄 수 있고 현휘를 느끼지 않도록 무광택재료를 고려하여 선정한다. 바닥은 재질을 구분하여 계획함으로써 공간의 차이를 느낄 수 있도록 한다.

5. 양성평등을 고려한 공간디자인

정부는 본격적인 성 인지적(性 認知的) 정책의 수립, 시행을 위해 2002년 12월 성별영향평가(gender impact assessment)[3] 제도를 도입하였다.

성 인지적 정책이란 정책과정에 양성의 동등한 참여를 보장하고 여성과 남성의 특성과 차이, 그리고 요구와 관점을 고르게 통합(반영)함으로써 의도하지 않은 성차별을

3) 정책과정에서 여성과 남성의 특성과 사회 · 경제적 격차 등의 요인들을 분석 · 평가함으로써 양성평등 정책이 개발 · 집행되도록 하는 도구이다. 여성발전기본법 제10조 제1항(국가 및 지방자치단체는 소관 정책을 수립 · 시행하는 과정에서 당해 정책이 여성의 권익과 사회참여 등에 미칠 영향을 미리 분석 · 평가하여야 한다)에 의해 실시되고 있다.

초래하는 일이 없도록 하며 궁극적으로 양성평등에 기여하는 정책이다. 일반적으로 정책을 만들 때 계층별, 지역별 요소를 고려하듯이, 성 인지적 정책은 성별을 중요한 기준 중의 하나로 사용한다. 성 인지적 정책에서 남성과 여성의 차이가 강조되는 이유는 남성과 여성의 서로 다른 특성과 조건, 필요와 요구를 반영하여 모든 정책 대상자에게 만족을 주고 정책 효과를 높이기 위해서이다.[4]

성 인지적 정책에 의한 개선의 필요성으로 공공시설 이용 시 여성화장실 앞에 항상 긴 줄이 늘어서 있는 것이 여성이 남성보다 화장실 이용횟수가 많고 이용 시간이 긴데다가 대소변기 수의 합이 남성 화장실보다 적기 때문이라는 사실에 주목하였다. 이러한 불편을 개선하기 위해 공중화장실 설치에 관한 규정들을 모아 '공중화장실 등에 관한 법률' 이 새로이 제정(2004. 1. 29)되었다. 동법에서는 공중화장실의 수는 이에 따라 조절하되 여성화장실의 좌변기 수는 남성화장실의 좌 · 소변기 수의 합 이상이 되게 설치하도록 기준을 정하고 있다.[5]

여성가족부는 성별영향평가 공모를 진행하여 '여성과 아동에게 불편 없는 도시 조성' 을 목표로 여성친화도시를 규정하였는데, 여성친화도시는 '성폭력 예방을 위한 심야버스 운행 · 사각지대 CCTV 설치 등 안전한 퇴근길 네트워크가 구축된 도시' , '통학거리 등을 고려해 보육시설과 학교가 배치된 도시' , '여성의 직업교육 및 평생교육기관이 배치된 도시' , '여성 고용기업이 유치된 도시' , '여성과 아동, 노약자, 장애인 등 사회적 약자가 편리하게 이용할 수 있는 교통체계(저상버스 · 경전철 · 노면전철 · 스크린도어 등)가 구축된 도시' 라고 하였다.

1) 여성인적자원의 개발 및 지원서비스 공간

성별 영향평가 결과 여성친화도시로 규정된 요소 중 '여성의 직업교육 및 평생교육기관이 배치된 도시' 가 포함되어 있다. 이를 위해 직업교육, 평생교육 등이 더욱 강화된 프로그램을 도입하고 지원공간을 계획할 필요가 있다.

---

4) 여성가족부(2008), 양성평등 정책 확산을 위한 2008년 성별영향평가 지침 및 안내서, p. 54.
5) 여성가족부(2008), 양성평등 정책 확산을 위한 2008년 성별영향평가 지침 및 안내서, p. 58.

서비스를 세부적으로 살펴보면 여성창업의 지원, 취업 알선 및 상담은 여성복지 부문의 양성평등센터 내 취업상담코너(창업카페), 맞춤형 여성직업교육의 확대는 지원서비스 부문의 강의실, 실습강의실, 컴퓨터교육실 등, 실버계층 전문일자리 창출은 노인복지 부문의 시니어클럽, 실버나눔일터, 장애인 직업재활은 장애인복지 부문의 직업상담실, 직업평가실 등에서 가능하도록 한다.

(1) 여성활동의 육성 및 지원서비스 공간

여성단체와 동아리 모임 활성화 및 지원을 위해 여성복지 부문의 양성평등센터 내 여성동아리 활동실을 배려하고 지원서비스 부문의 장애체험센터 내 자원봉사자실을 설치한다.

(2) 보육서비스 공간

아동복지 부문의 영유아플라자와 아동복지관을 설치한다. 영유아플라자는 영유아를 동반한 보호자가 이용하는 공간으로 육아정보교환을 위해 영유아자료실과 육아카페 등을 설치한다. 영유아자료실은 도서 · 비디오 · 오디오 자료를 개가식으로 열람하고 대출할 수 있는 공간이며, 육아카페에는 놀잇감이 마련되고, 수유와 기저귀 갈이 코너

그림 4·23 서울시 영유아플라자
출처 : http://blog.seoul.go.kr/

가 준비된다.

장난감이나 교재교구를 대여하는 장난감 대여실과 시간제 보육을 위한 보육실을 별도로 설치하고 가족아동상담과 정보제공 기능을 갖는 아동복지관을 설치한다.

이와 함께 아동의 적성이나 진로에 대해 상담을 받을 수 있는 아동상담실과 집단지도실을 설치하고 아동자료실에는 아이들에게 책을 읽어줄 수 있는 공간, 시설 입구 혹은 여성 관련 시설과 인접한 곳에는 유모차 보관 장소 등을 마련한다.

* 그림 4·24 중랑구 건강가정지원센터
출처 : http://www.asiae.co.kr/

(3) 취미 · 교양 등 문화서비스 공간

여성이 행복한 행복도시를 위한 심포지엄(2008. 2)에서 시행된 설문조사[6]에 따르면 '여성이 행복한 행복도시 건설에서 가장 중요하게 고려해야 할 요소'라는 질문에 대해서 '여성이 이용할 수 있는 문화시설'이라고 응답한 비율이 가장 높게(17%) 나타나고 있다. 따라서 여성들의 문화적 욕구를 충족시키기 위해서 다양한 교양 · 오락 · 교육 프로그램 등이 이루어질 수 있는 프로그램의 운영과 공간이 필요할 것으로 보인다. 이를 위해 지원서비스 부문에 다양한 강의실 및 실습강의실, 컴퓨터교육실, 체육시설 등을 설치한다.

(4) 양성평등의식 함양 및 건강가족을 위한 지원서비스 공간

성희롱, 성차별 등에 대한 의식개선 세미나를 위해 여성복지 부문의 건강가정지원센터 세미나실을 이용할 수 있도록 한다. 한부모가족, 다문화가족, 건강한 가족문화 가꾸기 등을 위한 교육 및 지원을 위해서는 여성복지 부문의 건강가정지원센터 세미나

6) 행정중심복합도시 건설청(2008. 2. 15), 여성이 행복한 행복도시를 위한 심포지엄, 한국토지공사, 참석자 중 50명에게 설문조사 받음

실, 지원서비스 부문의 다목적 강당 등을 이용한다.

2) 여성을 배려한 세부공간 디자인

(1) 화장실

복합복지시설의 이용자를 예상하였을 때 여성 중심이 되므로 여성화장실 변기 수를 공중화장실 등에 관한 규정의 최소한도보다 확대하여 남성화장실의 1.5배 이상 되도록 계획한다. 또한 여성화장실의 세면대 조도향상 및 조명방식 개선, 비데 설치, 에티켓 설치 확대, 여성과 남성 화장실 모두에 기저귀 갈이대 등을 설치하는 양성평등 화장실 확대 등의 계획이 이루어질 필요가 있다.

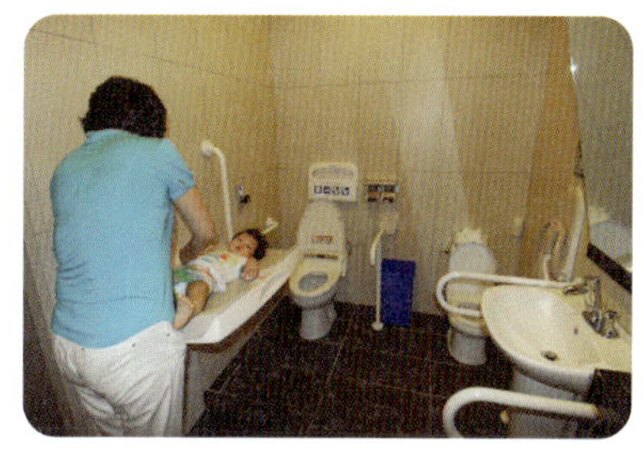

✻ **그림 4·25** 여성을 배려한 화장실의 예

장애인화장실은 남녀 구분 없이 아이를 동반한 부모, 혼자 거동하기 어려운 노인을 동반한 가족이 함께 사용할 수 있는 가족화장실로 통합하여 이용하도록 한다.

(2) 주차장

노약자와 영유아를 동반한 여성운전자를 위해 엘리베이터나 출입구 근처에 전용 주차공간을 설치하고 주차면의 크기도 보조기구를 사용할 수 있도록 폭을 조정한다. 운전자가 영유아를 안고 차에 오르내리거나 노인을 부축하고 내리는 데 불편함이 없도록 기존의 공간보다 넓은 주차공간을 확보한다.

지하주차장 및 시설 내 경비 사각지대로 예상되는 곳에는 비상벨 등 사고 시 바로 관리실이나 경찰서로 연락할 수 있는 장치를 마련한다.

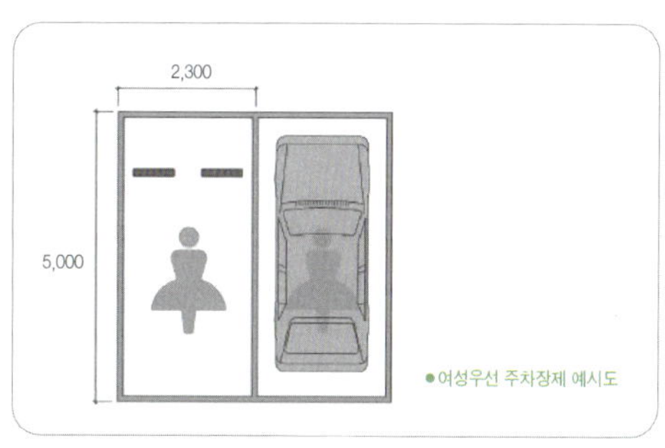

✻ **그림 4·26** 여성우선주차장 사례
출처 : 서울시(2009), 여성프로젝트 시설 가이드라인

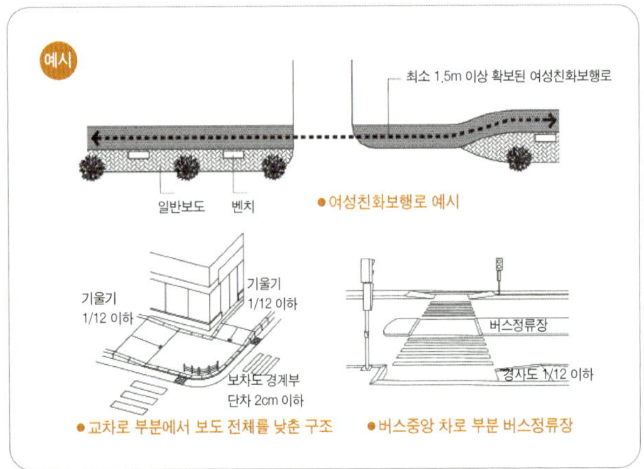

* **그림 4·27** 여성친화보행로 사례

자료 : 서울시(2009), 여성프로젝트 시설 가이드라인

(3) 접근로 및 출입구

여성의 보행편의를 배려한 재료를 선택하고 유모차 이용이 편리한 출입구 및 경사로 등을 계획한다.

(4) 기타 고려사항

여성복지 부문의 양성평등센터 내에 인터넷 정보 및 도서코너(인터넷 & 북카페), 노인복지 부문의 세대교류휴게실 등을 계획한다.

MEMO

05

실천을 향한 운영디자인

05 실천을 향한 운영디자인

복합복지시설은 다양한 복지서비스를 지역 주민에게 제공하는 시설로서 기능을 효과적으로 수행하기 위해서는 운영주체, 운영방식 등에 대한 운영계획 설정이 중요하다.

특히, 복합복지시설은 기존의 종합사회복지관보다 부문별 복지서비스 기능이 강화된 복합시설로서 기능 간 연계성, 서비스의 지속성 등을 고려하고 지역의 수혜 주민에게 보다 효과적인 복지서비스를 제공할 수 있는 주체가 운영을 담당하여야 한다.

이에 복합복지시설이 지역주민에게 보다 나은 서비스를 제공해 주고 효율적인 운영이 가능하도록 실천방안을 검토 · 제시하고자 한다. 이를 위하여 운영과 관련한 법규 검토, 복지시설의 운영에 대한 이론적인 고찰, 종합사회복지관 운영 사례 검토, 복합복지시설 운영 시 고려사항, 시설물 관리 등 운영관리방안, 조직 및 인력계획 등을 살펴보았다.

1. 운영에 대한 이론적 고찰

1) 운영방식의 종류

공공시설의 운영방식으로는 크게 지방자치단체에서 직접 관리하는 직접관리방식(직영)과 지방공단, 민간 등에 의해 관리되는 간접관리방식(위탁)이 있다.

직접관리방식에는 소규모시설인 경우 해당 지방자치단체에서 관련 공무원이 직접 관리하는 행정부서 관리형과, 직제상 본청 소속의 공무원이 당해 시설에 독립적 행정기관을 두어 관리하는 사업소형이 있다.

간접관리방식으로는 민간위탁방식, 지방자치단체가 운영하는 지주회사 형태인 지방공단형, 지방자치단체가 출자한 독립기업 형태인 지방공사형(제3섹터형,[1] 재단법인, 사단법인 등)이 있다.

2) 관리 · 운영방식

(1) 직접운영방식

직접운영방식은 소유자나 권한 있는 자가 직접 관리하거나 소유자의 책임과 비용으로 채용한 자가 관리하는 방식으로 일반적으로 국가 및 지방자치단체(대부분이 지방자치단체임)에서 복지시설을 설립하기 때문에 소속 공무원을 파견하여 운영하는 것으로 다음과 같은 장단점이 있다.

① 직영방식의 긍정적 효과

- **공공성과 신뢰성** : 경제적 논리보다는 공공성과 서비스의 신뢰성이 중요하다.
- **일관성 있는 관리 운영** : 복지시설은 주민 복지라는 정책의 목표를 달성하기 위한 것으로 관리운영의 일관성과 연계성 유지가 가능하다.
- **책임과 권한이 명확** : 법적 규정에 따라 책임과 권한이 명확하다.
- **안정적 운영재원 조달** : 필요한 재원을 국가보조 및 자체 예산에서 충당이 가능하다.
- **서비스의 지속성** : 파산에 대한 우려가 없어 공공서비스의 지속적 제공이 가능하다.

② 직영방식의 문제점

- **효율성과 효과성 저하** : 공조직의 특성상 적극적인 조직 운영과 효율적 전달체계로의 개편이 원활히 이루어지지 않으며 감사를 의식하여 합목적적인 행위보다는 합법적인 행위에 더 큰 비중을 두어 운영의 효과성이 저하될 우려가 있다.

1) 이 경우 지방자치단체의 출자금이 50%를 넘지 않아야 한다.

- **전문성 결여** : 담당 공무원의 잦은 인사이동으로 인한 전문성 결여의 문제가 있다.
- **예산 낭비 요인 발생** : 예산이 일단 책정되면 경비 절감보다는 예산에 맞추어 운영하게 되어 낭비 요인이 발생한다.
- **무사안일주의 우려** : 이윤동기가 없어 사업 개발 및 관리체계 개선이 어렵고 전시행정과 무사안일주의 발생 가능성이 높다.

(2) 민간위탁 운영방식

민간위탁이란 정부가 생산하여 공급하던 서비스를 정부를 대신하여 민간기관이 소비주체인 주민에게 공급하는 형태를 의미하며 정부가 민간기관(영리기관 혹은 비영리기관)을 선정하여 계약을 통해 특정서비스를 정부를 대신하여 소비자인 주민에게 제공하도록 하는 것이다.

① 민간위탁 종류

민간위탁은 위탁자와 수탁자의 계약 내용에 따라 서비스계약, 경영계약, 임대계약, 양여계약방식으로 구분된다.

- **서비스계약(특정서비스만 위탁)** : 관리 · 운영을 위하여 인력용역회사와 계약하고 인건비만을 지불하거나, 시설유지비, 공공요금, 일반수용비, 기타 경비에 대하여는 직영하되 기타 일부 전문분야, 즉 광고 및 판촉 등에 있어서는 민간과 계약하여 위탁처리하는 방식으로 각 서비스를 담당하는 전문업체의 활용을 통해 효율성을 높일 수 있으나 서비스공급체제의 이원화로 개별적 서비스의 수탁자가 상이하여 서비스의 공급조정이 곤란하다.
- **관리운영계약(시설의 운영관리 전반을 위탁)** : 서비스의 제공, 시설유지 등 운영관리 전반을 민간기업과 계약하고 시설의 보강 및 공사 등 소요예산 규모가 큰 것은 직영하는 방식이다. 운영에 필요한 비용은 예산으로 지원하는 체제이며 복지시설의 고객인 지역주민과의 관계는 서비스를 제공하는 위탁업체가 담당하게 된다.

  이러한 관리운영계약방식은 소수의 공무원이 시설투자비 등 일정한 금액 이상이 소요되는 대형의 계약에 대해서만 담당하는 등 전문성과 효율성이 향상되는 반면 민간업체와 지방자치단체 간의 업무한계가 모호하다는 단점이 있다.

- **임대계약(시설관리 전체를 민간업체에 임대계약)** : 현재의 자산은 그대로 두고 인력이나 시설관리 전체를 민간업체에 위임하는 방식으로 최소의 경비로 관리운영권 일체를 위탁하는 경우에 해당한다. 비용 측면에서 임대계약이 관리운영계약과 갖는 차이점은 운영비를 민간업체가 부담한다는 것이다. 즉, 시설의 운영수입으로 운영비를 충당하는 방식으로 복지시설은 임대계약의 형태가 거의 없다.
- **양여계약** : 민간 부문이 시설의 운영 · 보수 · 유지관리뿐만 아니라, 서비스 향상을 위한 신규 자본투자에 이르기까지 서비스 공급 전반에 걸쳐 책임을 지는 형태로서 주로 외국의 상하수도 부문에서 활용된다.

② 민간위탁의 긍정적 효과

민간위탁방식은 직영방식에 비하여 운영의 효율성 및 서비스의 질 향상, 비용 절감 등의 효과가 있는 반면 장점의 요인이 반대로 단점이 될 수 있다.

- **비용절감** : 지방자치단체가 복잡 다양한 행정수요를 전부 직접 공급할 경우 공무원의 증대가 불가피하여 재정압박 초래의 가능성이 크지만 민간위탁을 함으로써 공무원 수의 증가 억제, 인건비 및 제 경비의 절감을 기대할 수 있다. 이는 기업 간의 경쟁을 통한 생산성의 향상과 비용 절감 등의 효과가 발생하기 때문이다.
- **서비스의 질 향상** : 공공서비스 분야에서 독점을 배제하고 시장을 통한 경쟁이 촉진되어 저렴한 가격으로 수준 높은 서비스 제공이 가능하다.

  또한 수요변화와 가용자본의 크기에 따라 신축적으로 서비스 양을 조절할 수 있어 불필요한 낭비요소가 감소되고 변화하는 시민의 수요나 욕구에 신속한 대처가 가능하다.
- **행정업무 수행의 능률성** : 단순노무, 임시적, 비조직적 등의 성격을 갖는 사무에 관하여는 행정조직에서 처리하는 것보다 단일 목적 또는 서비스를 사명으로 하는 민간기업에 위탁하는 것이 보다 능률적 · 합리적인 서비스 공급이 가능하다.

  따라서 지방자치단체의 불필요한 행정업무의 과중한 부담을 경감하여 기본적 기능 완수에 있어 효과적 · 능률적인 수행을 기대할 수 있다.

- **민간 부문의 활성화** : 경쟁력이 취약한 기업이 경제적으로 성장할 수 있도록 조성해 주며 기업에게 새로운 사업기회를 제공하고 민간의 고용을 증대시켜 민간 경제의 활성화를 도모할 수 있다.

이러한 민간위탁방식의 효과에도 불구하고 공공성의 훼손, 오히려 비용 상승의 가능성이 있으며 서비스의 질적 저하 등 부작용 발생이 우려된다.

③ 민간위탁의 문제점

- **서비스 공급비용 상승** : 민간기업이 이윤을 추구하고 이를 가격에 전가하여 공급비용이 하락하지 않고 오히려 높아질 가능성이 있다. 체결된 계약이 준수되는지를 관리감독하기 위한 비용이 추가되어 사회비용이 증가하게 된다.
- **서비스의 질 저하** : 수탁자가 계약을 이행하지 않거나 파산하는 등의 상황이 발생할 때 신축적인 대응이 어려우며 실제 경제성, 능률성을 추구한 나머지 서비스의 질이 저하된 사례가 나타난다.
- **부정 · 부패 증가** : 인 · 허가권 및 정부와의 계약과정에서 발생하는 부정 또는 부패의 소지가 있다.
- **사회적 약자에 대한 역효과** : 민영화가 추진되는 과정에서 사회적 약자의 부당한 해고가 우려되며 정부의 고용력 상실, 즉 정부 근로자 및 비정규직 공무원의 해고가 수반될 수 있다.

(3) 제3섹터 운영방식

① 제3섹터의 개념

제3섹터는 제1섹터로서의 공공 부문과 제2섹터로서의 민간 부문이 아닌 제3의 영역을 일컫기 위해 등장한 개념으로 공익을 추구하는 제1섹터인 공공 부문과 영리를 추구하는 제2섹터인 민간 부문이 결합하여 자본을 공동출자 설립한 법인으로서 공공성과 영리성을 추구하는 부문이다.

이는 민과 관이 특정사업에 소요되는 비용을 공동 부담하여 민의 창의력과 관의 행정력으로 투자효과를 극대화하기 위한 대표적인 형태이며 각 나라별로 그 개념이 다소 상이하다.

미국에서는 제1섹터와 제2섹터에서 공급하는 재화 또는 서비스를 잣대로 하여 제3섹터를 정의[2]하고 있으며 일본에서의 제3섹터는 제1섹터와 제2섹터가 결합되는 형태에 따라 제3섹터를 정의[3]하고 있다. 한편, 우리나라는 일본에서 개념 정의하고 있는 제3섹터의 의미와 유사하다. 사회기반시설에 대한 민간투자법(민간투자법), 지역균형개발 및 지방중소기업 육성에 관한 법률(지역균형개발법), 지방공기업법은 공공 부문과 민간 부문이 공동출자한 법인 형태를 각각 그 명칭은 다르지만 제3섹터 법인으로 보고 있다.

이러한 정의에 의할 때 지방자치단체와 민간에서 공동 출자하여 설립한 '복지재단'이 이에 속할 수 있는데, 엄밀한 의미의 제3섹터가 되기 위해서는 민간의 출자 수준이 50% 이상이어야 한다. 현재 광역 및 기초지방자치단체가 설립한 복지재단은 상당히

표 5·1 제3섹터의 개념

구 분	제1섹터(공공 부문)	제2섹터(민간 부문)	제3섹터	비 고
미 국	연방정부, 주정부, 지방정부	민간기업	제1섹터도 아니면서 제2섹터도 아닌 비영리 법인 또는 단체 관 · 민 파트너십	재단, 교회, 자선단체 노동조합 등
일 본	중앙정부, 지방정부, 중앙정부투자기관, 지방정부투자기관	민간기업, 민간인	제1섹터와 제2섹터가 공동으로 출자하는 사업경영 형태	민법에 기초한 재단법인, 사단법인, 상법에 기초한 주식회사, 유한회사 형태
한 국	중앙정부, 지방정부, 중앙정부투자기관, 지방정부투자기관	민간기업, 민간인	제1섹터와 제2섹터가 공동으로 출자하는 사업경영 형태	민관합동법인(민간투자법), 지역개발법인(지역균형개발법), 재단법인(민법 등)

2) 미국의 경우 본래 제3섹터는 공공 부문도 아니고 민간 부문도 아닌 독립섹터로서의 재단, 교회, 자선단체, 노동조합 등의 비영리단체를 일컫는 것으로 공공 부문과 민간 부문의 외형적인 결합 형태보다는 오히려 그 성격과 내용에 의해 제1섹터 및 제2섹터와 구분되고 있다. 전형적으로 이와 같은 제3섹터는 공공 부문과 민간 부문 양자 모두에 의해 제공되지 않는 서비스를 담당해 왔다.

3) 일본은 제3섹터를 첫째 공공 부문과 민간 부문 공동으로 출자한 사업경영 형태로 규정하고, 둘째, 공사, 협회, 주식회사 등 그 명칭에 관계없이 민법, 상법에 근거한 법인으로서 하나의 지방자치단체가 25% 이상 출자하고 있는 법인으로 주로 도시 및 지역개발을 목적으로 하는 사업들이다.

많이 있으나[4] 대체로 당해 지방자치단체 출연으로 설립되어 있어 이러한 복지재단은 기능상 제3섹터보다는 제1섹터, 즉 공공 부문에 더 가깝다. 왜냐하면 공공 부문이 대부분 출자할 경우 이사진 구성, 예결산 승인, 공무원의 파견 및 겸직 등 복지재단 자체의 중립성이 거의 없기 때문이다. 따라서 제3섹터는 민간과 공공이 공동출자하되 인적 구성 및 사업추진 등 운영의 자율성이 보장되도록 민간이 50% 이상을 출자하는 형태로 우리나라도 이러한 운영주체가 많이 설립되어야 할 것이다.

② 제3섹터 운영의 긍정적 효과

지방자치단체가 공공성을 유지하면서 최소의 비용으로 최대의 복지행정을 추구하기 위해 공공 부문만으로는 시대적 한계에 직면, 이를 극복하기 위해 민간 부문의 도입이 절실히 필요하다.

전통적인 경제주체인 공공단체와 민간 이외에 양자의 결합에 의한 형태의 공기업이 등장하게 된 것은 당사자인 지방자치단체와 민간출자자가 각기 자기 측면에서의 이유가 있다.

- **공공 부문에서 볼 때 제3섹터의 가치** : 지방자치단체의 업무 가운데 그 역할이 확대되고 다양화됨에 따라 행정 고유영역과 민간이 담당할 영역의 경계가 모호해져 중간영역에서 서비스의 제공이 가능한 주체의 필요성이 커지고 있다.

  민간 부문의 활용에 의한 자금조달이 쉽고 민간의 사업능력, 경영능력을 도입하여 지방행정에 경영혁신을 기할 수 있다. 또한 지방자치단체에 적용되는 예산, 회계, 인사상의 각종 제약으로부터 벗어나서 탄력, 효율적인 운영이 가능하다.
- **민간 부문에서 볼 때 제3섹터의 가치** : 국가, 지방자치단체 등 공공 부문을 담보로 함으로써 안정적 사업을 보장받을 수 있으며 신용에 있어서 지방자치단체의 우선조건, 공급우선권 등의 기대, 정보상의 이점, 사업상의 각종 위험에 대한 회피가 가능하다. 그리고 투자의 안정성 확보와 세제지원, 융자알선 등의 기타 이익을 기

4) 광역자치단체의 경우 서울복지재단, 경기복지재단 등이 있고, 기초자치단체의 경우 양천사랑복지재단, 평택복지재단, 목포복지재단 등이 있다. 한편, 광양시의 사랑나눔복지재단은 광양시의 출자뿐 아니라 민간이 기탁금 행태로 기본재산을 구성하고 있으나 그리 크지 않은 금액이다.

대할 수 있다.

③ 제3섹터 운영의 문제점

제3섹터는 국가 및 지방자치단체의 경직성을 해소하고 이익추구를 중요시하는 민간 부문에 자본 투자를 유도하면서 공익성을 기대할 수 있다는 장점을 갖고 있으나 다음과 같은 문제점을 안고 있다.

- **과도한 기업성 추구** : 일반적으로 공공 부문은 공익성, 민간 부문은 기업성(또는 수익성)을 추구하는데, 제3섹터의 출자비율이나 담당하는 영역의 성격상 기업성에 치중하여 상대적으로 공익성을 등한시할 가능성이 매우 높다. 이러한 사례는 공기업(공사나 공단을 의미하며 지방공기업을 포함)에서도 볼 수 있는데, 수익성 높은 사업이나 영역에 우선적으로 투자하는 경우가 종종 있다. 결국 과도한 기업성의 추구는 공익성을 저해하는 원인이 된다.
- **통제의 어려움 및 공공 부문의 과도한 개입** : 제3섹터는 공동 출자법인 형태로 운영되는데, 주식회사 또는 사단 또는 재단법인 형태로 존재하게 된다. 이러한 조직 형태는 민간조직에 더 가까운데, 추진 사업이 적절하지 못하거나 추진 과정에 문제가 있을 경우 이에 대한 사후 통제가 쉽지 않으며 사전적 통제는 더욱더 어렵다.

  한편, 이와 반대로 민간 부문에 더 근접한 조직임에도 불구하고 공공 부문의 영향력이 큰 경우에는 독립성을 갖기보다는 주무관청 또는 관계 부서의 개입으로 민간 부문이 가질 수 있는 창의성과 효율성을 발휘하는 데 한계가 발생할 가능성이 크다.
- **시장실패와 정부실패의 결합** : 제3섹터는 민간 부문의 효율성과 정부 부문의 공익성 및 안전성을 결합하여 서비스를 지속적이고 효과적으로 제공하는 것이 장점으로 민간 부문의 단점인 수익성 추구 및 서비스 공급의 불안전성과 공공 부문의 단점인 비효율성이 결합하여 나타날 수 있다. 이러한 이유는 민간 부문과 공공 부문이 상호 자신의 목표와 이익에 치중하여 융화되지 않을 경우에 많이 발생할 수 있다. 따라서 제3섹터의 운영조직에 독립적 지위를 갖게 하고 공정한 평가 시스템이 이루어지는 것이 바람직하다.

④ 제3섹터 운영방식의 활성화 방안

- **민간 관련 법규 및 제도의 정비** : 우리나라에서는 법적으로 제3섹터에 대한 명확한 규정이나 지원제도가 규정되어 있지 않기 때문에 관련 법규와 제도의 정비가 필요하다.

  특히, 설립 목적이나 기능 면에 있어서 국가나 지방자치단체로부터 지원 육성되어야 하며 민간참여의 촉진을 위해서도 세제감면, 금융기관 융자 및 지역개발 기금융자 등의 지원이 제도화되는 것이 바람직하다.

- **민간참여 분위기 조성을 위한 홍보 강화** : 제3섹터가 운영하는 방식이 적합한 사업을 선정하고 추진할 때 민간참여를 유도하여야 한다. 즉, 지역주민에게 적극적인 홍보를 하고 지방의회, 관계기관 및 기업체를 대상으로 사전 설명회나 공청회 등을 개최하여 각계 각층의 폭넓은 여론을 파악하여 제3섹터의 설립을 지원하고 사업 내용에 반영하여 지역사회의 지지를 확보한다.
- **지역특성에 맞는 특화사업 개발** : 제3섹터 사업의 범위를 설정할 때 지리적 여건, 주요 지역 산업 및 주민의 욕구 등 여러 요인들을 고려하여 지역에 적합한 특화사

표 5·2 직영 · 위탁관리와 제3섹터의 운영방안 비교

구 분	직영관리	위탁관리	제3섹터
장 점	• 종합적 사업수행 가능 • 고객의사 반영 용이 • 공공성 확보 용이 • 저렴한 공급가격 유지 • 서비스공급의 지속성, 안정성 유지 • 자금조달 용이	• 계약방식을 통한 생산비용 절감 • 정부성장 억제 • 고용의 탄력성 • 신속한 대응성 • 결과 중심적 성과 관리 • 규모의 경제실현 • 민간의 전문성 활용	• 정부 부문의 장점과 민간 부문의 장점을 동시에 활용할 수 있음 • 민간자본을 유치하여 사회간접자본시설 등의 대규모 사업을 할 수 있음 • 국가나 지방자치단체로부터 독립성을 지니고 있기 때문에 환경 변화에 민첩하게 적응할 수 있음
단 점	• 관료주의적 조직운영 • 직접적 통제와 계속성 결여 • 책임경영의식 결여 • 경영마인드 결여로 기술개발과 서비스의 질 향상 곤란 • 업무성과 평가나 부실업무에 대한 책임소재 파악 곤란	• 계약에 따른 감시비용 • 지나친 이윤추구로 공익성 저해 우려 • 지대추구적 행태 • 서비스 제공의 중단 • 계약상 명도되지 않은 사항에 대한 위탁자와 수탁자가 책임소재 규명 곤란 • 자동갱신의 한계	• 민간출자자의 권익 보호에 치중해 공공성을 등한시하고 과도하게 기업성만 추구 • 주식회사나 재단법인의 형태를 택하는 제3섹터의 경우 현실적으로 통제방법이 많지 않음 • 공공 부문의 과잉개입 • 정부 부문과 민간 부문의 장점을 활용하기보다 시장의 실패와 정부의 결함을 함께 지님으로써 부실에 빠지는 기업이 늘어남

업의 발굴이 중요하며 사업 유형별 표준 모델의 개발이 구체화되어야 한다.

- **자본출자의 다양화 및 민간기업체 선정 객관화** : 제3섹터 설립을 활성화하기 위하여 지방자치단체별로 각기 재정 여건에 따라 자본금을 자율 결정하도록 하고 자본출자의 다양화가 모색되어야 한다. 또한 민간업체의 선정 기준을 객관화하여 특정업체에 대한 특혜 시비가 없도록 함으로써 지역주민의 협력과 참여로 사업을 성공적으로 추진하는 것이 바람직하다.
- **경영의 자주성 및 책임성 확립** : 우리나라의 경우 국가 및 지방자치단체가 출연 또는 출자하여 제3섹터를 설립할 경우 대부분 예산 및 인사 · 조직 등에 대한 감독권과 사업 승인권을 보유하고 있다. 따라서 조직 운영의 자율성 확보를 위하여 경영 전반에 대한 의사결정권을 경영자에게 부여하여 관리 통제나 관여를 최소화하여야 한다.
- **공공성과 기업성의 조화** : 관과 민이 공동으로 출자하여 사업을 추진하기 때문에 상호모순과 대립이 발생될 소지가 있으므로 이사회의 구성, 사업조정기구, 독립채산제, 바우처 제공 등 공공성과 기업성이 적절한 조화가 이루어지도록 한다.

(4) 운영 형태의 비교 및 시사점

직영방식은 지방자치단체의 공신력과 공익성이 강하게 요구되는 영리성 없는 서비스, 특히 국가적 통일성이 요구되는 서비스에 적합하다. 반면에 위탁방식은 서비스 내용이 구체적이고 명확할 때, 민간공급자가 다수이고 상호 간 경쟁이 가능한 경우, 소비자에게 보다 많은 선택권을 부여할 필요가 있는 사업 분야에 유리하다.

이상의 내용에 의할 때 각 운영방식은 어느 하나가 항상 우월적 지위를 갖는 것이 아니라 당해 공공서비스의 성격, 정부 또는 지방자치단체의 행정환경, 서비스의 범위 등에 따라 가장 적합한 형태를 선택하여야 하는 것이다. 즉, 직영관리는 공공성, 정책적 일관성, 추진력이 중요할 때, 민간위탁은 민간의 전문성을 활용하여 서비스의 질적 수준 향상이 중요할 때, 제3섹터는 공공성과 효율성이 중요할 때 주로 선택하는 바람직하다.

2. 관련 법규 검토

사회복지시설은 국가, 지방자치단체, 개인 또는 법인이 설립할 수 있고 운영 또한 직접운영과 위탁운영방식이 있다. 이에 대한 법적 근거로서는 사회복지사업법이 있다.

사회복지사업법은 사회복지서비스 분야의 다양한 법들의 일반법이자 상위법으로서 법적 지위를 갖고 있으며 사회복지시설의 운영관리에 관한 일반적 사항을 규정하고 있다.

우선 사회복지사업법은 국가 및 지방자치단체의 사회복지시설에 대한 설치 · 운영에 대한 근거를 제시하고 있고 시설 운영에 관련하여 보험가입의무 및 시설 안전점검 사항, 그리고 사회복지시설에 설치하는 운영위원회의 기능과 역할을 규정하고 있다.

또한 동법에서는 사회복지시설의 위탁 · 운영과 관련한 사항을 보건복지부령(시행규칙)에 위임하고 있다.

* 사회복지사업법

제34조(시설의 설치) ① 국가 또는 지방자치단체는 사회복지시설(이하 "시설"이라 한다)을 설치 · 운영할 수 있다.

② 국가 또는 지방자치단체 외의 자가 시설을 설치 · 운영하고자 하는 때에는 보건복지부령이 정하는 바에 의하여 시장 · 군수 · 구청장에게 신고하여야 한다. 다만, 제40조의 규정에 의하여 폐쇄명령을 받고 1년이 경과되지 아니한 자는 시설의 설치 · 운영 신고를 할 수 없다.

⑤ 제1항의 규정에 의하여 국가 또는 지방자치단체가 설치한 시설은 필요한 경우 사회복지법인 또는 비영리법인에게 위탁하여 운영하게 할 수 있다.

⑥ 제5항의 규정에 의한 위탁운영의 기준 · 기간 및 방법 등에 관하여 필요한 사항은 보건복지부령으로 정한다. 〈신설 2003. 7. 30, 2008. 2. 29〉

제34조의 2(보험가입의무) ① 시설의 운영자는 화재로 인한 손해배상책임의 이행을 위하여 손해보험회사가 영위하는 책임보험에 가입하여야 한다.

② 국가 또는 지방자치단체는 예산의 범위 안에서 제1항의 규정에 의한 책임보험에 소요되는 비용의 전부 또는 일부를 보조할 수 있다.

③ 제1항의 규정에 의하여 손해책임보험에 가입하여야 할 시설의 범위는 대통령령으로 정한다.

제34조의 3(시설의 안전점검 등) ① 시설의 장은 시설에 대하여 정기 및 수시안전점검을 실시하여야 한다.

② 시설의 장은 제1항의 규정에 의하여 정기 또는 수시안전점검을 한 후 그 결과를 시장 · 군수 · 구청장에게 제출하여야 한다.

③ 시장 · 군수 · 구청장은 제2항의 규정에 의한 결과를 제출받은 후 필요한 경우 시설의 운영자로 하여금 시설의 보완 또는 개 · 보수를 요구할 수 있으며 이 경우 시설의 운영자는 이에 응하여야 한다.

④ 국가 또는 지방자치단체는 예산의 범위 안에서 제1항 내지 제3항의 규정에 의한 안전점검, 시설의 보완 및 시설의 개 · 보수에 소요되는 비용의 전부 또는 일부를 보조할 수 있다.

⑤ 제1항 내지 제4항의 규정에 의한 정기 또는 수시안전점검을 받아야 하는 시설의 범위 및 시기, 안전점검기관과 그 절차는 대통령령으로 정한다.

제36조(운영위원회) ① 시설의 운영에 관한 다음 각호의 사항을 심의하기 위하여 운영위원회를 둔다. 〈개정 2003. 7. 30〉

1. 시설운영계획의 수립 · 평가에 관한 사항
2. 사회복지 프로그램의 개발 · 평가에 관한 사항
3. 시설종사자의 근무환경 개선에 관한 사항
4. 시설거주자의 생활환경 개선 및 고충처리 등에 관한 사항
5. 시설과 지역사회와의 협력에 관한 사항
6. 그 밖에 시설의 장이 부의하는 사항

② 운영위원회의 조직 및 운영에 관한 사항은 보건복지부령으로 정한다.

이와 관련하여 보건복지부가 고시하는 '2009년 사회복지시설관리안내' 에 의할 때 사회복지시설은 사회복지사업법 제34조의 2에 따라 화재보험에 가입할 의무가 있고 매년 화재보험(종합보험으로 가입) 가입 여부를 확인하여야 하며 화재보험에 미가입할 경우 300만 원 이하의 과태료에 처하게 되어 있다.

또한 사회복지사업법 제34조의 3에 따른 시설 안전점검에 대하여 시 · 군 · 구 담당자는 시설장으로 하여금 매 반기마다 시설에 대해 정기안전점검을 실시하도록 하고 안전에 문제가 있을 시 수시안전점검을 실시한 후 그 결과를 시장 · 군수 · 구청장에 보고하도록 되어 있다. 또한 시장 · 군수 · 구청장은 안전에 필요한 경우 시설의 운영

자로 하여금 시설의 보완 또는 개보수를 요구할 수 있으며 전반적인 시설물 안전에 대하여 시 · 군 · 구가 지도 · 감독하도록 규정되어 있다. 이때 사회복지시설이 시설안전점검을 수행하지 않을 경우 역시 300만 원 이하의 과태료에 처하게 된다.

한편, 시설의 운영 · 관리는 동법 시행규칙 제22조의 2에서 위탁 · 운영할 수 있도록 규정하고 있으며 위탁기관을 선정할 때 공개모집의 의무화, 위탁자의 선정 조건 등을 제시하고 있다. 또한 복지시설의 위탁 원칙, 선정 기준, 심사에 필요한 서류 목록, 위탁기간 등 계약과 관리감독 사항 등 복지시설 위탁과 관련한 세부 사항은 앞의 '2009년 사회복지시설관리안내' 에서 규정하고 있다.

이러한 위탁운영과 관련한 조항은 투명성과 전문성, 신뢰성 등에 기초하고 있기 때문에 시설 소유주가 복지시설을 위탁하고자 할 때는 전문성과 운영의 경험, 운영시스템의 투명성, 복지시설 수탁운영자의 마인드 등을 고려하는 것이 필요하다.

* 동법 시행규칙

제22조의 2(시설의 위탁기준 및 방법) ① 법 제34조 제5항의 규정에 의하여 국가 또는 지방자치단체가 설치한 시설을 위탁하여 운영하고자 하는 경우에는 공개모집에 의하여 수탁자를 선정하되, 수탁자의 재정적 능력, 공신력, 사업수행능력, 지역 간 균형분포 및 제27조의 규정에 의한 평가결과(평가를 한 경우에 한한다) 등을 종합적으로 고려하여 선정하여야 한다.

* 사회복지시설 관리안내(2009년)

- 선정 원칙 : 공개성의 원칙, 전문성의 원칙, 중립성의 원칙
- 선정 기준 : 공개모집, 재정적 능력, 사업수행능력, 지역 간 균형분포 및 시설평가결과 등을 고려하여 선정위원회가 심의하여 선정
- 계약 체결 : 5년 이내 기간 동안 위탁의 목적, 위탁재산, 위탁사업, 의무 및 준수사항, 시설의 안전관리, 고용승계, 계약의 해지 등을 포함하여 체결
- 서류 목록 : 법인에 대한 일반적 사항, 시설운영계획(조직, 사업계획, 운영방안), 지역사회와의 협력관계 구축방안 등

3. 시설 운영 현황 및 사례 분석

1) 사회복지시설의 운영 주체 현황[5]

전국의 사회복지시설은 시 · 군 직영, 사회복지법인, 재단법인, 사단법인, 학교법인 등으로 관리 · 운영되고 있다.

2007년 현재 사회복지시설은 396개소로 시 · 군 직영 운영은 23개소, 사회복지법인 운영은 287개소, 재단법인 운영은 49개소, 사단법인이나 학교법인 등의 기타 법인 운영은 37개소이다.

이를 비율로 살펴보면 사회복지법인이 73%로 상당한 비중을 차지하고 있으며 기타 재단법인, 사단법인, 학교법인 등이 있으며 직영은 6% 정도로 나타났다. 대다수가 위탁관리 형태를 보이고 있는 것을 알 수 있고 이는 복지시설의 특성상 서비스 마인드와 특수교육 등을 전공한 사회복지사, 기능 교사 등 전문 인력이 필요하기 때문인 것으로 파악된다.

한편, 직영으로 운영되고 있는 사회복지시설은 전체의 6% 미만을 차지하고 있으며 모두 지방에서 운영되고 있는 사회복지시설인 것으로 나타났다.

같은 민간위탁 대상사업이라 할지라도 도시 혹은 농촌지역 등 지방자치단체에 따라서 민간위탁 여건이 크게 다르며 재정 자립이 어려운 지방 복지관의 경우 민간에 위탁 운영하는 것이 어렵기 때문에 직영방식을 선호하는 것으로 분석된다.

또한 복지시설의 규모와 인원과의 관계를 통해 복지관의 관리운영환경을 살펴보면,

＊표 5·3 사회복지시설 법인유형

구 분	직접관리방식	간접관리방식					계
	시 · 군 직영	사회복지법인	재단법인	사단법인	학교법인	기타	
개수	23	287	49	12	24	1	396
%	6	72	12	3	6	0	100

5) 보건복지가족부 '2007년 사회복지시설 현황' 을 분석한 결과이다.

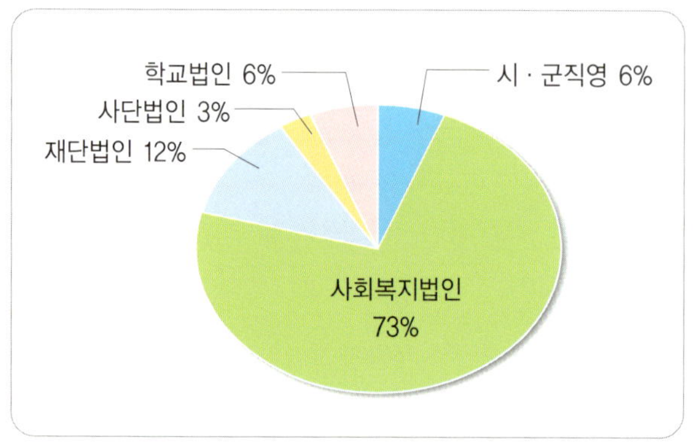

* 그림 5·1 사회복지시설 법인유형별 현황

시 · 군이 직영하고 있는 복지시설의 직원 1인당 관리면적은 365.79m²이고 사회복지법인이 운영하는 복지시설의 직원 1인당 관리면적은 210.95m²로 나타났다. 이는 시군이 직영하는 복지시설은 소속 공무원이 관리운영하기 때문에 증원의 한계, 인건비의 부담 등으로 직원 1인의 업무량이 상대적으로 많다는 것이다. 그리고 이러한 업무량의 차이는 궁극적으로 서비스의 질적 차이를 가져올 수 있어 직영시설의 경우 서비스 질 확보를 위한 다양한 장치를 도모해야 한다.[6]

2) 사회복지시설의 복합화 사례

(1) 영통종합사회복지관

영통종합사회복지관은 2004년 경기도 수원시에서 설립하여 수원인재학원에서 위탁 운영하고 있는데, 운영목표는 전통적 영역의 복지와 현대적 영역의 복지[7]를 적절히 조화시켜 통합적인 복지서비스를 제공하고 이를 통해 지역 자립형 복지 모형을 구축하는 것이다.

영통종합사회복지관은 사회복지시설과 주민복지시설로 구성되어 있는데, 시설의 배치는 중앙광장을 조성하여 두 개의 기능으로 분리된 건물을 고립시키지 않고 사회복지 시설이용자와 주민복지시설 이용자가 함께 어우러질 수 있는 매개공간으로서의 역할을 한다.

동일 대지 위에 기능별로 별도의 건물을 건축하였으나 각 건물의 2층과 3층을 다리로 연결하는 등 건물 간의 직접적인 교류를 가능하게 하여 복합화되어 있다.

6) 예를 들어, 지속적인 전문교육, 합리적인 순환보직체계 마련, 외부기관에 의한 서비스 평가제 도입 등이 있다.

7) 전통적 영역의 복지 : 가사 · 경제 · 보건 · 일시보호 등의 서비스 제공 등의 취약계층 중심의 복지서비스 제공
현대적 영역의 복지 : 벼룩시장, 청소년오케스트라, 노인 체험 등 지역주민에게 복지서비스 제공

(2) 동대문청소년수련관 및 노인종합복지관

동대문청소년수련관 및 노인종합복지관은 세대 간 교류를 목적으로 복합화되어 2003년 개관하였는데, 두 시설 모두가 민간위탁에 의한 운영이라는 측면에서 유기적인 협조를 통하여 가장 이상적인 복합화 모델 중에 하나라고 평가될 수 있다. 그러나 주택가 중심에 입지하여 접근성이 떨어지는 단점을 가지고 있으며, 정책적으로 보조금과 후원금으로 운영되는 복지관의 특성과 사업수익에 상당 부분 의존하여 운영되는 청소년수련관의 특성이 충돌하며 미묘한 갈등이 나타나고 있다.

복합화 특징으로는 단일건물이지만 출입구와 내부 동선이 명확히 분리되어 있으며, 시설의 관리 운영 중심은 청소년수련관에 있다.

동대문 청소년수련관은 공간 구성과 사용자 계층이 완전히 다른 시설 간의 복합화이기 때문에 개별운영방식을 취하고 있다. 노인종합복지관은 동대문구청 사회복지과에서 관리하고 있으며, 청소년수련관은 '사단법인 한국청소년마을' 에서 위탁운영하고 있다.

두 개의 시설이 단일의 공조시설 및 냉·난방설비를 활용하고 있어 운영비의 분담 문제와 주차장의 활용, 운영시간의 차이로 인한 비효율성, 운영비에 대한 지원 정책 등이 상이하여(노인복지관은 90% 이상 시 보조금으로 운영되나 청소년수련관은 보조금이 크지 않음) 심리적 갈등이 존재한다.

(3) 해외 복지시설 운영 사례 : 일본 사례를 중심으로

① 건립주체 및 소유 형태

일본의 사회복지시설은 지방자치단체에서 건립하는 사례가 대부분이며 일부 시설은 지방자치단체의 보조금을 받아 민간 법인이 건립하는 경우도 있다.

민간 법인이 건립 운영하고 있는 시설은 동경 미나토구에 위치한 복지플라자 사쿠라가와 시설로 다른 시설과 달리 특별양호노인홈과 같이 재무적 수익성이 기대되는 프로그램이 포함되어 운영수입을 통한 연간 운영비 충당과 초기투자비의 회수가 가능한 것이 특징이다.

소유 형태는 지방자치단체가 건립한 경우 당해 지방자치단체로 소유권이 자연 귀속되며, 정부 보조금과 민간법인 자체 재원으로 시설을 건립한 사례의 경우도 소유권은 당해 지방자치단체에 있다. 이는 지방자치단체에서 사업계획을 수립하고 입찰참가를 통해 진행된 사업 형태로서 제안요청서(RFP)에 시설의 소유권, 운영기간, 건립 형태, 프로그램 내용 등을 대략 규정, 추진하여 혼선이 없도록 진행한 사례이다.

② 운영주체

일본의 사회복지시설은 당초에는 공공기관만이 관리 · 운영할 자격이 부여되었는데, 공공기관뿐만 아니라 민간도 운영관리할 수 있도록 법이 개정되어 대부분의 시설들이 사회복지협의회 등 민간법인에게 운영관리를 위탁하고 있어 민간의 전문성을 적극 활용하고 있는 상황이다.

일본의 이러한 법 개정 취지는 공급의 효율성과 서비스의 효과성을 높이기 위한 측면이 강하다. 즉, 사회복지시설을 운영관리하기 위한 예산을 절감하기 위하여 민간위탁방식을 도입한 것이며 결국 복지서비스 공급의 효율성을 높여 보다 저렴한 비용으로 공공서비스를 제공하고자 하는 이유에서 법 개정이 이루어진 것으로 나타났다. 이러한 법 개정으로 인하여 사회복지시설의 운영관리를 위탁받은 기관 또는 사람을 지정관리자라고 칭하고 있다.

한편, 사회복지시설의 프로그램 운영과 시설의 관리는 위탁계약을 맺은 사회복지법인이 일괄적으로 담당하고 있으나 동경도 타마시 종합복지센터의 경우는 프로그램 운영과 시설의 관리를 분리하여 운영 관리되고 있는 사례이다.

운영주체의 선정에 있어 지방자치단체 내에 운영주체선정 심의위원회 또는 지방의회 내 위원회가 설치되어 활동하고 있으며 위탁기간이 1~2년으로 짧은 경우에는 시설 운영관리상 문제가 없고 특별한 결격사유가 발생하지 않을 경우 심의위원회 또는 위탁기관 선정위원회에서 현재 운영기관에게 재위탁을 하고 있으며 위탁기간이 5년 이상으로 장기일 경우 기간 만료 후 운영업체 선정 시 다른 업체와 동일선상에서 심의를 받는 것으로 나타났다.

③ 재정 및 수익시설관리

사회복지시설은 공공복지시설이기 때문에 특별히 수익이 발생하지 않지만, 지역주민과 시설 이용자를 대상으로 시설 내에 레스토랑, 커피숍, 매점 등 수익시설을 운영하는 경우가 있다.

복지시설 내에 위치한 수익시설은 프로그램 운영 주체와 별도로 선정되어, 소유주체 및 감독기관인 지방자치단체에서 입찰하여 선정하는 사례가 대다수로 나타났으며 이러한 수익시설은 지역의 교류와 수익성을 모두 고려한 방향으로 운영되고 있다.

이러한 수익시설의 설치는 운영에 있어 장애인이나 노인 등의 고용 증진에 기여하고 있으며 지역주민과 시설 이용자의 교류 역할을 담당하고 있다.

한편, 대부분의 시설은 정부 및 지방자치단체 보조금으로 운영되고 있으며, 프로그램의 운영에 있어 발생한 수입은 대부분 당해 지방자치단체로 귀속된다. 그리고 프로그램 운영 수입이 운영법인에게 귀속되는 경우도 있는데, 재무적 수익성이 기대되는 미나토구 복지플라자뿐 아니라 프로그램 운영과 시설 관리가 분리된 타마시 종합복지센터의 경우 온수풀은 일반 대중에게 크게 활성화된 시설로서 운영수입은 모두 관리주체에 귀속되고 있었다.

3) 시사점

종합사회복지관 등 복지시설은 대체로 복지법인에서 운영을 담당하고 있다. 특히, 동대문노인종합복지관은 청소년수련관과 복합화된 시설로서 관리운영상 문제점 및 청소년수련관의 청소년 이용률 저하 등을 고려할 때 노인시설과 청소년시설의 복합화는 바람직하지 않은 것으로 분석된다.

따라서 시설의 성격에 따라 운영 범위를 설정하고 운영주체를 선정하는 것이 합리적이며 일본의 복지시설 운영관리방식은 우리나라와 큰 차이가 없으나 일본 사례에서 볼 때 지역의 특성에 따라 위탁방식이나 시설 운영방식을 설정하는 데 있어 사회복지사업법 시행규칙에 운영관리방식을 규정한 우리나라보다 탄력적인 모습을 갖고 있다.

4) 사회복지시설의 복합화 시 고려사항

사회복지시설의 복합화는 세대 간 교류를 도모하고 보다 효율적인 재정 투자를 기대할 수 있으나 이상의 사례에서 살펴보았듯이 운영주체 간 갈등, 이용대상자 간 갈등이 발생할 가능성이 있는 만큼 복합화에 있어 신중한 의사결정을 하여야 한다.

(1) 운영주체 수

사회복지시설의 복합화는 다수의 사회복지시설을 복합화하거나 사회복지시설과 주민복리시설 또는 행정시설 등과 복합화할 수 있다.

이때 각 시설의 운영주체를 단일의 운영주체로 선정하여 위탁할 것인가 아니면 복합화시설별로 운영주체를 달리하여 위탁할 것인가가 문제시된다.

복합복지시설의 운영주체 수는 표 5-4와 같은 장단점이 예상되며 이를 고려하여 복합복지시설의 운영주체를 선정하는 것이 바람직하다.

(2) 시설이용자 특성

사회복지시설의 복합화는 시설 이용자를 고려하여 이루어져야 하며 각 시설의 성격에 부합하도록 이루어져야 한다.

사회복지시설 이용자는 그 기능에 따라 노인, 장애인, 어린이, 여성, 청소년 등이 있

표 5·4 복합화 시설의 운영주체 선정 시 고려사항

구 분	단일 운영주체	복수 운영주체
장 점	• 시설 관리의 일원화로 인하여 프로그램 운영의 효율성 기대 • 시설 사용과 관리에 있어 갈등 요인이 거의 없음 • 복합화된 기능 및 프로그램 간 높은 연계성 가능 • 시설 운영 경험자 및 다수의 전문가가 단일 운영주체를 선호	• 각 기능 발휘 및 프로그램 운영의 보다 높은 전문성 기대 • 양질의 다양한 서비스 가능 • 독자적인 정책 및 방향 수립이 가능하며 경쟁적 운영으로 효과성 증대
단 점	• 복합화된 모든 기능에 대하여 전문성이 확보된 기관이 많지 않음 • 동일한 방향과 정책에 맞춰 운영되기 때문에 서비스의 다양성이 부족하고 독창적 운영이 어려움	• 내 · 외부 시설의 관리 및 활용에 있어 각 기관별 이해관계 상충 우려 • 각 기관별 시설관리인력 보유로 효율성이 낮음 • 다수의 감독관청이 존재하거나 지휘감독체계가 복잡해질 수 있음

는데, 각 이용자의 성향과 조화 가능성을 고려하여 기능을 복합화하여야 하다.

일본의 사회복지시설의 경우 복합화된 사례가 많지 않으나 동경도 미나토구에 위치한 시바우라 아일랜드는 어린이 보육 기능과 노인 케어 기능이 복합화된 시설로서 어린이와 노인의 교류활동이 큰 문제 없이 활발히 일어나고 있다.

우리나라의 경우 보육시설에 노인들이 함께 이용하거나 장애인과 교류할 수 있는 공간을 조성할 경우 어린이 보호자가 다소 부정적으로 인식할 수 있는데, 이를 고려하여 시설의 배치, 공간의 운영 및 프로그램 개발, 인식 개선 활동 등이 수반된 복합화 계획이 필요하며, 특히 노인과 장애인, 여성과 어린이 등은 비교적 복합화가 수월한 시설이용자이다.

다음은 사회복지시설 운영자 및 전문가를 대상으로 유사 연구[8]에서 조사한 결과를 복지시설 복합화에 있어 고려할 필요가 있다.

＊ 복지시설 복합화 시 고려사항

- 이용자가 아동일 경우 여성영유아 보육시설과 복합화가 바람직
- 이용자가 영유아일 경우 아동시설 및 여성시설과 복합화가 바람직
- 이용자가 노인일 경우 보건의료시설과 복합화하는 것이 바람직
- 이용자가 장애인일 경우 보건의료시설과 복합화하는 것이 바람직
- 이용자가 청소년일 경우 아동시설과 복합화하는 것이 바람직

4. 복합복지시설 운영디자인 방안

1) 민간 참여 방안

(1) 민자유치 관련 법규 검토

복합복지시설에 대한 민간투자방안을 고려하기 위하여 관련 법률인 사회복지사업법

8) 행정중심복합도시건설청(2008), 행정중심복합도시 지역복합복지시설 건립 기본계획 수립 및 설계지침에 관한 연구

에는 이와 관련한 규정이 없기 때문에 공공시설 민간자본유치에 대한 다른 법률을 검토하여 그 가능성을 판단하고자 한다.

공공시설에 대한 민간투자방안은 다양하게 언급될 수 있다. 일반적으로 사회기반시설에 대한 민간투자법(이하 '민간투자법' 이라 함)을 활용한 민간자본 유치방안과 국유재산법에 의한 기부채납 및 사용·수익권을 부여하는 방안이 있다.

민간투자법은 여러 형태의 민간투자방식이 있으며, BTO 방식과 BTL 방식 등이 그 대표적인 방식이다. BTO 방식은 시설의 성격상 운영수익이 발생하는 경우에 해당하고 BTL 방식은 운영수익이 발생하지 않은 박물관 등이 해당되는데, 복합복지시설의 경우는 민간투자법 제2조에서 규정하고 있는 사회기반시설에 포함되지 않기 때문에 이에 대한 검토는 무의미하다.

국유재산법에 의하여 민간의 건립 후 기부채납과 사용수익권을 허가해 주는 방식은 민간투자법의 BTO 방식과 유사한데, 이러한 방식은 대체로 시설의 운영에 따른 수익이 발생하여 초기투자비 및 연간 운영비를 보전할 수 있을 경우 해당하는 사항이다.

따라서 복합복지시설에 대한 민간자본 유치는 법적 측면이나 실질적인 면에서 어렵다.

(2) 민간수익시설 유치방안

① 수익시설 설치방법

복합복지시설은 노인, 장애인, 여성 등 사회적 약자의 복지뿐 아니라 지역주민과의 소통과 교류를 통하여 더불어 가는 사회를 만들어 갈 수 있도록 운영하는 것이 바람직하며 한편으로 복합복지시설은 운영을 하는 데 있어 지방자치단체는 재정지원을 하여야 하는 다소의 부담을 갖고 있기 때문에 지역주민과의 소통과 운영비 부담을 경감시키기 위한 검토가 필요하다. 즉, 지역주민이 부담없이 이용할 수 있는 공간 마련과 이러한 공간을 토대로 한 운영수입의 마련은 소통과 교류라는 기능의 발휘와 재정 부담의 경감이라는 측면에서 필요한 사항이라 할 수 있다.

따라서 시설의 이용자와 주민의 소통 및 교류를 지원하고 복합복지시설의 본연의 기능에 위배되지 않는 범위에서 다소의 영리성이 있는 공간을 마련하고, 이러한 임대수입은 국가 및 지방자치단체의 보조금과 자체사업비와 더불어 운영비를 확보 · 충당하는 데 기여할 수 있다.

한편, 사회복지시설 종사자 및 전문가를 대상으로 한 설문조사 결과 사회복지시설의 운영상 필요한 편의시설로서 커피전문점 등의 휴게공간, 은행 등 금융업, 사진현상소 · 서점 · 편의점 등의 소매점, 의료기기판매점 및 의약품점 등의 순으로 나타나 복합복지시설을 설립할 경우 이를 고려할 필요가 있다.

따라서 복합복지시설의 저층부에 위에서 언급한 시설에 대하여 임대하거나 운영기관이 운영할 수 있도록 하는 것이 바람직하다. 다만, 은행 등 금융업은 소통 및 교류의 목적에 부합하지 않고 또한 복합복지시설의 기능과 연계되지 않기 때문에 이는 제외하도록 하고 기타 다른 편의시설들은 복합복지시설의 본연의 기능과 충분히 부합하도록 이용자 할인 및 지원을 통한 운영이 이루어져야 하고 지역주민과의 소통공간으로 마련되어야 한다.

② 수익시설 임대 권한 설정

복합복지시설 내 임대공간이 마련되면 임대주체는 국가 및 지방자치단체 또는 위탁운영법인이 될 수 있다.

국가 또는 지방자치단체가 임대주체가 되는 경우 임대수입이 발생하면 국가 및 지방자치단체의 세외수입으로 계상되어 일반회계 내로 편입되기 때문에 이러한 재원이 복합복지시설의 재정지원으로 직접 이루어지지는 않게 된다.

그러나 국가 또는 지방자치단체의 입장에서 볼 때 보다 재원 활용 가능성이 높아지게 되고 이를 토대로 복지사업을 보다 충실히 수행할 수 있는 여지가 있게 되며 무엇보다 운영법인이 임대주체가 될 경우 발생이 우려되는 비리 등 부정적 측면이 예방된다는 장점이 있다.

반면에 운영법인이 임대주체가 될 경우 임대수입은 운영법인의 수입으로 계상되고 그에 따라 국가 또는 지방자치단체는 운영수입에 해당하는 부문을 제외하고 운영비를 보조할 수 있어 임대수입이 곧바로 복합복지시설의 운영재정에 기여할 수 있다는 장점이 있다. 또한 무엇보다 동일한 운영기관에서 시설과 운영방식을 관장하기 때문에 기능의 연계성 측면에서 우수한 방식이라 할 수 있다.

일본의 복지시설 내 레스토랑 또는 카페테리아 등의 경우 공간의 임대계약은 관할 지방자치단체와 임차인(레스토랑 등의 운영업자) 간에 체결하고 있다.

2) 시설물관리 대책

(1) 시설물관리 대책

① 시설물관리 방향

일반적으로 시설물의 유지관리는 최적의 관리기법을 이용하여 이용자에게는 만족을 주고, 건물의 자산 가치를 높일 수 있도록 관리하여야 한다.

따라서 건물의 자산 가치를 높이기 위하여 다음과 같은 요소들에 대한 관리가 구체적으로 행해져야 하며, 이러한 관리요소들이 상호조화를 이루지 못할 경우에는 건물가치의 저하와 건물기능의 노후화가 가속화될 수 있기 때문에 건물관리에 있어 각 항목과 항목별 조화가 적절히 이루어지는 것이 바람직하다.

② 시설물관리요소

시설물 관리는 하드웨어와 소프트웨어를 체계적이고 계획적으로 결합시켜 건물관리

✻ **표 5·5** 건물의 자산가치 향상을 위한 관리요소

항 목	주요 내용
안전성	• 설비기기 관리능력의 높은 수준 유지 • 각종 재해 · 재난 대처능력
쾌적성	• 인공적 환경 창출 • 위생, 청소의 관리기술 개발 • 고객의 다양한 욕구에 대응
편리성	• 정보통신 시스템 활용 • 지능형 빌딩관리 시스템(IBS)의 활용
보존성	• 내구성 향상 투자 • 빌딩의 수명 연장 • 도시환경 보존에 기여
경제성	• 자산가치의 향상 • 비용절감을 위한 운용비의 적정화

표 5·6 시설물관리요소

하드웨어(hardware)		소프트웨어(software)	
분 야	내 용	분 야	내 용
건 축	인테리어, 영선	진 단	건축물안전점검, 소방안전점검 현장 진단
기 계	도시가스, 냉온수기, 보일러, 정화조, 저수조	청 소	실내·외 청결유지, 진개물 처리 방역소독
전 기	수변전 설비, 조명설비	경 비	건물 방호대책, 인명보호, 재난보호
관 제	공조, 조명제어 설비	안 내	방문예약관리
통 신	LAN, 교환기, 보안시스템	입주관리	사무실, 후생시설
방 제	하론설비, 소화전, 방화감시	고객서비스	회의실 등 부대시설 운영관리, 서비스 리콜센터
주차설비		기 타	에너지 관리, 환경보호, 사회지원 등

의 고효율과 높은 이용자 만족도를 창출하는 데 있다.

따라서 건물의 가치를 유지보존하기 위해서는 하드웨어와 소프트웨어를 조화롭게 결합시키는 것이 중요하다.

건물의 외부와 내부의 모든 시설물은 체계적인 운영계획과 정기적인 보수 및 정비에 의한 기본 운영방침을 수립하여야 하며 각 분야의 전문가를 활용하는 것이 바람직하다. 이를 위하여 필요한 자격요건의 미달이나 법적인 위반사항이 없도록 운영의 수칙을 수립하여야 하며 지방자치단체, 민간운영법인, 이용자 모두가 기본적인 협조사항과 권리의무를 인식하고 있어야 하고 이를 위한 홍보와 안내가 이루어져야 한다. 다음은 시설을 관리하는 데 있어 각 분야와 관리 내용에 대하여 체계적으로 정리한 것으로 각 분야별로 법인 직접관리 또는 전문업체 위탁관리가 바람직한지 판단하여 관리의 효율성과 서비스의 전문성을 도모해야 한다.

(2) 기타 법적 규정에 의한 시설물 점검사항

복합복지시설의 유지관리는 시설물의 기능을 보전하고, 이용자의 편의와 안전을 높이기 위하여 시설물을 일상적으로 점검·정비하고 손상된 부분을 원상복구하며, 시간경

✻ 표 5·7 시설물 법정 점검사항

점검구분	관련 근거	점검주체	점검내용
건축구조물	시설물의 안전관리에 관한 특별법 제6조 및 제7조	안전진단전문기관 (정기검사 : 3년 1회, 정밀안전진단 : 5년 1회)	건축물 중요 구조부에 대한 안전점검
전기설비	전기사업법 제37조	한국전기안전공사 (전기검사 : 3년 1회)	각종 계전기 작동상태 및 전력계통 안전운영상태
승강기설비	승강기관리에 관한 법률 제13조	한국승강기관리원 (정기검사 : 1년 1회)	안전스위치 작동상태, 와이어로프 마모상태 점검 등
가스설비	도시가스사업법 제17조	한국가스안전공사 (정기검사 : 1년 1회)	가스누기 검사, 안전장치 작동시험 등
보일러설비	에너지이용합리화법 제58조	에너지관리공단 (정기검사 : 1년 1회)	개방검사, 안전장치 작동시험 등
소방설비	소방법 제32조	전문검사기관 (정기검사 : 1년 2회)	종합정밀점검 및 작동기능점검
실내위생 관리상태	공중위생법 제26조	전문검사기관 (정기검사 : 1년 2회)	공중이용시설의 위생관리상태
시수저장 탱크설비	수도법 제21조	서울시상수도사업본부 (정기검사 : 1년 2회)	청결유무

과에 따른 시설물의 개량, 보수, 보강에 필요한 활동이다.

이러한 시설물의 유지관리를 체계적으로 하기 위해서는 건물의 각 부분(건축구조물, 전기설비, 승강기설비, 가스설비, 보일러설비, 소방설비, 실내위생 관리상태, 식수저장 탱크설비)에 대한 점검이 필수적이다.

이에 대한 건물 점검 및 관리에 대한 법정 사항을 살펴보면 표 5-7과 같으며, 제시된 점검사항을 체계적으로 추진하고 시설물을 관리하는 것은 운영주체 및 이용자의 요구에 맞는 서비스를 제공하는 데 바탕이 된다.

5. 조직 및 인력계획

1) 계획 방향

조직계획은 크게 직접 수혜 대상자를 상대로 하는 서비스 부서와 관리 및 운영지원을 하는 지원 부서로 구분할 수 있으며 서비스 부서 인력은 앞서 분야별 복지서비스 부문에서 제시한 각 기능별 서비스 인력 및 조직을 준용하며 여기에서는 주로 지원 부서에 대한 조직 및 인력계획을 중심으로 분석 제시한다.

2) 조직계획

조직계획은 우선 어떠한 기능이 이루어지고 그에 따른 필요한 조직은 어떠한 형태인가, 시설 운영을 규정한 법적 기준은 무엇인가, 현재 운영 중인 유사한 시설의 사례는 어떠한가를 통해 계획할 수 있다.

(1) 법적 기준

사회복지사업법 시행규칙 제22조에 의해 사회복지관은 사무 분야, 가족복지 분야, 지역사회보호 분야, 지역사회조직 분야, 교육 및 문화 분야, 자활 분야 등으로 나누어 활동하도록 되어 있다.

한편, 동법 시행규칙이 시행되기 전에 사회복지시설의 설치 및 운영에 관한 사항을 규정하였던 보건복지부의 사회복지시설 설치·운영규칙에 의하면 사회복지지설은 관장, 부장, 과장, 가족복지 담당, 지역사회보호 담당, 지역사회조직 담당, 교육·문화 담당, 자활 담당, 서무 담당을 두어야 한다고 규정되어 있다.

따라서 운영 조직에 대한 계획을 수립할 때 관련 법 규정을 참조하여 적합하도록 계획한다.

(2) 운영 사례

운영 조직의 편제는 대체로 법 규정에 의한 각 분야별 팀으로 나누어 이를 총괄하는

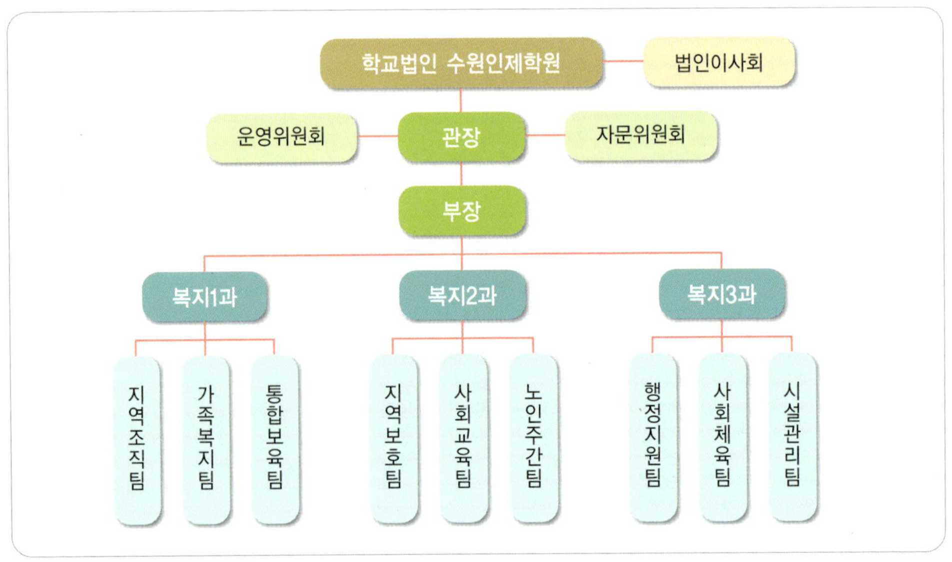

✻ **그림 5·2** 영통종합사회복지관 조직도

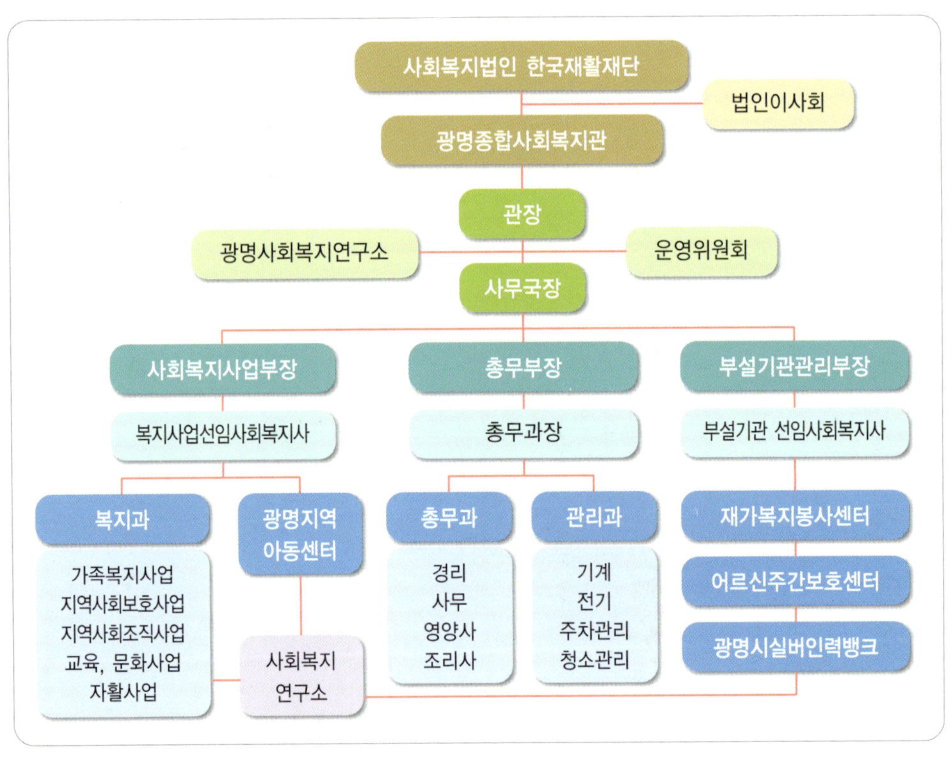

✻ **그림 5·3** 광명종합사회복지관 조직도

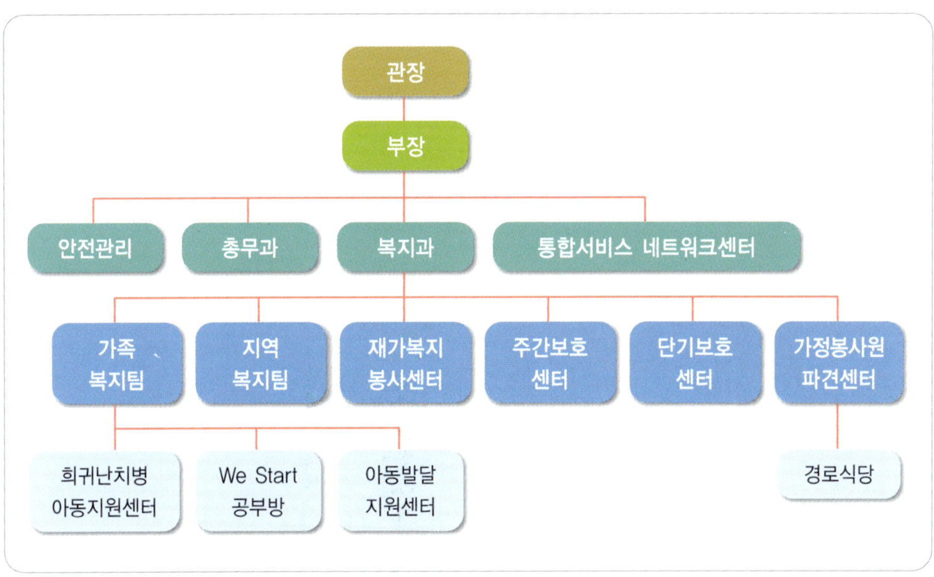

* **그림 5·4** 초지종합사회복지관 조직도

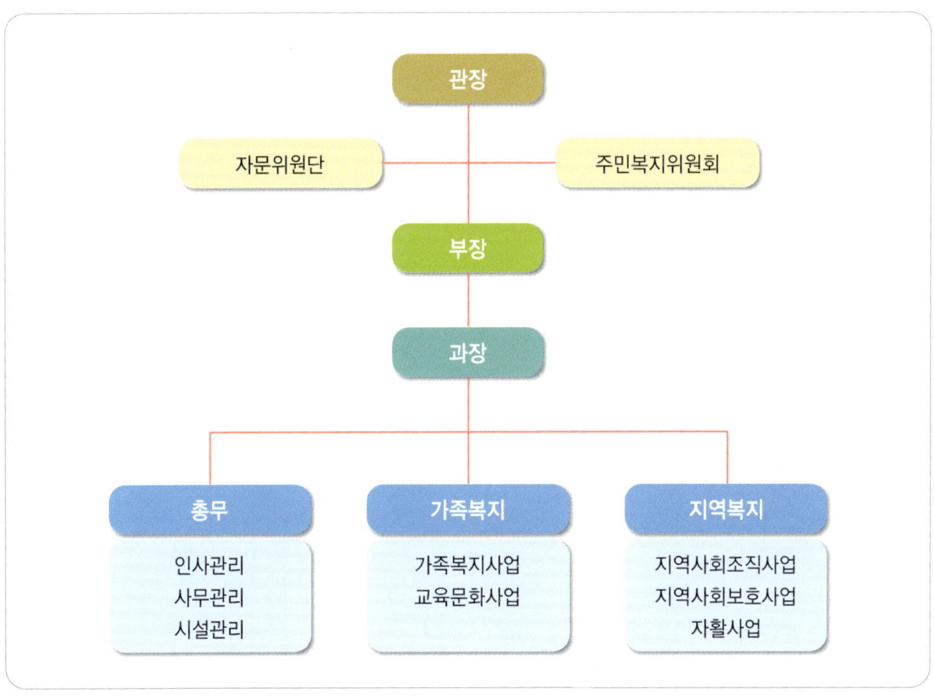

* **그림 5·5** 부락종합사회복지관 조직도

복지부 또는 복지과로 나누고 복지서비스의 지원을 위한 총무부 또는 총무과로 구분되어 있다.

운영 사례로 영통종합사회복지관, 광명종합사회복지관, 초지종합사회복지관, 부락종합사회복지관의 운영조직을 살펴보면 그림 5-2~5와 같다.

3) 인력계획

복합복지시설의 인력은 각 복지서비스를 제공하는 전문 인력과 서비스를 지원, 조정 그리고 관리하는 인력으로 구분할 수 있으며 각 세부 복지서비스의 인력기준을 정리하면 다음과 같다.

(1) 세부 복지서비스 인력기준

① 노인복지 : 방문요양 인력기준

관리책임자는 사회복지사, 의료인 또는 요양보호사 1급 중 실무경력 5년 이상인 자(보건복지부장관이 고시하는 교육을 이수)로 상근하는 자로 한다.

농어촌특별법에 의한 농어촌지역은 요양보호사(1급 또는 2급)는 최소 2명 이상 배치, 그 외 지역은 요양보호사 최소 3명 이상을 배치하여야 한다.

② 노인복지 : 방문간호 인력기준

의료기관이 방문간호를 하는 경우 관리책임자는 의사, 한의사 또는 치과의사 중에서 상근하는 자로 한다.

의료기관이 아닌 재가장기요양기관이 방문간호를 하는 경우 관리책임자는 간호업무경력이 2년 이상인 간호사로서 상근하는 자로 한다.

직접서비스 제공인력은 간호업무경력이 2년 이상인 간호사 또는 간호보조업무경력이 3년 이상인 간호조무사로서 방문간호 간호조무사 교육(700시간)을 이수한 자를 1명 이상 배치하여야 한다(구강위생을 제공하고자 하는 경우 치과위생사 1명 이상 배치).

③ 노인복지 : 방문목욕 인력기준

관리책임자는 사회복지사, 의료인 또는 요양보호사 1급 중 실무경력 5년 이상인 자(보건복지부장관이 고시하는 교육을 이수)로 상근하는 자로 한다.

또한 요양보호사 1급 2명 이상을 배치하여야 한다.

④ 노인복지 : 주 · 야간 보호 인력기준

관리책임자는 사회복지사, 의료인 또는 요양보호사 1급 중 실무경력 5년 이상인 자(보건복지부장관이 고시하는 교육을 이수)로 상근하는 자로 한다.

요양보호사는 1급으로 수급자 7명당 1명 이상 배치하여야 한다.

사회복지시설에 주 · 야간 보호시설을 병설하는 경우 당해 시설의 간호(조무)사 또는 물리(작업)치료사가 주 · 야간 시설의 해당 업무 겸직이 가능하다.

⑤ 청소년복지 : 상담지도 인력기준

일반 프로그램 및 상담지도를 위한 상담사로서 청소년지도사 자격을 갖춘 자로 한다.

단, 대표자는 1급 청소년지도사, 3년 이상 청소년육성업무에 종사한 2급 청소년지도사 또는 5년 이상 청소년육성업무에 종사한 3급 청소년지도사이어야 한다.

⑥ 여성복지 : 양성평등정보센터 인력기준

센터의 운영을 위해서 센터장 1인과 사무직원 2인을 상주시킨다.

⑦ 여성복지 : 건강가정지원센터

센터의 운영을 위해서 센터장 1인(건강가정사)과 가족상담, 가족교육, 가족문화, 가족지원을 담당하는 직원 3인의 상주가 필요하며 요보호 여성 및 가족을 위한 전문상담원 1인과 전화상담원 1인이 필요하다.

⑧ 기타 복지시설

아동복지시설, 장애인복지시설 등은 각 세부 프로그램에 적합한 인력과 전문성이 필요하다.

(2) 시설 운영 및 지원 인력

복합복지시설을 운영하는 데 있어 시설관리 등 전체적인 차원에서 지원하는 인력은 행정, 시설관리, 프로그램 운영지원 등의 부분에서 인력이 필요한데, 다음은 복합복지시설의 운영 및 지원인력을 계획한 사례로서 각 업무별 인원 수는 시설의 규모와 업무

✻ 표 5·8 복합복지시설의 운영 및 지원 인력 사례

구 분	업 무	인력(명)	비 고
관리/지원 기능	관장	1	
	부장	1	
	총무과장	1	
	시설관리팀	10~11	
	팀장	1	
	전기담당	2	
	기계담당	2	
	차량운행 · 주차관리	3~4	운행 기사 포함
	네트워크 및 전산관리	1	
	외부시설물 관리	1	
	행정지원팀	4	
	팀장	1	
	예산 및 회계/총무 및 물품구입	1	
	인력계획 수립 및 인사/평가 업무/직원 복리후생	1	
	시설 대관 및 운영/방재계획 수립	1	
	운영지원팀	9	
	팀장	1	
	접수 및 안내	2	
	전자민원 접수 및 처리	1	
	지원계획 수립/자원봉사관리	1	
	마케팅계획 수립 및 홍보물 제작/CCTV 모니터링	1	
	영양사/조리사	3	영양사 1, 조리사 2
	총 인력 수	26~27	

의 난이도 및 범위에 따라 조정하여 계획하는 것이 바람직하다.

지원 및 관리 인력은 행정지원팀, 시설관리팀, 운영지원팀으로 구분하여 계획한 사례로 이러한 인력계획은 서비스의 실질적 제공, 행정 및 복지서비스 환경 등에 따라 변화되며 본 연구에서 제시한 인력계획은 차후 위탁기관의 직원 수와 인건비 예산을 지원할 때 참고할 수 있다.

이러한 인력계획은 복합복지시설의 복지서비스의 수준과 기능, 그리고 서비스의 다양성에 따라 전문 인력이 좌우되며 이러한 인력의 수준은 서비스의 질적 수준과 밀접한 관련이 있을 것으로 판단되는데, 특히 일본의 경우 시설에 배치된 전문 인력 수가 우리나라보다 많기 때문에 서비스 수준이 매우 높은 것으로 나타나 있다.[9]

따라서 추후 복합복지시설을 건립하여 운영계획을 수립할 때 보다 적극적인 인력계획이 이루어져 각 부문별로 높은 복지서비스 수준이 이루어지기를 기대해 본다.

9) 앞서 본 바와 같이 우리나라의 경우 직영인 복지시설은 직원 1인당 관리면적이 약 366m², 사회복지법인이 운영하는 시설은 211m²인 데 반하여 일본의 복지플라자 사쿠라가와는 72m², 시바우라 플라자는 57m²로 나타났다.

06
국내 · 국외 사례

01 영통종합사회복지관

2008. 7. 기준

주 소	경기도 수원시 영통구 영통동 1012-5
대지면적	7,193m^2
연 면 적	15,042m^2
건축규모	지상 4층, 지하 2층
운영주체	학교법인 수원인제학원(민간위탁운영)
개관년도	2004. 7
주요서비스	가족복지, 지역사회보호, 지역사회조직, 교육문화 프로그램
직원현황	총 60명(서비스 인력 제외)
복합방식	동일대지의 동일건물에 기능별로 복합

시설 주요 사진

카페테리아

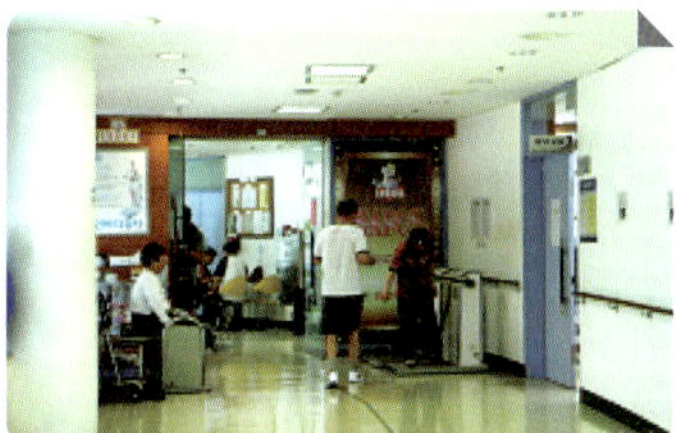
체력단련실

유아스포츠학교

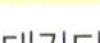
대강당

식 당

지상부 통로

시설내용

- 1층 : 아동발달센터(언어치료실, 놀이치료실, 운동치료실), 안내실, 통합유아스포츠학교, 어린이도서관, 놀이실
- 2층 : 노인주간보호센터, 공동작업장, 이미용실, 장기바둑실, 미술치료실, 가족상담실, 체력단련장, 영화 · 음악감상실, 체육실
- 3층 : 강의실(프로그램실), 강사대기실, 양재실, 사무실, 체육실, 컴퓨터실, 요리강습실
- 4층 : 세미나실, 대강당, 식당, 카페테리아

건축계획의 특징

- 사회복지시설과 주민복지시설 두 영역의 시설이 2개 동으로 구성되어 있으며, 각 매스와 매스 사이의 외부공간을 광장으로 조성하고 있는 특징이 있다.
- 건물 사이는 지상부 통로에 의해 연결되어 두 건물을 연계시켜 주고 있으며, 각각의 건물은 형태와 기능에서 구분된 개체로 독립성을 가지고 있다.
- 각 동 사이에 광장이 형성되어 주민들의 다양한 이벤트를 담을 수 있는 공간으로 사용할 수 있을 뿐만 아니라, 시민들이 휴게를 할 수 있는 공간으로 사용할 수 있다.
- 진입 중앙광장이 지역 근린공원(반달공원)과 연계되어 풍부한 옥외공간을 다양하게 활용할 수 있다.

1층 평면도

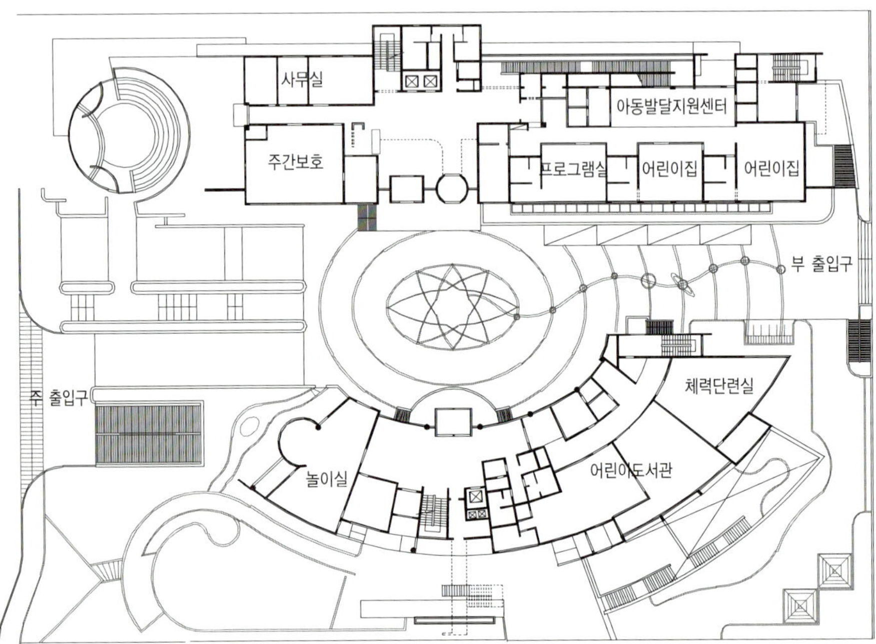
사무실
아동발달지원센터
주간보호
프로그램실
어린이집
어린이집
부 출입구
주 출입구
체력단련실
놀이실
어린이도서관

2층 평면도

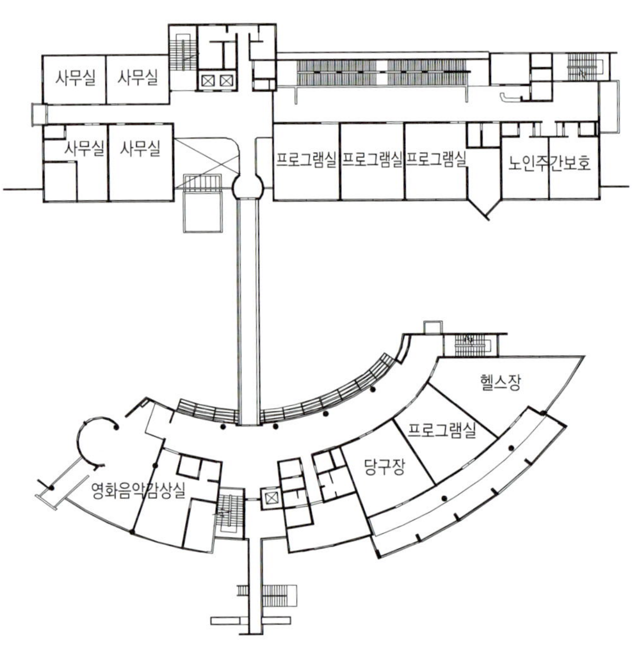
사무실
사무실
사무실
사무실
프로그램실
프로그램실
프로그램실
노인주간보호
헬스장
프로그램실
당구장
영화음악감상실

02 의왕시 문화복지타운_ 노인복지회관

2008. 7. 기준

주　소	경기도 의왕시 문화공원길 6
대지면적	10,592m^2
연 면 적	3,759m^2
건축규모	지상 3층, 지하 1층
운영주체	천주교 수원교구 사회복지회(민간위탁운영)
개관년도	2007. 6
주요서비스	지역복지, 재가복지, 기능회복, 주간보호 노인일자리 등
직원현황	18명
복합방식	시설별 인접, 별도의 대지에 개별 건축물

시설 주요 사진

전 경

식당연결 선큰

로비 및 휴게공간

취미활동공간

프로그램실

옥상정원

시설내용

- 지하 1층 : 이미용실, 소강당, 다목적실, 탁구장, 세탁실, 샤워실
- 1층 : 카페테리아, 식당, 포켓볼, 정보검색대, 상담실, 진료실, 체력단련실, 물리치료실, 강당, 대한노인회 학장실
- 2층 : 사무실, 관장실, 회의실, 자원봉사자실, 바둑실 및 장기실, 사무실, 회의실, 주간보호시설, 대한노인회의왕시지회
- 3층 : 강의실, 정보화교육장, 옥상정원

건축계획의 특징

- 최근 건립된 시설로(2007년) 시설의 외관 및 내부의 모습이 단정하고 분위기가 쾌적하여 이용자의 호응도가 높다.
- 1층에 카페테리아 공간을 마련하여 이용 노인들의 빈번한 이용으로 좋은 커뮤니티 구성을 기대하게 한다.
- 시설 내부로 햇빛을 적극적으로 도입하고 내부시설의 색상 및 건축자재에서 사용자인 노인에 대하여 세심하게 고려되었으며, 전체적인 시설 분위기가 활기차고 따뜻하게 느껴진다.
- 노인복지회관과 근접하여 설치된 보건소와 연계하여 어르신들의 질병과 만성질환에 대한 관찰, 정기적인 관리가 용이하도록 계획되었다.

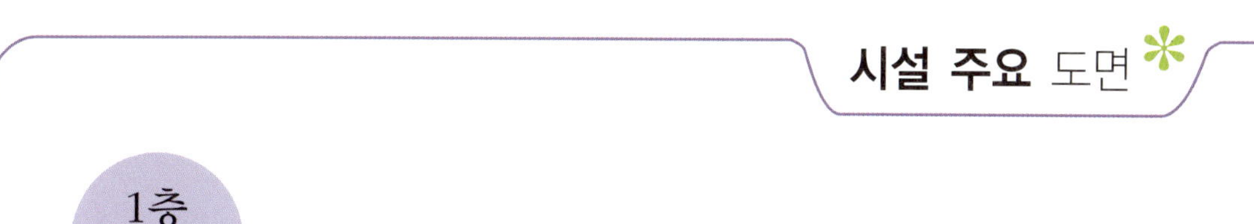

1층
평면도

3층
평면도

03 의왕시 문화복지타운_ 청소년수련관

2008. 7. 기준

주 소	경기도 의왕시 고천동
연 면 적	5,020m^2
건축규모	지상 3층, 지하 1층
운영주체	열린청소년육성회(민간위탁)
개관년도	2006. 12
주요서비스	청소년활동사업, 전통문화체험관, 상담지원센터, 교육문화 프로그램
직원현황	24명
복합방식	시설별 인접, 별도의 대지에 개별 건축물

시설 주요 사진

전 경

접수 및 안내

로비 및 휴게공간

예절교실

보드카페 및 도서실

옥상정원(방과 후 아카데미 활동실)

시설내용

- 지하 1층 : 실내집회장, 댄싱룸, 체력단련실, 악기연주실, 공연대기실, 방송실
- 1층 : 정보센터, 다목적 체육관, 암벽등반장, 보드카페, 멀티미디어실, 탁구장
- 2층 : 전통문화체험실, 취미활동실, 동아리방
- 3층 : 야외휴식공간, 미술치료실, 집단상담실, 세미나실, 교육실, 회의실

건축계획의 특징

- 단정하고 활기 넘치는 디자인으로 이용자들이 쾌적하게 느끼며, 적극적인 참여를 유도하고 있다.
- 건축물 외관을 활용한 1~4층까지 18m에 이르는 암벽 설치로 인해 암벽등반 동호회의 활발한 활동 등 지역주민의 호응도가 높아 지역사회 시설로서 만남과 소통의 중요한 포인트가 되고 있다.
- 옥상을 소공원과 같은 정원으로 꾸며 옥외활동과 휴식공간으로써 활용도를 높여 주고 있다.

04 일본 이키이키플라자 일번관

2008. 7. 기준

주 소	동경도(東京都) 치요다구(千代田區) 一番町 12
대지면적	2,780.77m²
연 면 적	11,562.35m²
건축규모	지상 8층, 지하 1층
운영주체	사회복지법인 동경 영화회(榮和會)
개관년도	1995
주요서비스	문화커뮤니티, 특별양호노인홈, 고령자재택서비스, 건강보건서비스
복합방식	동일대지 동일건물 복합

시설 주요 사진

주 출입구

로비

접수 및 판매코너

다목적홀

특별양호노인홈-데이룸

온수풀

시설내용

- 지하 1층 : 다목적홀, 회의실
- 1층 : 정원로비, 구민갤러리, 레스토랑
- 2층 : 지역포괄지원센터, 교류공간(교류, 상담, 정보제공), 매점
- 3층 : 특별양호노인홈, 고령자재택서비스센터, 거택개호지원사무소
- 4~6층 : 특별양호노인홈, 쇼트스테이
- 7층 : 고령자주택(실버피아)
- 8층 : 온수풀, 건강코너(건강상담, 건강증진)

건축계획의 특징

- 적정한 규모로 도심 내에 위치하여 접근성이 우수하나, 지역 특성상 업무시설이 많아 지역주민의 유입이 부족하여 활기가 다소 떨어진다.
- 시설 이용자 및 일반인을 위한 주동선 기능의 정문과 7층의 고령자주택을 위한 별도의 출입구가 존재하며, 이 출입문은 야간 출입에 활용된다.
- 상층부에 노인의 케어 및 보호기능과 저층부에 지역주민 등 일반인을 위한 공간(레스토랑, 다목적홀, 갤러리, 회의실 등)을 배치하여 노인과 일반인의 교류를 도모한다.

시설 주요 도면

1층 평면도

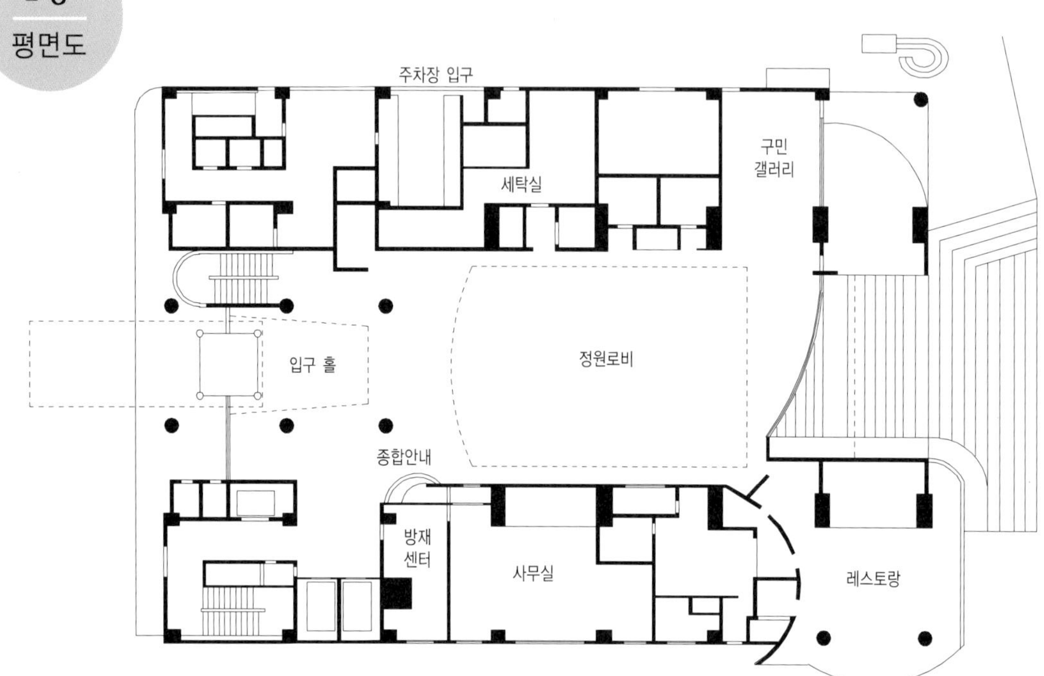

4·5·6층 평면도

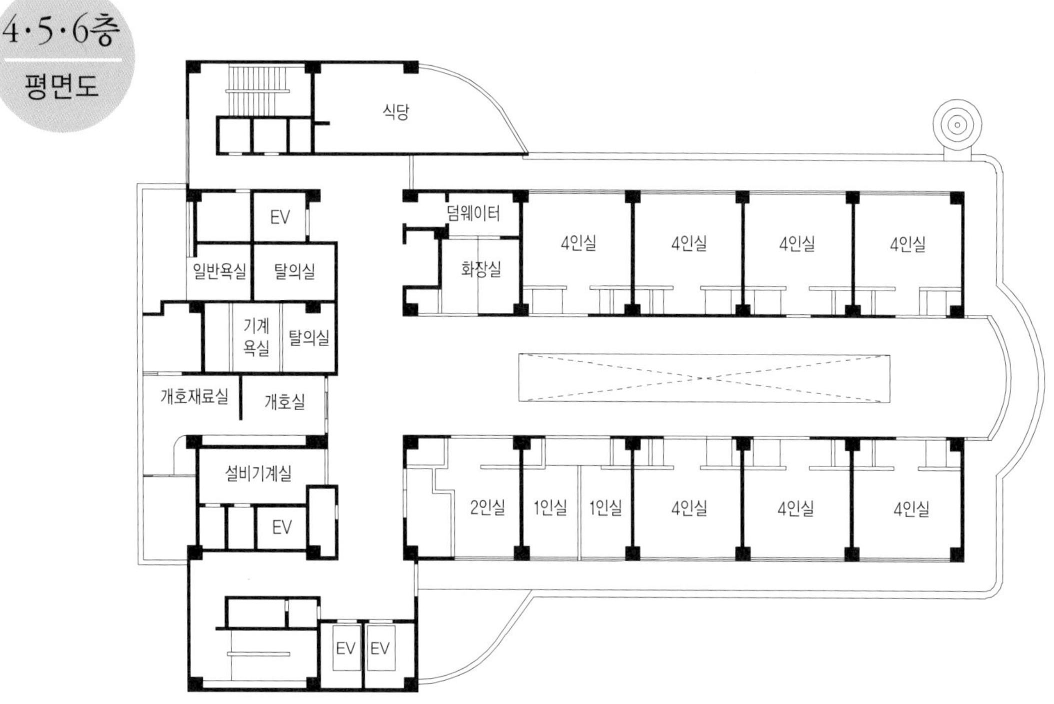

05 일본 가와고에시 종합복지센터

2008. 7. 기준

주 소	사이타마현(埼玉懸) 가와고에시(川越市) 小仙波町 2丁目 50番地 2
대지면적	5,721.59m^2
연 면 적	6,523.48m^2
건축규모	지상 3층
운영주체	가와고에시 사회복지협의회
개관년도	1995. 7
주요서비스	장애인복지센터, 고령자복지센터, 데이서비스
복합방식	동일대지 동일건물 복합

시설 주요 사진

데이서비스실(장애인)

광정과 면한 휴게공간

식 당

온수수영장

체육관

장난감도서실

시설내용

- 1층 : 온수수영장, 장애인 데이서비스실, 식당, 사무실, 기계실
- 2층 : 체육관, 목욕실, 일상생활훈련실, 기능회복훈련실, 고령자데이서비스실, 조리실습실, 장난감도서관, 간호실
- 3층 : 사회복지협회사무실, 연수실, 사회적응훈련실, 대연회실, 단체교류실, 상담실, 자원봉사자실

건축계획의 특징

- 3층 규모의 복지시설과 2층 규모의 체육시설(온수수영장, 체육관 등)이 복합된 건물이다.
- 이용자별 별도의 출입구를 분리하지 않았다.
- 온수수영장이라는 선호도 높은 시설을 도입함으로써 시설 전체의 활용도를 높였다.
- 대공간인 수영장과 체육관을 입구 좌측에 배치하여 공간구성상 이용 효율을 높였다.
- 광정 주변으로 기능실을 배치하여 접근성과 쾌적성을 높였다.
- 중앙에 3층 높이의 광정(빛우물)이 있어 시설 내부에 자연채광을 유입하였다.

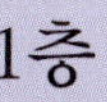

1층 평면도

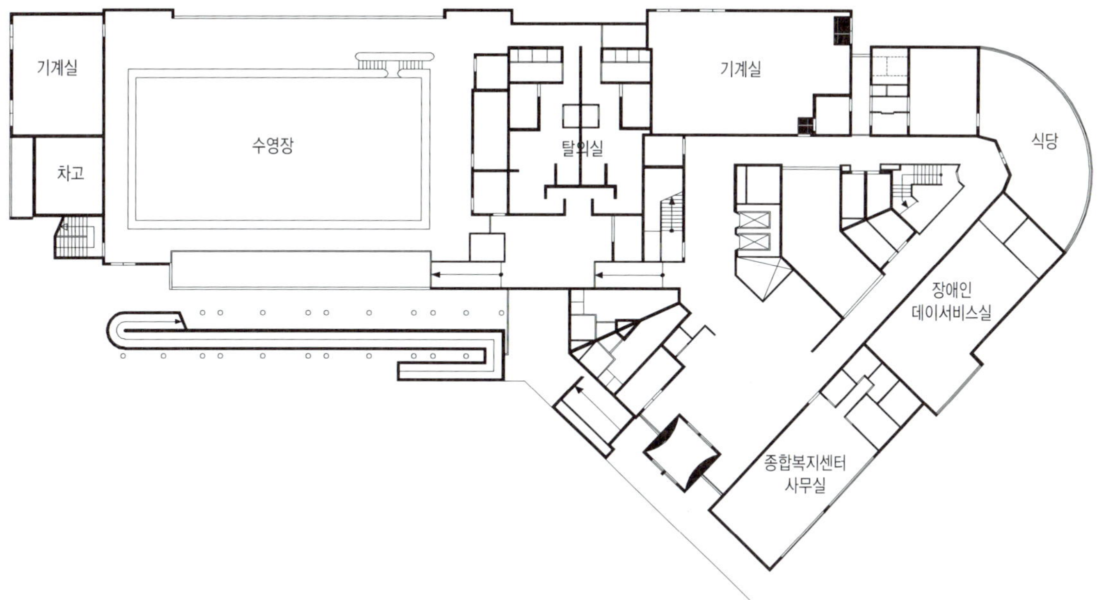
기계실
수영장
차고
탈의실
기계실
식당
장애인
데이서비스실
종합복지센터
사무실

2층 평면도

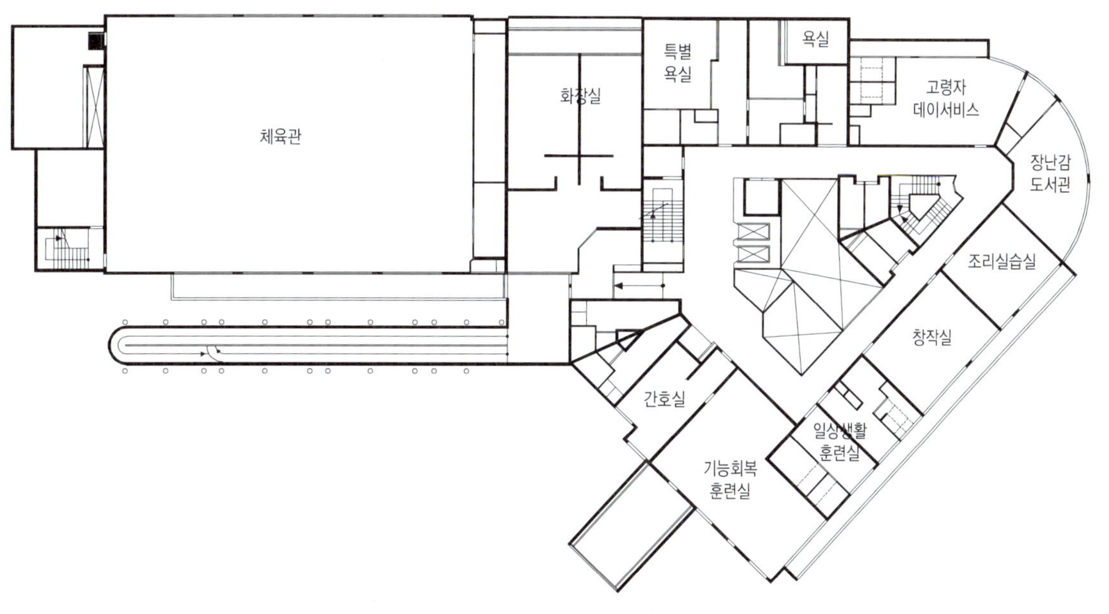
체육관
화장실
특별
욕실
욕실
고령자
데이서비스
장난감
도서관
조리실습실
창작실
간호실
일상생활
훈련실
기능회복
훈련실

06* 일본 타마시 종합복지센터

2008. 7. 기준

주　소	동경도(東京都) 타마시(多摩市) 南野 3-15-1
대지면적	8,000m^2
연 면 적	12,800m^2
건축규모	지상 7층
운영주체	타마시 사회복지협의회＋이행산업
개관년도	1997. 5
주요서비스	노인복지센터, 장애인복지센터, 데이서비스센터
직원현황	150명
복합방식	동일대지 동일건물 복합

시설 주요 사진

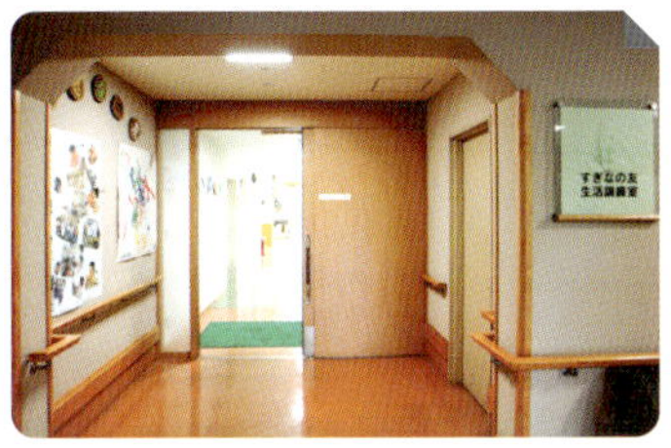

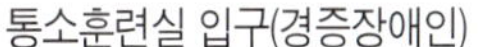
통소훈련실 입구(경증장애인)

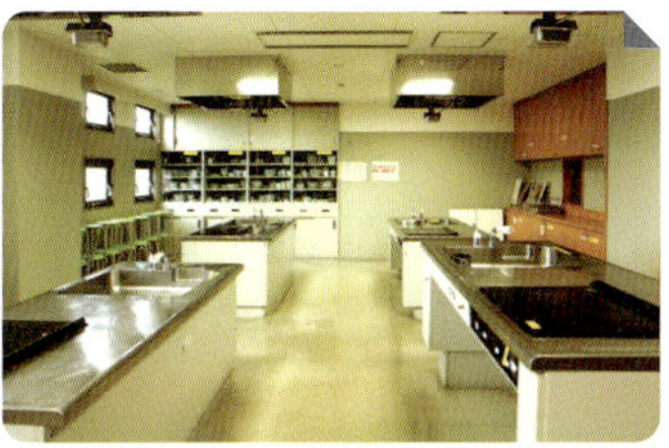
조리실습실

욕 실

교류코너

매점 및 휴게광장

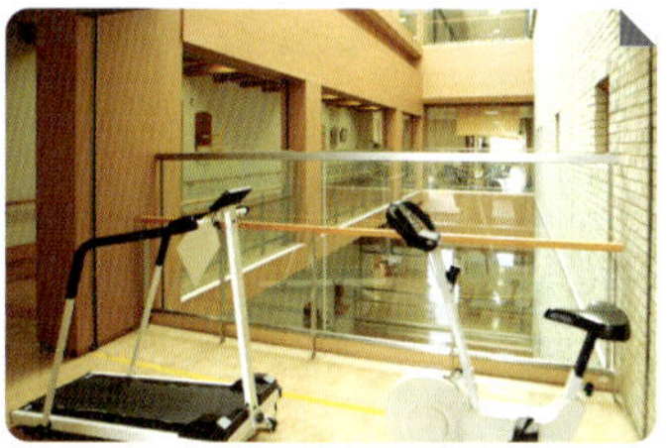
오픈된 운동공간

시설내용

- 1층 : 안내실(방재센터), 경증장애인 통소훈련시설
- 2층 : 도예실, 중증장애인 통소훈련시설
- 3층 : 센터 사무실, 도서정보코너, 매점, 휴게광장, 다목적플로어
- 4층 : 데이서비스센터(통소개호사업, 재택장애인 데이서비스사업, 통소입욕서비스사업 : 개호욕실, 데이룸, 기능회복훈련실)
- 5층 : 장애인복지센터, 교류코너, 조리실습실, 연수실, 아트실
- 6층 : 노인복지센터(욕실, 휴게실, 담화실, 라운지), 창작실, 집회실
- 7층 : 사회복지협의회 자원봉사센터, 자원봉사센터 활동실, 녹음실, 연수실

건축계획의 특징

- 도시계획의 일환으로 조성된 종합복지시설로서 센터를 이용하는 주요 서비스 대상을 위한 영역을 확보하고 그 외 일반 지역주민과의 활발한 교류가 일어날 수 있는 공간구성으로 계획하였다.
- 타마시 도심의 주거지 인근에 위치하고 녹지가 있어 쾌적한 조망권 확보가 용이한 입지적 특성을 갖고 있다.
- 노인, 장애인 등의 주요 복지서비스 대상층의 자립생활을 지원하기 위한 시설로서 노인 · 장애인 · 일반인을 위한 공동 활용공간과 전문 서비스공간의 영역을 층별로 구분하였다.

1층 평면도

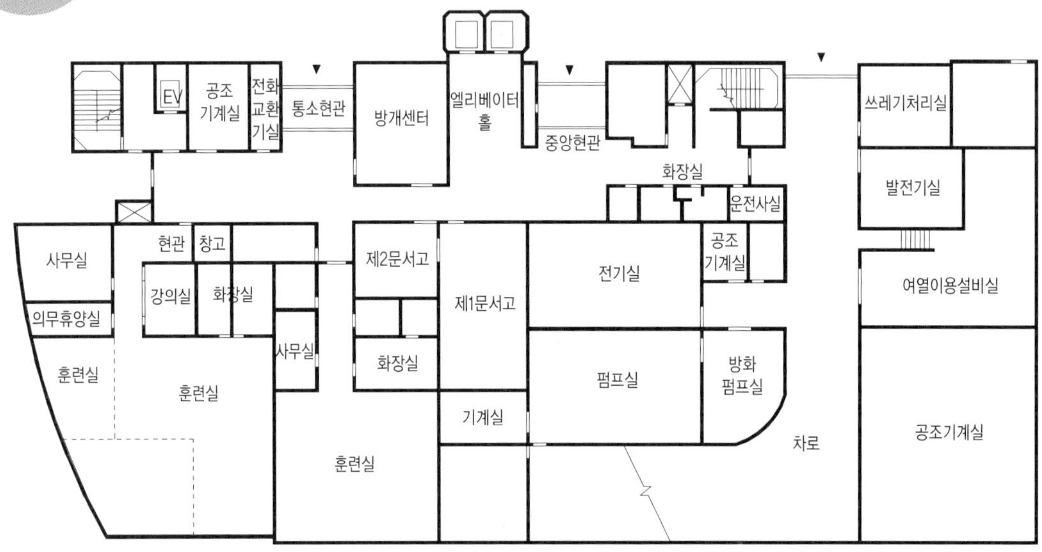
EV
공조 기계실
전화 교환 기실
통소현관
방개센터
엘리베이터 홀
중앙현관
쓰레기처리실
화장실
운전사실
발전기실
사무실
현관
창고
제2문서고
제1문서고
전기실
공조 기계실
여열이용설비실
강의실
화장실
의무휴양실
사무실
화장실
펌프실
방화 펌프실
훈련실
훈련실
기계실
차로
공조기계실
훈련실

5층 평면도

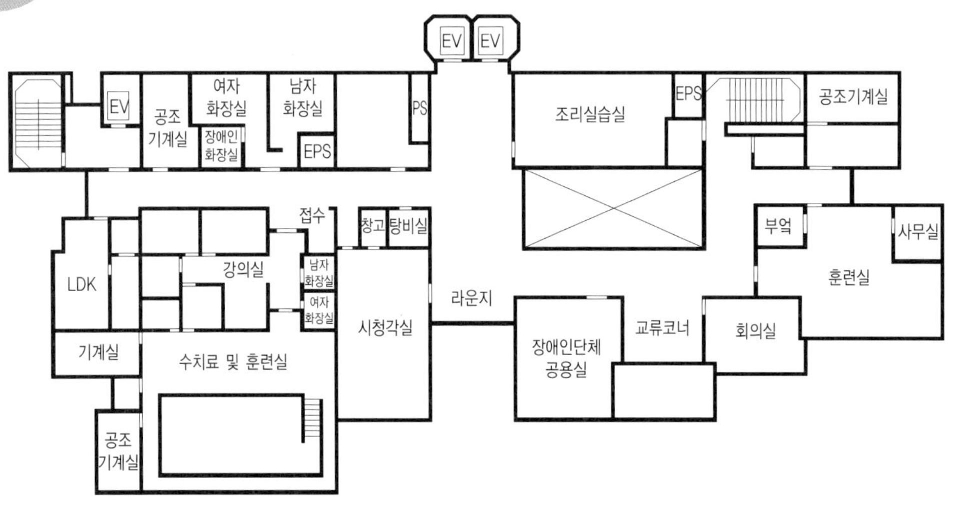
EV
EV
EV
공조 기계실
여자 화장실
남자 화장실
장애인 화장실
EPS
PS
조리실습실
EPS
공조기계실
접수
창고
탕비실
부엌
사무실
LDK
강의실
남자 화장실
여자 화장실
라운지
훈련실
시청각실
교류코너
회의실
장애인단체 공용실
기계실
수치료 및 훈련실
공조 기계실

07 일본 센본플라자

2008. 7. 기준

주 소	시즈오카현(静岡懸) 누마즈시(沼津市) 本字千本 1900-206
대지면적	8,994.9m²
연 면 적	5,176.5m²
건축규모	지상 2층, 지하 1층
운영주체	누마즈시 사회복지협의회
개관년도	1995. 4
주요서비스	노인복지센터, 재택복지지원센터, 세대교류센터
복합방식	동일대지 동일건물 복합

시설 주요 사진

주 출입구

데이서비스센터

욕실 로비

음악홀

다목적홀

야외 스테이지

시설내용

- 지하 1층 : 다목적홀, 음악홀, 경운동실, 회화공작실, 도예실, 스튜디오, 유아 · 아동플레이코너
- 1층 : 레스토랑, 휴게라운지, 데이서비스센터, 재택복지지원사무실, 개호자교육실, 사무실
- 2층 : 대회의실, 중회의실, 소회의실, 노인복지센터 집회실, 노인복지센터 생활상담실, 노인복지센터 건강회복 훈련실, 노인복지센터 교육오락실(화실, 양실)

건축계획의 특징

- 원형으로 평면을 구성하여 중앙의 대형홀에서 다양한 교류활동이 일어날 수 있도록 계획한다.
- 세대교류센터와 노인복지센터, 재택복지지원센터를 한 동의 건물에 복합화한다.
- 지하에 공용공간이 주로 배치되어 있으며 1층은 데이서비스센터와 재택복지지원센터가 배치되어 있고, 2층은 노인복지센터의 기능이 배치되어 있다.
- 지하의 다목적홀, 음악홀, 경운동실에서 다양한 교류활동이 실시되고 있다.

시설 주요 도면

지하1층 평면도

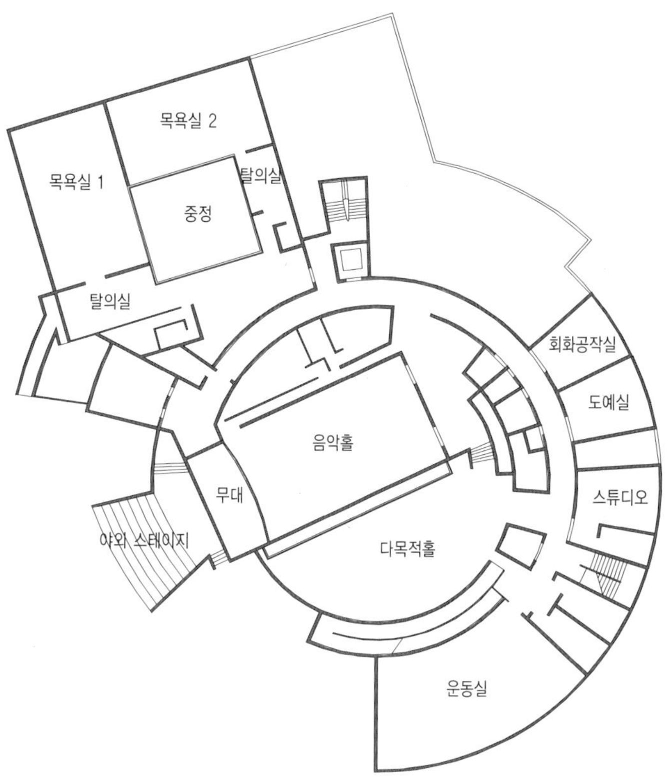

1층 평면도

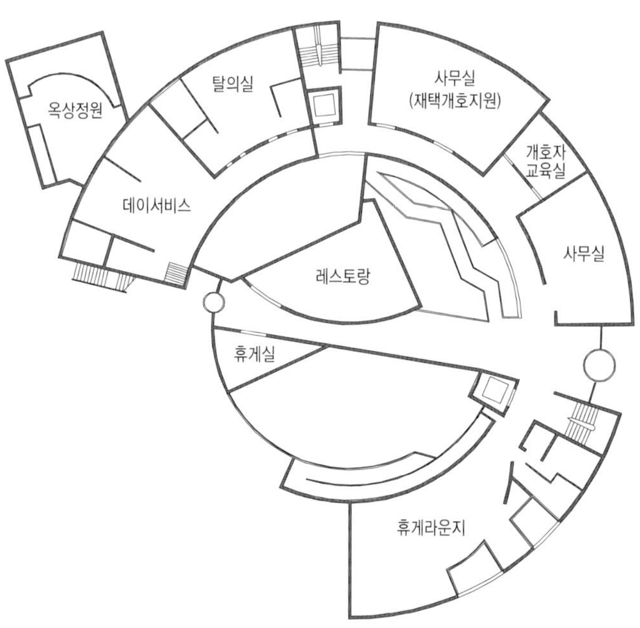

08* 일본 후지노미야시 종합복지센터

2008. 7. 기준

주 소	시즈오카현(静岡縣) 후지노미야시(富士宮市) 宮原 7番地 1
대지면적	6,082.39m^2
연 면 적	5,928.12m^2
건축규모	지상 3층, 지하 1층
운영주체	후지노미야시 사회복지협의회
개관년도	1999. 4
주요서비스	노인복지센터, 개호지원센터, 데이서비스, 남녀평등참여센터, 교류복지센터
복합방식	동일대지 동일건물 복합

시설 주요 사진

교류 로비

남녀평등참여센터

데이룸

조리실습실

장난감도서실

다목적홀

시설내용

- 1층 : 데이서비스센터, 개호지원센터, 사무실, 회의실, 조리실습실, 휴게실 등
- 2층 : 다목적홀, 단체활동실, 어린이도서관, 욕실, 대국실, 강의실, 대연회실 등
- 3층 : 남녀 공동참가센터, 도서관, 회의실, 화실 등

건축계획의 특징

- 보건센터, 구급의료센터가 인접하여 위치하고 있어 보건 · 복지 · 의료 서비스가 복합적으로 제공될 수 있다.
- 중앙에 교류가 일어날 수 있는 홀을 계획하여 다양한 프로그램이나 전시활동이 일어난다.
- 중앙에 설치된 경사로는 인접 보건센터에서 장애인들의 재활활동을 하는 장소로도 활용되고 있다.
- 데이서비스시설은 출입구를 별도로 설치하였으며 다른 시설들과 거리를 두고 배치하여 시설의 독립성을 유지하였다.

시설 주요 도면

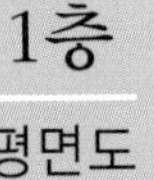

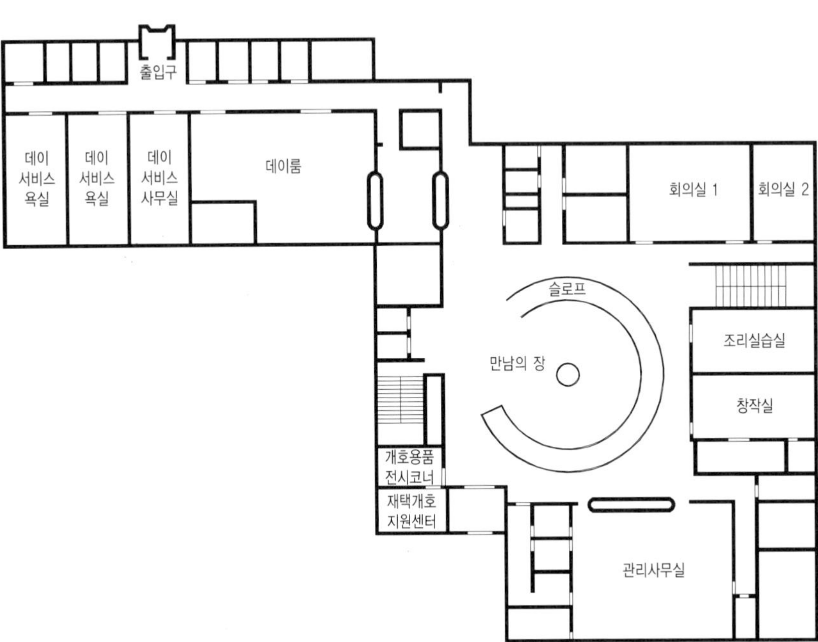

2층
평면도

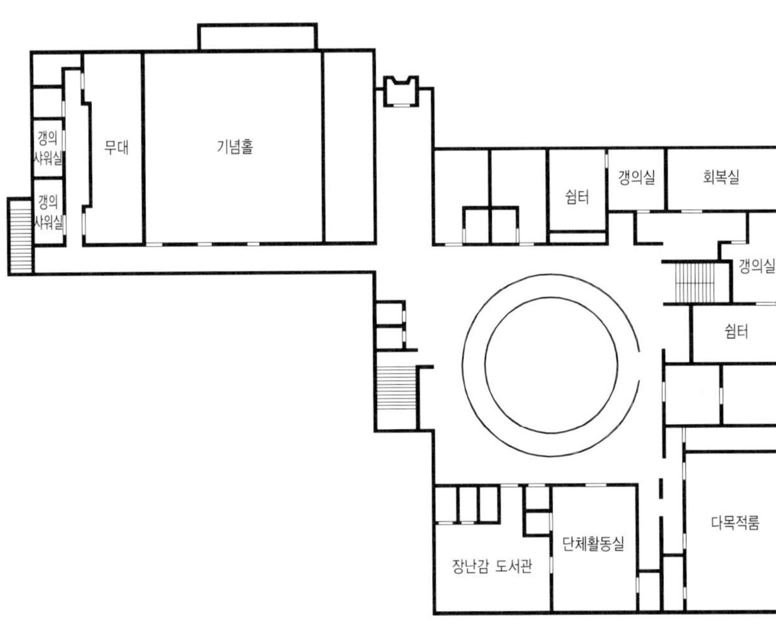

09 일본 복지플라자 사쿠라가와

2008. 7. 기준

주 소	동경도(東京都) 미나토구(港區) 신바시(新橋) 6-19-2
대지면적	3,682.27m^2
연 면 적	17,922.90m^2
건축규모	지상 8층, 지하 1층
운영주체	나가오카 복지협회
개관년도	2006. 5
주요서비스	특별양호노인홈, 쇼트스테이, 개호노인보건시설, 데이서비스, 지적장애인갱생시설, 지역교류 등
직원현황	200명(서비스인력 제외)
복합방식	동일대지 동일건물 복합

시설 주요 사진

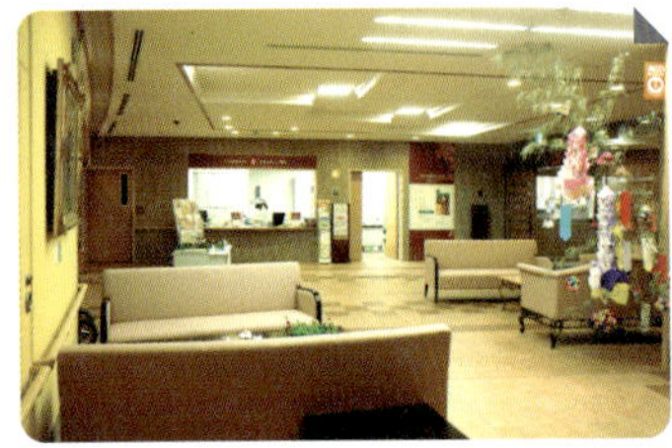
주 출입구 홀 및 사무실

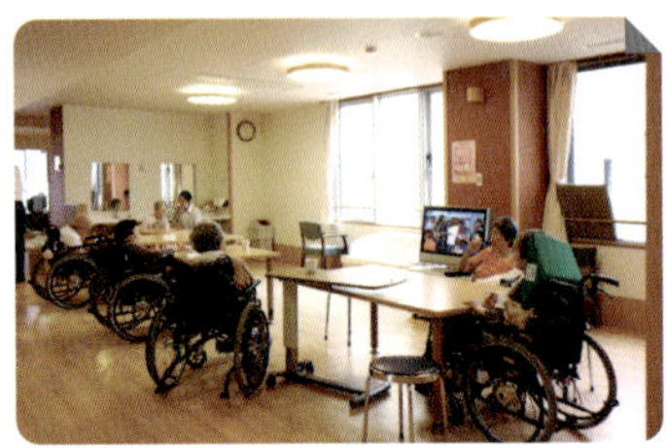
특별양호노인홈(식당 겸 기능훈련실)

특별양호노인홈(데이룸)

부 출입구 및 커피숍

데이서비스(노인)

체육실

시설내용

- 1층 : 사무실, 통소리허빌리테이션, 지역교류스페이스(다목적홀, 갤러리, 운동실)
- 2층 : 노인데이서비스센터, 통소 지적장애인 갱생시설, 지역교류스페이스(전시공간, 가족숙박실, 다목적실)
- 3층 : 지적장애인 갱생시설(입소)
- 4~5층 : 개호노인보건시설
- 6~8층 : 특별양호노인홈, 쇼트스테이

건축계획의 특징

- 노인시설과 장애인시설이 수직적으로 분리되어 복합화된 시설로 이용시설은 한 개의 층으로 구성하여 노인과 장애인시설이 공간을 공유하도록 계획되어 있다.
- 시설 이용자는 대부분 주 출입구를 사용하며 지역교류시설 이용 시는 부 출입구를 사용한다.
- 생활시설은 층간 구획을 통해 이용자 간 프라이버시를 확보하였다.
- 생활시설의 경우 유니트형 공간계획으로 되어 있으며, 직원의 효율적인 활용을 위하여 야간에는 두 개의 유니트가 연결될 수 있도록 중간에 문을 계획하였다.
- 유니트별 현관이 식별 가능하도록 디자인되어 있으며 인테리어 컬러로 변화를 주어 길 찾기가 용이하도록 계획하였다.

시설 주요 도면

1층 평면도

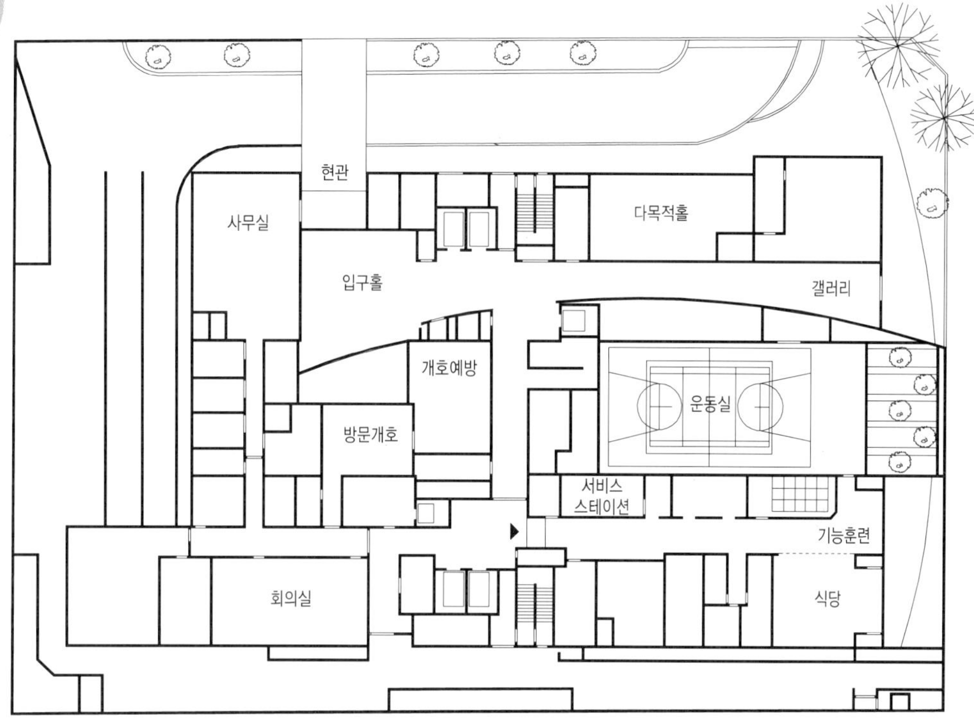

6~8층 평면도

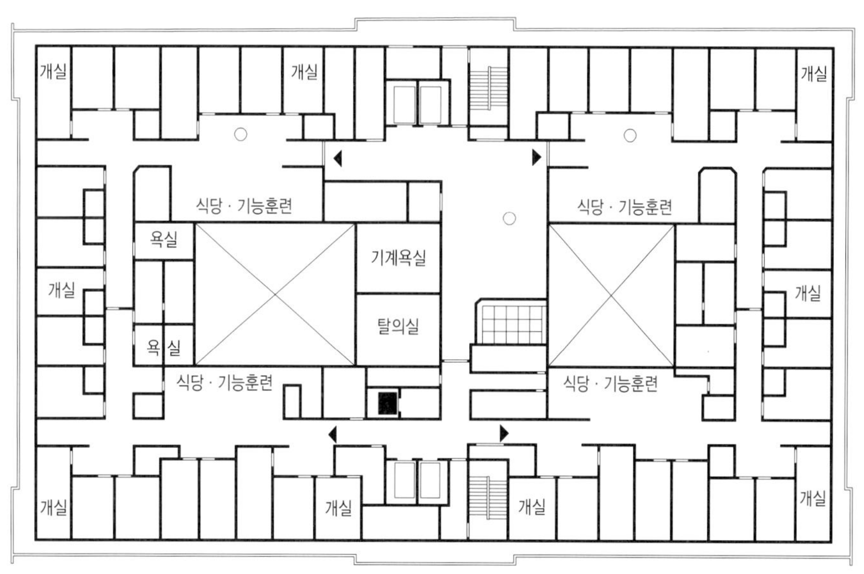

10 일본 시바우라 아일랜드

2008. 7. 기준

주 소	동경도(東京都) 미나토구(港區) 시바우라(芝浦) 4丁目 20番 1號
대지면적	1,000m²
연 면 적	4,000m²
건축규모	지상 4층
운영주체	동경 YMCA
개관년도	2007. 4
주요서비스	보육원, 방과 후 보육, 키즈룸, 고령자 활동 , 운동 및 집회 등
직원현황	70인
복합방식	동일대지 동일건물 복합

시설 주요 사진

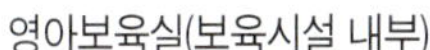
영아보육실(보육시설 내부)

키즈룸

지역아동센터

고령자 휴게실

고령자 프로그램실

다목적 미니홀

시설내용

- 1층 : 보육시설, 조리실
- 2층 : 보육시설
- 3층 : 교류라운지, 집회실, 키즈룸, 잡담코너, PC룸, 다목적룸, 아트룸, 직원실
- 4층 : 체육실, 미니홀, 지역아동센터

건축계획의 특징

- 보육시설, 보호자와 같이 사용하는 키즈룸, 시간제 보육시설, 초등학생(1~3학년)을 대상으로 하는 지역아동센터, 그리고 고령자 이용시설을 모두 통합하여 세대 간 교류를 도모하였다.
- 1~2층은 보육시설, 3~4층은 아동 및 고령자 교류플라자로 계획하여 수직적으로 기능을 분리하였다.
- 보육시설은 등원 및 하원을 위한 별도의 출입문을 확보하였다.

1층
평면도

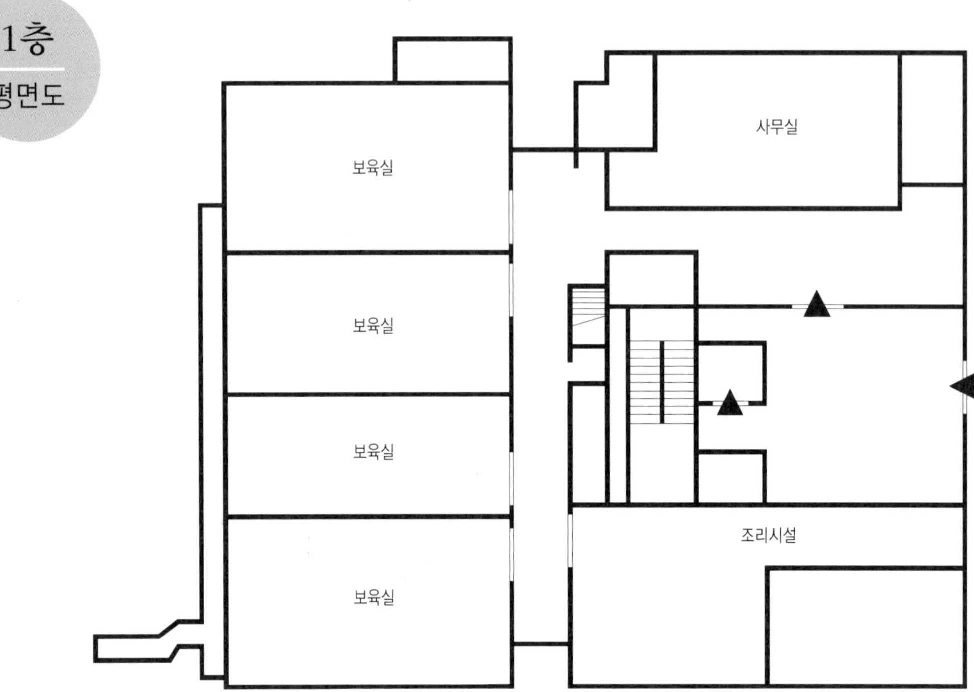

3층
평면도

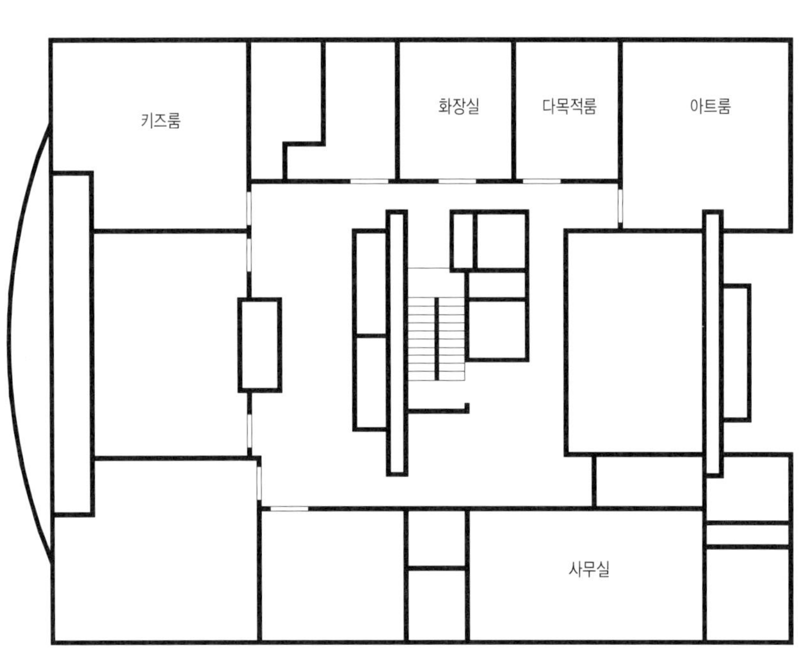

국내문헌

건설교통부(2006. 9). 미래형 복지인프라 구축 방안.

건설교통부(2006. 9). 행정중심복합도시 건설기본계획.

국가청소년위원회(2007. 12). 2007 청소년 백서.

김성희 외, 전국보육교사교육연합회 편(2006). 보육시설 운영과 관리. 형설출판사.

김승재(2009). 학교시설과 지역시설과의 복합화 방안에 관한 연구. 한국교육시설학회지, 16(1); 68.

김태일(2006). 다세대 교류를 기반으로 하는 지역복지의 기능강화와 복지시설 확보. 대한건축학회지 건축.

남윤철(2007). 일본의 고령자 보건 · 의료 · 복지시설의 집약화에 관한 연구. 대한건축학회논문집 계획계, 23(9); 227.

문화관광부(2007). 여가백서.

박연희(2004). 청소년복지시설 활성화를 위한 요구조사. 원광대학교.

보건복지가족부(2006). 2005년도 장애인 실태조사.

보건복지가족부(2006). 2006년 주민건강증진센터시범사업안내.

보건복지가족부(2007). 장애인생활시설 및 지역사회재활시설 운영현황.

보건복지부(2008). 2008년 건강가정지원센터 세부운영지침.

보건복지부(2008. 1). 2008년도 결혼이민자가족지원센터 운영현황.

보건복지부(2008. 4). 노인장기요양보험추진단, 노인장기요양보험 장기요양기관 확충설명회 자료.

보건복지부(2009). 2009년도 아동복지시설 현황. 아동복지시설 보호아동 현황.

보건복지부(2010. 2. 28). 알림마당, 통계보도자료.

산업자원부 기술표준원(2007). 고령자를 위한 요양시설 기준표준화 연구.

서경원 · 임경란(2009). 노인들의 세대 간 교류증진을 위한 커뮤니티 센터에 관한 연구. 대한건축학회논문집 계획계, 25(3); 245.

서울복지재단(2006). 장애인종합복지관의 건축모델 개발.

서울시(2010). 장애인 편의시설 설치 매뉴얼.

서울시정개발연구원(2004). 장애인 욕구조사 및 정책지표 설정 연구.

서울신문(2008. 4. 11). 서초영유아플라자 개장.

서울특별시 강남구 영유아 보육 및 지원에 관한 조례 제2조, 2009. 6. 12 제정 조례 제803호

송혁준(2004). 지역문화복지시설 복합화를 고려한 청소년수련관 계획에 관한 연구. 홍익대학교.

신경희(2006). 서울시 청소년활동사업 발전방안. 서울시정개발연구원.

어수봉 · 성지미(2004). 여성인력개발센터 지방이양에 따른 발전방안. 한국기술교육대학교.

여성가족부(2008). 2008 한부모가족지원사업안내.

여성가족부(2008). 양성평등 정책 확산을 위한 2008년 성별영향평가 지침 및 안내서.

여성가족부(2008. 2). 2008 여성권익증진사업 운영지침.

여성부(2007). 2007년 보육사업안내. 여성부.

여성정책개발원(2005). 2004년도 전국 보육시설 실태조사 보고. 여성부.

영유아보육법 제2조(2008. 12. 19 개정)

육근해(2007). 한국의 점자도서관 발전사 연구. 경기대학교.

이종규 · 박순애(2001). 서울시립 청소년수련관 관리운영 개선방안 연구. 서울시정개발연구원.

이진희(1994). 영 · 유아를 위한 보육시설의 공간구성에 관한 연구. 한양대학교 석사학위논문.

임선주(2006). 사회성을 제고하는 여성회관의 시설계획에 관한 연구. 경상대학교 박사학위논문.

전국지역아동센터협의회(2010). 2009년 말 기준 지역아동센터 현황.

정희선 · 김문덕(2009). 여성 관련 복합시설의 프로그램과 공간특성에 관한 연구. 한국실내디자인학회 학술발표대회논문집, 11(1); 19, 198-203.

중앙일보(2010. 2. 25). 신생아 2년째 감소… 출산율 1.15명으로 뚝.

(재)서울여성(2006. 12). 2007~2010 서울시 여성정책 중기계획.

최경숙 외(2006). 보육시설 설치 세부기준 마련을 위한 연구. 여성가족부.

최경숙(1998). 어린이집 영아보육공간의 계획기준에 관한 연구. 국민대학교 박사학위논문.

최경숙(1998). 영아보육공간에 관한 연구. 국민대학교 박사학위논문.

최경숙(2006). 공동주택 보육시설 공공성과 환경구성에 관한 연구. 인덕대학 논문집.

최목화 외 역(2009). 보육시설 환경디자인. 교문사.

최승호 외(2007). 행정중심복합도시 복지시설 설치계획 및 관리 · 운영 방안. 행정중심도시 건설청.
충청투데이(2008. 11. 20). 청주 아동복지관 건립 부지도 못 구했어요.
통계청(2006. 11). 장래인구추계.
하이서울신문(2008. 7. 21). 육아 고민 덜어주는 '영유아 플라자' 확대.
한국도서관연감(2006).
한국장애인복지관협회(2007). 2007년도 전국장애인복지관편람.
한국토지공사(2007. 3). 행정중심복합도시의 장애물 없는 도시 · 건축설계 매뉴얼.
행정중심복합도시 건설청(2007). 복합커뮤니티센터 운영 활성화 및 선진사례 조사연구.
행정중심복합도시 건설청(2008. 10). 여성이 행복한 도시 만들기.
행정중심복합도시 건설청(2008. 2). 여성이 행복한 행복도시를 위한 심포지엄.
행정중심복합도시건설청 교육복지과(2007. 12). 문화시설 설치 기본계획(안).
행정중심복합도시건설청 교육복지과(2007. 12). 체육시설 설치 기본계획(안).
행정중심복합도시건설청(2007. 12). 행정중심복합도시 복지시설 설치계획 및 관리 · 운영 방안.
행정중심복합도시건설청(2007. 6). 행정중심복합도시건설사업개발계획변경.
행정중심복합도시건설청(2008. 7). 생활권 복합커뮤니티 설계지침.

국외문헌

Gary Moore, et. al.(1994). Recommendations for Child Care Centers, Univ. of Wisconsin, Mil.
Jane Rendell, Barbara Penner & Iain Borden(2000). Gender Space Architecture. Routeledge.
Moore & Weisman(2006). Design Guideline for Adult Daycare Centers.
北村安樹子(2003).「幼老複合施設における異世代交流の取り組み-福祉社・における幼老共生ケアの可能性」. Life Design REPORT.
淺沼由記外(2003). 建築計畫・設計シリーズ-15 高齢者複合施設. 市ケ谷出版社.
エクスナレッジムック(2005).『シルバー事業企畵マニュアル 2005-06』: 幼老共生施設とはなにか. エクスナレッジ.

Web Site

http://www.ntt-f.co.jp/architect/building/kikukawa.html

http://blog.seoul.go.kr/(서울특별시 홈페이지)

http://www.aia.org. Design for aging Review

http://www.city.setagaya.tokyo.jp/030/d00007788.html

http://www.familynet.or.kr/about/greeting.php(건강가정지원센터)

http://www.kaccc.org/wizhome/menu_191.html, 2010. 1. 23(전국지역아동센터협의회)

http://www.law.go.kr/main.html(국가법령정보센터)

http://www.vocation.or.kr/(한국여성인력개발센터연합)

찾아보기

저자 소개

권순정(Kwon, Soonjung)

현재 아주대학교 공과대학 건축학부 교수
(사)한국의료복지시설학회 이사, 편집위원장

경력 한국의료관리연구원 수석연구원
(주)서울건축 건축설계팀

김상길(Kim, Sanggil)

현재 (주)에이텍종합건축사사무소 대표이사, 건축사
홍익대학교 겸임교수
희망제작소 부설 도시공간연구소(USL) 소장

경력 서울시립아동병원, 여의도 성모병원 리모델링 등 의료복지시설 설계

김석준(Kim, Seokjun)

현재 (주)도시경영연구원 문화복지본부장
(사)경제경영정책연구소 소장
(사)한국의료복지시설학회 편집위원

경력 서울시립대학교부설산업경영연구소 선임연구원

박혜선(Park, Haesun)

현재 인하공업전문대학 건축과 부교수
(사)한국의료복지시설학회 편집위원

경력 일본 Ichiura Housing & Planning
정림건축, 단우모람건축, 공간건축
영국 Kingston Univ. 연구교수

성기창(Seong, Kichang)

현재 국립한국재활복지대학 인테리어디자인과 교수
(사)한국의료복지시설학회 이사

경력 베를린공과대학교 교육문화 및 공공건축연구소
국토해양부 '장애인 및 노약자를 위한 생활시설 개선연구(2005~2010)' 세부연구책임자

신희진(Shin, Heejin)

현재 (주)도시경영연구원 공공건축본부장
(사)한국의료복지시설학회 정회원

경력 (주)삼우동인건축사사무소 설계팀
서울시립대학교부설산업경영연구소 선임연구원

오은진(Oh, Eunjin)

현재 (사)준명복지재단 아르젠텍 건축연구소 소장
홍익대학교 건축도시대학원 겸임교수
(사)한국의료복지시설학회 이사

경력 (사)한국여성건축가협회 이사 및 노인복지분과 위원장
서울복지재단 자문위원

위권일(Wi, Kwonil)

현재 (주)도시경영연구원 경영사업본부장
(사)한국경영경제문제연구원 이사
(사)한국회계정보학회 회원

경력 서울시립대학교부설산업경영연구소 선임연구원

정은영(Jung, Eunyoung)

현재 건국대학교 부설 장애물 없는 생활환경 만들기 연구소 선임연구원
(사)한국의료복지시설학회 정회원
(사)한국노인종합복지관협회 노인권익사업 운영위원

경력 (사)한국지체장애인협회 편의증진팀

최경숙(Choi, Kyungsook)

현재 인덕대학 건축과 교수
(사)한국여성건축가협회 부회장
보육시설환경연구회 회장

경력 여성가족부 '보육시설 설치세부기준 마련 및 설치모형 개발을 위한 연구(2006)'

새로운 복지시설디자인

2011년 1월 5일 초판 인쇄
2011년 1월 10일 초판 발행

지은이 권순정 외
펴낸이 류 제 동
펴낸곳 ㈜교 문 사

책임편집 윤정선
디자인 우은영 · 반미현
제작 김선형
영업 정용섭 · 이진석 · 송기윤

출력 현대미디어
인쇄 동화인쇄
제본 대영제본

우편번호 413-756
주소 경기도 파주시 교하읍 문발리 출판문화정보산업단지 536-2
전화 031-955-6111(代)
팩스 031-955-0955
등록 1960. 10. 28. 제406-2006-000035호

홈페이지 www.kyomunsa.co.kr
E-mail webmaster@kyomunsa.co.kr
ISBN 978-89-363-1092-9(93590)

값 20,000원
*잘못된 책은 바꿔 드립니다.